中國學術思想 研究輯刊

十一編

林慶彰 主編

第 28 冊

《朱子晚年定論》與朱陸異同（上）

蔡龍九 著

花木蘭文化出版社

國家圖書館出版品預行編目資料

《朱子晚年定論》與朱陸異同（上）／蔡龍九 著 — 初版 — 新
北市：花木蘭文化出版社，2011〔民100〕
序 10+ 目 6+172 面；19×26 公分
（中國學術思想研究輯刊 十一編；第 28 冊）
ISBN：978-986-254-474-7（精裝）
1.（宋）朱熹　2.（宋）陸九淵　3. 學術思想　4. 理學
5. 比較研究
030.8　　　　　　　　　　　　　　　　　100000806

ISBN-978-986-254-474-7

9 789862 544747

中國學術思想研究輯刊
十一編　第二八冊　　　　　　　ISBN：978-986-254-474-7

《朱子晚年定論》與朱陸異同（上）

作　　　者　蔡龍九
主　　　編　林慶彰
總 編 輯　杜潔祥
出　　　版　花木蘭文化出版社
發 行 所　花木蘭文化出版社
發 行 人　高小娟
聯絡地址　新北市永和區中正路五九五號七樓之三
　　　　　　電話：02-2923-1455／傳真：02-2923-1452
網　　　址　http://www.huamulan.tw 信箱 sut81518@ms59.hinet.net
印　　　刷　普羅文化出版廣告事業
封面設計　劉開工作室
初　　　版　2011 年 3 月
定　　　價　十一編 40 冊（精裝）新台幣 62,000 元

《朱子晚年定論》與朱陸異同（上）

蔡龍九　著

作者簡介

蔡龍九，民國 67 年生，高雄市人；私立東吳大學哲學學士、國立政治大學哲學碩士、國立臺灣大學哲學博士。著有《高攀龍易學思想研究》（碩士論文）《《朱子晚年定論》之相關探究》（博士論文）、〈論陳建《學蔀通辨》之貢獻與失誤〉（國立臺灣大學哲學論評）、〈對孔、孟「論性」之反省與「性善惡同俱」之述說嘗試〉（2009 年 05 月 07 日～ 2009 年 05 月 09 日「傳統中國形上學的當代省思」國際學術研討會）……等。

提　　要

　　此書從王陽明之《朱子晚年定論》（以下簡稱《定論》）出發來談論三個問題。第一；《定論》本身的問題意識為何？第二；《定論》之立論是否合理。第三；《定論》造成何種延伸問題。

　　筆者初步探究上述三問題之後導出幾個延伸談論。第一；「朱陸異同」或「朱王異同」其「同異」的內容為何？第二；參與談論「朱陸異同」或「朱王異同」問題的學者各提出何種看法？第三；「朱陸異同」或「朱王異同」在「調和」與「反調和」之間又造成何種問題、如何釐清？第四；「朱陸異同」或「朱王異同」如何更清楚的說明？而共計七個主要議題中，於本書中欲一一釐清之。

　　第二章即談論陽明對朱熹的批評與認同內容，且反省其中的合理性與《定論》造成的影響；其中一項重大影響，即所謂「調和朱陸」或「反對調和」者紛紛表達立場而爭論不斷。因此即於第三章中詳細談論「朱陸異同爭論史」，從元、明、清等多位學者的談論中，精要地列舉他們的述說與其中之合理性。此外，此章的探究導出筆者自身對「朱陸異同爭論史」的問題歸結，並依此得出解決問題的方向與方式。此即第四章再次衡定朱、陸、王的重要思想，對照爭論者所提之「年代早晚」與「異同」的關聯性，來陳述三人思想的精要，可自然釐清「朱陸異同爭論史」中某些學者提出的批評是否合理。最後，第五章筆者以「工夫心」此一新詞彙來論說朱、陸、王於何種脈絡下可談「同」，而其「異」又如何面對之。

目

次

序 一

　　蔡龍九撰成《朱子晚年定論》與朱陸異同》一書，出版在即請我作序，熟知此書乃其民國九十八年於台灣大學完成的「博士學位論文」的修定稿。約於民國九十三年，我受邀參加口試他在政治大學撰寫的有關高攀龍易學哲學的碩士論文，這篇論文說理精確，論證嚴密而不落俗見，受到在座口試委員的讚揚，我一時亦有「驚艷」之感。翌年他進入台大博士班深造，有機會旁聽我在台大開設的課程，從而開始了師生的情緣。迨至他以本書名為博士論文的題目，請杜保瑞教授和我共同指導，乃欣然應命。五年以來他力學深思，博采旁搜，為了這篇論文，盡了很大的心力。如今樂觀其成之餘，僅就其主題意義，略述一二，以饗讀者。

　　自北宋仁宗慶曆年間（1041～1048）迄至王陽明（1472～1529），理學已經蓬勃的發展了四百餘年，歷經了宋元明三個朝代。其間雖大家輩出、宗派迭起；大要言之，可應歸為程朱與陸王兩大系統。又以朱熹（1130～1200）之集北宋五子與南傳洛學之大成，綜統理學之綱維；王守仁遠祧孟子，中繼象山，近承白沙，圓成心學之體用。兩大宗師極峯並峙；論宋學集成於朱熹，論明學歸宗於陽明。從朱熹到陽明，在宋明理學史上，有一條迤邐展延的從理學到心學之路，這條路簡明概括的說，在理學思想內容的共通性與區別性來看，稱之為「朱陸異同」；從思想史的交融性與折衷性上看，稱之為「朱陸會通」。前者起於朱熹與陸九淵（1139～1193）的鵝湖之會（1175）。自此二派之門人、後學與信眾，各執己見，在「尊德行」和「道問學」、「易簡」和「支離」、「近道」和「近禪」的各項議題上眾口紛競，攻訐不已。一直到十八世紀中葉的戴東源著《孟子字義疏證》、章實齋有《文史通義》之「朱陸篇」，

這些爭論才漸形止息而「同歸於寂」。至於「朱陸會通」，則橫跨了有元一代，從許衡到劉因，而以吳澄（1249～1333）為最顯著。號稱明初程學第一人的曹月川（1376～1434）的「事心之學」，吳與弼（1391～1469）的「靜觀涵養」與「以讀書為涵養本原功夫」，無疑的具有濃厚的陸學情調。而吳康齋的學生無論是胡居仁或是婁諒，談本體、說功夫，出入於朱陸之間自不待言；而婁諒則是青年王陽明的啟蒙師了。而實開有明一代心學之先的陳獻章（白沙先生 1428～1500），其學號稱「江門心學」，就是吳康齋的高足弟子。陳白沙的「江門傳人」湛甘泉，就是與王陽明共同切磋儒學印証心宗的終身契友。

從歷史上看，單論「心學」，溯其淵源，則頭緒甚遠。若果專從「自理學到心學」的途徑來談，則從朱陸「鵝湖之會」，由「朱陸異同」到「朱陸會通」而大成於王陽明。心學到了王陽明，大綱宏旨，全盤建立。即使「天泉橋證道」後，留了一些糾葛，如本體與工夫、先天與後天、四有與四無的爭論，也不過是王學題內應有之論，由弟子門充分發揮為王門增光耀采而已。至於王陽明自己的「成教」、「成德」之路，則有如黃宗羲《明儒學案》所謂的「前三變」、「後三變」。再加上前述拙見，簡言之，一方面是「久合必分」、「久分必合」的歷史自然趨向，另方面則有關陽明本人的「生命經驗」，從宗朱、述朱、疑朱、反朱的老題目中翻出新文章來，從他十九歲聆教於餘干婁諒，得知宋人格物之說到「徧讀考亭之書，循序格物」又「格竹成疾」，出入佛老，終於居夷處困，有「龍場之悟」。所悟者即「格物致知」之理，轉而為「知行合一」之教。在此之前，所以困惑於朱子格物之說，而積成心疾者，即在朱子之格物之「判心與理為二」。龍場一悟，所以能解開心緒者，即以「格物」為「格心」、「心外無理」、「心外無物」而歸結於「心外無善」─道德主體心的自我立法、自我完善。舉個例子來說，朱子與陽明都講究「去人欲、明天理」，陽明直截是良知自明其本心之天理，天理明則自然知是知非、知善知惡而循是卻非、為善去惡，直截明快，一了百當；與陸象山易簡功夫之「發明本心」相似。而朱熹則企圖混人心道心為一區，合知識與道德為一爐，工夫門徑既要主敬，又要窮理，其終極境界雖是「人欲淨盡，天理流行」，所謂「豁然貫通」後的「眾物之表裏精粗無不到，吾心之全體大用無不明」。但在「即物窮理」的前提制約下，其理論的二重性是不究的。

我所以不厭其煩的如此說，就因為朱、陸、王皆求所謂「心與理合」，表面上是殊途同歸，實際是異中有同，同中有異。本書作者為此新創了一個理

學名詞—「工夫心」，並以「工夫心」作為判準以衡定其異中之同、同中之異，並以「心態」與「意志」為「工夫心」的實質內容，一方面藉以引述王陽明「朱子晚年定論」的為學宗旨，他方面藉以綜結歷史上的「朱陸異同」之爭辨。這「工夫心」不僅是一個創設的新名詞、新觀念，尤其是一個新思維、新構想。其中勝義，讀後自見，就不容我過度解釋而越俎代庖了。

《朱子晚年定論》乃陽明四十六歲時巡撫南贛任上所著之書，所謂「晚年定論」乃取「朱陸異同」的一段爭議，而定朱熹中年以後自悔其失而與陸象山的心學思想「早異晚同」之說。由於陽明在擇取朱子書信材料時，「早」、「晚」的時間定位不明，在三十餘條「晚年」書信中，甚至有「早」在朱子四十歲以前「中和舊說」時就已經出現的；這當然掀起了學術界的軒然大波。從與陽明同時的羅欽順、王廷相一直到撰寫《學蔀通辨》的陳建，皆據此指責陽明的錯誤。尤其是清初的熊賜履、陸隴其、李光地……等「理學名臣」皆據此嚴訐其說從而「尊朱黜王」，幾成「一闠之市」。其中以張烈的《王學質疑》與毛奇齡的辯諍，影響尤其深遠。其實，陽明此書與他的《象山文集序》、《古本大學》撰作同時，其為他自己的心學思想定位、定性，其義甚明，甚至也不諱言他在《定論》中的錯誤。套一句漢儒的話說，他是「備事明義」。本書作者在本書二、三兩章中引經據典、巧說力辯，考據、義理兩得之，洵屬不易，讀者請深賞之可也。

《朱子晚年定論》乃是衡定朱陸早異晚同之論，牽涉到「朱陸異同」的一段歷史掌故。本書作者為了探源述義，分列「調和者」與「反調和者」兩大壁壘，列舉了從古到今的許多碩儒時賢。其文言近而指遠，博而能約。總而論之，我認為這將是一本有功力、有份量的好書，值得推薦，是為之序。

九十九年十月三日　張永儁　序於溫州街自宅

序　二

　　臺灣大學哲學博士蔡龍九先生的博士論文《朱子晚年定論之相關探究》一書，洋洋三十萬字，文中針對王陽明所撰《朱子晚年定論》一文，進行極為詳盡的相關探究。

　　陽明所著此文，旨在彰明心學要旨，重點在說明朱熹思想中已有豐富深入的心學論旨，陽明藉由朱熹書信的檢選，挑出朱熹言談中涉及「自我反省」的文字三十三篇而編成，陽明且謂之：「知其晚歲故已大悟舊說之非，痛悔極艾，至以為自誑誑人之罪，不可勝贖」，書既成，自明迄清，爭議陽明《定論》之是非者不知凡幾。然此一問題，又根本上仍是南宋朱陸之爭的延伸，陽明既有肯定象山之意，又有引晦翁為同道之想，雖朱陸一生最終勢如水火，陽明先是以本心工夫肯定象山，後「又喜朱子之先得我心之同」，既兩收朱陸，而更證己說之為眞諦。然朱陸之爭，因兩人之門人弟子皆為數頗眾，當時即勢如水火，而朱熹之學自元代列為官學之後，有明一代成為科舉考試之所依，士大夫此亦一述朱、彼亦一述朱，卻精神盡失，陽明反省於後，重提象山精神，以是否切實踐履為儒學精神之標竿，陽明因不解朱熹格物之旨，而盲目格竹，又站在工夫踐履之立場，批評朱熹形上學意見為割心與理為二，則陽明提朱熹晚年痛澈前非，且先得我心之同之言，又如何說服人心？此後，程朱、陸王兩分之勢更形張目，迄至當代，猶有新儒家學者嚴分程朱、陸王為衝突之兩造。一部《朱子晚年定論》，既未平抑朱陸，更造朱王之爭，是陽明之所願耶？非陽明之所願耶？此一公案，迨至今日，學界仍無共識。則我華族哲學慧命之延展，是衝突而更創造呼？抑渾沌而仍不明呼？

　　蔡龍九博士之大作，細繹此一公案之前前後後，將陽明而後對陽明此書

之贊同與不贊同意見之所有論爭，皆詳細陳述，從而得以仔細疏理陽明所言之定論之可取處及不可取處。不僅如此，本書更上溯朱熹與陸象山兩人衝突之哲學義涵，並以當代學者之討論意見交互參看，而作者並不強勢折衝，而是以工夫心概念，妥當處置朱王兩人之哲理之相同處與不相同處，簡言之，工夫論上有其會通，而形上意旨上不強求其同。作者以極為慎重又詳盡的文字，討論此一問題，深入儒學史的歷程，找出定位《定論》及解決朱王論爭的方案，鑽研極深，是當代學界討論此一問題之佳作。

　　筆者以為，朱陸之爭及朱王異同的問題，都應首先擺開朱陸兩人心理上的意氣之爭，以及陽明為矯正時學而對朱學的片面認識，重新檢討。蔡博士之論著已經指出兩人在工夫論上不應有異，然其形上思想部分是否仍應延續心學理學、動態靜態、心性論形上學的紛爭之途呢？筆者不以為然。然而此事卻需有更好的儒學研究工具之開發始能澄清，此一工程，既是儒學在二十一世紀是否有新生命的重點問題之一，也是鼓舞新一代學人創作發明的最佳動力。

九十九年十月四日　杜保瑞　序於台北

序　三

　　認識蔡龍九先生將近十年，剛認識他時，他是政大哲學研究所碩士班一年級學生。第一次見面在貓空的山水客餐廳，他靜靜地坐在長桌的角落，偶爾說兩句話，略帶著靦腆，樸質有華。那時候，我身體的情況不佳，常南下就醫。接下來四、五年間，我跟龍九論學越來越密切，他的碩博士論文，我都有幸拜讀。迄今，我還記得：在他家客廳裡，和他一起談論其論文計畫和論文的那些情景。於此，我特別要致上我由衷感謝之意，龍九父母和家人惠我良多。

　　龍九先生為學篤實，為人誠懇，對於師長尤其敬重。這種多元價值的時代裡，尤為難得。其於政大就學期間，龍九先生遊心於易學，受學於曾春海教授之門，於高攀龍之易學思想，極有心得。

　　其於台大博士班期間，則從學於吾師張永儁教授與同門兄杜保瑞教授，他的博士論文經兩位教授之提攜點省，於王陽明《朱子晚年定論》之問題與朱陸異同之辨之研究，精熟詳盡，超邁前人，折衷諸家之說，而歸宗於孔聖。我久不讀中文書，少年時代所讀之書多不復記憶，於知天命之年，讀《《朱子晚年定論》與朱陸異同》，感觸良多，謹此為序，推薦此作。

九十九年九月二十一日　彭文林　序於指南山麓

自 序

　　本書有幸出版，有賴杜保瑞老師的推薦方得如願；作為他的學生多年，除了感激還是感激！回想跟杜老師結緣始於我於政治大學的碩士論文口試，當初對杜老師不甚熟悉，但覺得他用詞豐富、對於宋明理學方面有很深的理論建構；而後就讀於台灣大學博士班時，則幸運的榮獲他的指導，受益良多。

　　博士論文的另一位指導教授張永儁老師勉勵我甚多，而且給我許多寶貴的意見。回想起來，我身為張老師的學生也十多年了！自東吳大學時期就聽聞他授課；然而當時貪玩不懂得珍惜，至今回想仍十分汗顏，總覺愧對老師！

　　再仔細回憶我博士論文口試至博士論文完成這段過程，鍾彩鈞老師對我的啟發甚大，對於此書的思想史部分及一些文獻解讀提出指正，讓學生受益甚多，而且深深地讓我知道自己的不足。楊祖漢老師則針對此書內容所涉及的文獻版本做出建議，讓當時的我可以更明確的掌握許多文本，而且知曉個人的缺失所在。彭文林老師則提醒我建構個人思想時所應注意的地方，讓我對於自己所使用的新詞——「工夫心」得抱持著更謹慎的態度。於此由衷感謝各位老師的指導！

　　接下來，請容我稍微談談這本書的主要內容。此書之所以提及《朱子晚年定論》，及因本書探究範圍乃從《朱子晚年定論》帶出，故以「《朱子晚年定論》與朱陸異同」為此書之名。本書的內容主要有三個方面，第一是探究王陽明《朱子晚年定論》的內容是否合理，其中包含《定論》的內容以及年代考據，並且配合陽明其他部分的思想內容來加以檢閱。第二個方面是「朱王異同」與「朱陸異同」的問題探討。而「朱陸異同」與「朱王異同」的爭論問題頗雜，且涉及的年代相當長遠，於本書中盡可能的提出個人的分類整

理與評述，範圍介於宋末元初至清朝中晚期共計三十多位學者的談論（詳見於本書附錄）。然則，「朱陸異同」與「朱王異同」的問題釐清實屬困難，因此筆者除了整理思想史的部分之外，另外一部分在於重新衡定朱、陸、王三人的立論宗旨，以釐清在這段漫長爭論史中朱、陸、王所遭受的許多批評是否合理。

最後，在對於「朱陸異同」或是「朱王異同」的處理上，個人提出一新詞—「工夫心」來作為釐清「朱陸異同」與「朱王異同」之淺見，落於第五章中，希望言之有物。

本書的內容實屬未成熟之作，當中若有錯誤、失序等內容，希望諸位前輩學者、讀者們多多包涵；若有任何指教或建議，個人必定虛心受教、感激於心。最後，個人想再次感激曾經惠我良多的師長們，包括我的碩士論文指導教授曾春海老師、博士論文大綱考試委員陳福濱老師，以及個人自求學以來曾經教導過我的老師、陪我一起成長的助教、學長姊、同學、家人……。重要的是，花木蘭文化出版社肯給予後學者我這個機會出版此書，感到萬分榮幸，於此由衷致謝！

　　　　　　　　　　　　　　九十九年十月五日　蔡龍九　序於高雄

第一章 緒 論

一、問題意識

筆者的問題意識從王陽明《朱子晚年定論》（以下簡稱《定論》）的問題意識出發，並順著陽明的說法，先理解陽明的問題意識與用意，然後提出自身的問題意識。

筆者的問題意識敍述有著次序性，並盡可能配合本文的章節次序，所探究的範圍，並非僅於《定論》本身，亦包含其他延伸問題；至於詳細的範圍則於問題意識中兼述之，詳述如下：

（一）探究《定論》自身的問題意識與失誤

1、《定論》的問題意識——「朱王之同」

陽明作《定論》之主要用意，在述說朱子之說於晚年時期有所「悔悟」，而且這些「悔悟內容」同於己。此於正德乙亥年（公元 1515 年，陽明四十四歲）序《定論》時，曾云：

> 〔……〕謫官龍場，居夷處困，動心忍性之餘，恍若有悟，體驗探求，再更寒暑，證諸《六經》、《四子》……獨於朱子之說有相牴牾，恆疚於心，切疑朱子之賢，而豈其於此尚有未察？及官留都，復取朱子之書而檢求之，然後知其晚歲固已大悟舊說之非，痛悔極艾……。予既自幸其說之不繆於朱子，又喜朱子之先得我心之同然……。〔註1〕

〔註1〕 王陽明：《王陽明全集》〈朱子晚年定論〉卷三，（上海：上海古籍出版社，2006年 4 月第一版五刷），頁 127～128。引文中本爲「《五經》」，按照《王陽明全

此說之意明顯，不論朱子是否曾經「痛悔極艾」，陽明認為朱子「先得我心之同然」，宣稱朱子「晚年」之學說與己說等同。當然，如此說法若有充分證據則可，但陽明點出自身作《定論》的問題意識之後，僅以朱子書信三十餘封作為證據來敘述「與己同」，而無詳細說明。此外，其中所舉之朱子書信內容，少許涉及朱、陸子之間的談論；雖然《定論》所道出的「同」乃「與陽明自己」相同，但後人談論此議題時，時延伸至「朱陸王」三者之同異探究，且陽明曾云：

> 朱子之後，如眞西山、許魯齋、吳草廬亦皆有見於此，而草廬見之尤眞，悔之尤切。今不能備錄，取草廬一說附於後……。〔註2〕

陽明雖以「朱王同」來作為《定論》的主要核心論題，但《定論》文後又提及前人如眞西山（眞德秀）、許魯齋（許衡）、吳草廬（吳澄）等人的談論，認為這些人的論述內容可作為《定論》說法的旁證。而所謂「皆有見於此」乃道出朱子學後人對於「本源」的重視逐漸增加，或涉及「去支離」、對陸子持肯定態度，加上眞德秀、許衡、吳澄等人均傾向朱陸調和；因此後世針對有關「調和朱陸」或「朱陸異同」問題時，亦將《定論》視為「朱陸異同」爭論的其中一本著作。此外，〈與安之書〉有云：

> 取朱子晚年悔悟之說，集為《定論》，聊藉以解紛耳……。近年篁墩諸公嘗有《道一》等編，見者先懷黨同伐異之念，故卒不能有入，反激而怒。今但取朱子所自言者表章之，不加一辭，雖有褊心，將無所施其怒矣。〔註3〕

上述，陽明提及程敏政之《道一編》，此書乃針對調和朱陸而作；若順著《定論》的原意，陽明雖僅欲求「朱王同」，但若提及《道一編》，則表示陽明對朱、陸之間亦有認為「同」的可能方向，只是當時「見者先懷黨同伐異之念」；而如今陽明作《定論》以求「朱王同」所面臨的問題，亦如同程敏政作《道一編》時的情境。當然文中之「不加一辭」亦有待商榷，此涉及陽明引文增字問題，於正文中亦有詳述；於此僅表示，陽明對「朱王同」的立論模式，則帶出程敏政欲調和朱陸的那種情境，而且對不論是「朱陸」或「朱王」的關係，在後人求「同」的過程時，均有門戶之見的反對情形。

再回到《定論》來看，《定論》所舉之書信，陽明無作任何說明，僅僅列

集》〈文錄四·朱子晚年定論序〉卷七，頁240之文改為「《六經》」。
〔註2〕 《王陽明全集》〈朱子晚年定論〉卷三，頁141。
〔註3〕 《王陽明全集》〈年譜一〉卷三十三，頁1254～1255。

舉而全無解讀、詮釋，只在《定論》後引述吳澄之說作爲旁證。因此單從陽明《定論》的問題意識來看，其用意雖明，但手法由此可見其粗略處，如此造成他最欲主張的「朱王同」無法達到效果，亦容易涉入「是否亦求朱陸同」的這種爭論。因此《定論》之內容，在陽明粗略、未清晰的處理下，延伸出各種問題，於下節述之。

2、《定論》的錯誤之處

上述已提及在《定論》的作法上，陽明所提的「證據」僅有三十餘封書信，且不加評述與解釋的「不證自明」方法顯得粗略，另方面《定論》於考據與文獻掌握兩方面都出現問題，使「朱子晚年同於己」的說法受到強烈質疑；陽明云：

> 世之所傳《集註》、《或問》之類，乃其中年未定之說，自咎以爲舊本之誤，思改正而未及。而其諸《語類》之屬，又其門人挾勝心以附己見，固於朱子平日之說猶有大相謬戾者，而世之學者局於見聞，不過持循講習於此。予既自幸其說之不繆於朱子，又喜朱子之先得我心之同然，且慨夫世之學者徒守朱子中年未定之說，而不復知求其晚歲既悟之論，競相呶呶，以亂正學……。〔註4〕

既然陽明以「晚年定論」爲題，其中所提之證據理應以「晚年」爲主。但，陽明一方面以朱子之著作《集註》、《或問》爲「中年未定」，卻在所引之書信出現朱子「中和舊說」時期的談論。而陽明並沒有補充說明是否「朱子中年時期」即有所謂「晚年」思想雛型，亦不以解釋此「中年」之說與晚年思想是否有連結，即引之作爲朱子之「晚年定論」。此失誤羅欽順修書批評之，且批評其中的文獻掌握問題：

> 昨拜讀書後一日，始獲奉領所惠〈大學古本〉、〈朱子晚年定論〉二編……。詳〈朱子定論〉之編，以其中歲以前所見未眞，爰及晚年，始克有悟。乃於其論書尺三數十卷之內，摘此三十餘條，其義皆主於向裡者，以爲得於既悟之餘，而斷其爲定論，斯其所擇，宜亦精矣。第不知所謂晚年者，斷以何年爲定……。偶考得何叔京氏，卒於淳熙乙未，時朱子年方四十有六，爾後二年丁酉，而《論孟集註》、《或問》始成，今有取於〈答何叔京〉書者四通，以爲晚年定論，

〔註4〕《王陽明全集》〈朱子晚年定論〉卷三，頁2。

至於《集註》、《或問》，則以中年未定之説，竊恐考之欠詳，而立論之太果也……。〔註5〕

又所取〈答黃直卿〉一書，監本止云「此是向來差誤」，別無「定本」二字，增此二字，當別有據。而〈序〉中，又變「定」字爲「舊」字，卻未詳「本」字，同所指否？〔註6〕

上述，整庵之批評可謂精確；陽明不應未說理由，就將《集註》、《或問》定爲「中年未定之説」，而僅以三十餘條書信內容爲「晚年定論」，甚至其中包含中年之思想。此外，陽明引用朱子之文獻時，居然增字於文書中，此點疏失明顯，無怪乎陽明回書時，默認之而云：

其爲《朱子晚年定論》，蓋亦不得已而然。中間年歲早晚誠有所未考，雖不必盡出於晚年，固多出於晚年者矣。然大意在委曲調停以明此學爲重……。〔註7〕

陽明並無回答「增字」的問題而只回應「不得已而然」、「委屈調停」，並承認自身考據失誤，但又強調自身之取材乃「多」出於晚年。此二方面之失誤，於羅欽順批判之外，略晚之陳建（1497～1567）作《學蔀通辨》則批評陽明「顛倒誣誑」：〔註8〕

戊子，孝宗乾道四年，朱子三十九歲。〈答何叔京書〉云：「熹奉親遣日如昔，向來妄論持敬之說，亦不自記其云何。但因其良心發見之微，猛省提撕，使心不昧，則是作工夫底本領。本領既立，自然下學上達矣。若不察於良心發見處，即渺渺茫茫，恐無下手處也……。」朱子此書，《道一編》指爲朱子晚合象山。王陽明采爲朱子晚年定論。據年譜，朱子四十歲丁母祝孺人憂，此書有「奉親遣日」之云，則祝無恙時所答，朱子年猶未四十，學方日新未已，與象山猶未相識，若之何得爲晚合？得爲晚年定論耶？其顛倒誣誑，莫斯爲甚！〔註9〕

〔註5〕 羅欽順：《困知記・附錄》〈與王陽明書〉《文淵閣四庫全書》，子部・儒家類，頁3～4。

〔註6〕 《困知記》，頁4。

〔註7〕 《王陽明全集》〈語錄二〉卷二，頁78。

〔註8〕 陳建《學蔀通辨》乃針對《定論》而作，且批評程敏政《道一編》、趙汸〈對江右六君子策〉等調和立場。其中對關於年代上的批評有其合理處，但其他層面的批評錯誤甚多；詳細內涵於正文第三章中回顧「朱陸異同爭論史」時詳細探究之。

〔註9〕 《學蔀通辨》〈前篇〉卷上，收入於《朱陸學術考辨五種》（江西：江西高校

單從年代考據來看，陽明將三十九歲時朱子之書信言論定為「朱子晚年」，有其失誤處。而此問題顯而易見，何以陽明失誤至此？頗耐人尋味。

總結此一問題意識，有三層面。第一層，筆者欲探究清楚陽明自身的問題意識，並合理推斷作《定論》的用意。第二層，則是整理出《定論》中的失誤。第三層，則從《定論》去理解陽明如何解讀朱子，並說明陽明對朱子的批評與認同過程。

歸結此第一個問題意識的處理，即筆者第二章直接探討的內涵，也就是陽明對朱子的批判與認同內容。筆者認為，雖然此問題意識以《定論》為主，但陽明對朱子的「認同」並非僅有出現於《定論》，於其他談論中亦曾出現過。此外，筆者亦得論述陽明對朱子的「批評」，如此兩方面論述，找尋陽明對朱子態度轉變的「時間點」，並得出清楚的「認同範圍」；釐清之後，方可較清楚理解的陽明所說的「批評」與「認同」的較完整內容。

也因此，筆者談論陽明認同朱子的取材並非僅以《定論》作標準，本文雖以《定論》為探究主軸，但探究之範圍則因《定論》所延伸出來的其他問題，也必須延伸探討至其他相關且重要的議題。

（二）探究《定論》所造成的問題與延伸問題

陽明《定論》雖欲說「朱子同於己」，並非直接說明「朱陸同」，但筆者發現後人針對朱陸異同的調和時，多將《定論》視為「朱陸異同」爭論的一本重要專書，且亦有不刻意區分陸、王兩人來談論「朱陸王異同問題」。而上述標題所謂「問題」或「延伸問題」，則是筆者探究《定論》本身的失誤時，延伸出的兩方向問題。一是；眾多後學者對「朱陸異同」各自提出的見解或專著，其內容要旨為何、是否合理等問題。二是「朱陸異同」的問題如何釐清之問題。茲述如下：

1、「朱陸異同」爭論的思想史回顧

若以本文核心點出發《定論》一書作分界，則陽明之前關於論述「朱陸異同」者，則筆者則以「調和朱陸」者為主要探究對象。此即，朱、陸於宋代時即被認定為兩方門戶，甚至有認為兩方為「敵視」者，故「朱陸」之「相異」於當時似乎已成「定論」。自宋、元以後，逐漸出現些許「調和者」兼談

出版社，2000 年 10 月初版），頁 117～118。以下凡陳建之《學蔀通辨》、程敏政之《道一編》、李紱之《朱子晚年全論》等，均引自《朱陸學術考辨五種》此書。

朱、陸之說，且有調和或融釋兩人思想的表現。而這些「調和者」可謂開啓「朱陸調和」之先驅；故筆者認爲在陽明之前「調和者」反顯難得。

而反對「朱陸調和」之學者於陽明之前亦有，例如程瞳作《閑闢錄》一書反對朱陸調和，而更早之前各自捍衛朱、陸二家門戶者亦有。然這些現象，在筆者處理過程中，僅作扼要的提點介紹，重點仍放在有專著或頗具代表性的人物來探究之，若有補充者則簡述於本文之附錄中。

另方面，筆者以《定論》作一分界仍有其他用意。因《定論》調和「朱子與陽明」之說一出，反對調和者逐漸增多，更有視此書爲調和「朱子與陸王」的涵義，並作專書反駁之。同樣的，在《定論》問世之後，亦有捍衛陽明的調和立場者，或以其他方式論述「朱王之同」或「朱陸之同」。﹝註10﹞此部分頗爲繁夥，但仍有探討的意義所在，此於本文第三章中敘述兩方的對立狀況與內容。至於「朱陸異同」此議題的思想史回顧範圍，筆者則從朱、陸開始，扼要談論至清中期之後，列舉「調和」與「反調和」等多位人物來加以探討。此思想使方面的整理，除了敘述因《定論》所引起的「朱王異同」爭論之外，更直接從「朱陸異同」的爭論歷史中切入，從中探究出其他的問題點；例如「門戶之見」、「詮釋問題」、「陸王思想的爭議處」、「朱子中晚年的學術轉型」……等多項議題。

談論上述那些「相關議題」之後，筆者則作出幾個釐清方向，來歸結這數百年來的「朱陸異同問題」，有哪些解決的線索，並帶出筆者欲提出的解決方法。

2、得出「朱陸異同」的解決方向

從諸多的「爭論史人物」中，可點出其中的多面向問題，此於筆者第三章第三節歸結；而筆者於此先歸結其中四個方向問題，而後再找尋解決方向。

若簡要說，筆者歸結爭論史中的問題，則有：（1）雙方僅能論述「部分」之「同異」。（2）無共識的「晚年」與「定論」。（3）有所偏的取材與詮釋問題。（4）門派與政治問題。

﹝註10﹞《定論》所欲表達的是「朱王同」或「朱子同於陽明自己」，但後人談論此議題時，逐漸以「朱陸異同」的方式概括「朱陸王異同」，而筆者則順此思想史脈絡，以「朱陸異同」的談論來概括「朱陸王異同」。雖然《定論》本身是調和「朱王」，但本文所要談論的主軸，則是自《定論》所延的「朱陸（王）異同」的爭論史，且其中包含「求朱王同」的《定論》，加上後人談論「朱陸異同」時亦時常論及陽明，不至於忽略「王」，故筆者以「朱陸異同」來簡稱之。

　　而以上四個方向問題，於本文第三章第三節詳述；至於解決問題的方向，則是：（1）「同」之年代、範圍的釐清。（2）朱、陸、王思想的再次定位。（3）重新尋找「同」的內涵。

　　同樣的，上述三個解決方向，在該節中亦有專述。既然有解決問題的方向之後，相關的釐清內容則於第四章、第五章中來陳述。而第四章中的談論內容，即本文下一個問題意識──「釐清朱子自身思想及其轉折的問題」中，所帶出的談論內容。

（三）釐清朱子自身思想及其轉折的問題

　　本文第三章「朱陸異同」爭論史中的探究，筆者曾發現一個問題：「朱子中、早年是否『同』於象山或陽明的思想」。某些調和者主張朱陸「早異晚同」，但筆者發現朱子早、中年亦有些許談論合於象山、陽明。另方面，某些反調和者主張朱陸「早同晚異」，而其中的「早同」卻說是「佛學的同」，故朱子之早、中年思想眞相，筆者欲作一釐清。

　　同樣的，既然有「晚同」與「晚異」的這種相反主張，朱子「晚年」的談論眞相爲何？是否眞「同」或「異」於象山、陽明？此問題欲釐清，則至少得先精要述說朱子思想的大要，並作出一個判定，故此方面包含以下之論述內涵。

1、朱子早、中、晚時期的心性、工夫論述

　　朱子之思想內容頗多，因此筆者僅就與本文直接相關者來談論歸結，也就是與《定論》相關者；針對朱子論述心性、工夫等議題上來陳述。另方面也因《定論》曾說「朱子有所悔悟」，故筆者在談論中分別敍述朱子早、中、晚各時期的主要心性論、工夫論述等思想，並探究其轉折內容，以對朱子論述心性、工夫的內涵作出一個明確衡定。

　　而此部分之述說則落在第四章第一節中來處理，若說朱子自身思想之轉折與陽明《定論》之「悔悟」有關者，乃「中和新舊說」之轉折變化後得出的新結論；此方向是一重點。然而，朱子早年亦曾出現些許晚年思想的內涵，即對「主敬」、「涵養」等議題的初步涉及，以及跳脫佛、老二氏之說而重返儒學。這些內容，筆者一併於該節述說之，並陳述其中的意義。

　　此外，除「中和新舊說」之論述外，朱子所談之「心統性情」與「中和新舊說」的相連關係筆者亦於該節中詳述，以收較完整的朱子論述面貌。最後則歸結朱子的論心性、工夫的要旨所在，並述說他的儒學特色。

2、朱子與陽明的「心理合一」問題

陽明對朱子的認同，並非僅有出現在《定論》中；於〈傳習錄〉中，陽明回應顧東橋對《定論》之批判時，曾云：

> 朱子所謂格物云者，在即物而窮其理也。即物窮理，是就事事物物上求其所謂定理者也。是以吾心而求理於事事物物之中，析心與理而爲二矣。夫求理於事事物物者，如求孝之理於其親之謂也。求孝之理於其親，則孝之理其果在於吾之心邪？抑果在於親之身邪？假而果在於親之身，則親沒之後，吾心遂無孝之理歟？……。以是例之，萬事萬物之理，莫不皆然，是可以知析心與理爲二之非矣……。吾心之良知，即所謂天理也。致吾心良知之天理於事事物物，則事事物物皆得其理矣。致吾心之良知者，致知也。事事物物皆得其理者，格物也。是合心與理而爲一者也。**合心與理而爲一，則凡區區前之所云，與朱子晚年之論，皆可以不言而喻矣**！〔註11〕

陽明先說明「析心理爲二」爲錯誤，且認爲朱子之說實如是；但深思之，陽明認爲舉凡孝親、忠君等事理「析心理爲二」爲不可能，故格物時必爲「心理合一」且認爲「朱子晚年之論」與自身談格物一致，同樣都是「合心理於一」的，而說「不言而喻」。

此部分陽明以「格物」之說來回應顧東橋之批評，其中核心概念乃「心理合一」之論說，並以此說作爲解「格物」之必然內涵。此內容則屬《定論》之外，陽明認爲與朱子「同」的另一種說法。

以上諸述，筆者將之問題意識可明確定爲：「心理合一」是否可作爲朱子與陽明「同」的一種論說？針對此問題意識之解決途徑，則須探究「心理合一」的意義、陽明與朱子之「心理合一」是否相同。此問題之談論，則於第二章筆者勾勒出陽明「心理合一」的諸多涵義，並於四章中筆者歸結朱子的思想大要之後，且談論其心性、工夫與相關轉折內涵之外，得出談論朱子的「心理合一」之涵攝範圍，則可自然釐清此朱子與陽明「心理合一」是否「同」的問題。

（四）對陸、王的思想作出儒學判定

1、陸、王思想爭議處的釐清

陸、王之思想內容，不僅遭受反對調和者批評，朱子本身亦曾批評象山；

〔註11〕王陽明：《王陽明全集》〈語錄二〉卷二，頁 44～45。

筆者發現，陸、王思想中有著許多受爭議的談論點，此包括象山「心即理」、「宇宙吾心」……之說，並延伸至他的「易簡工夫」等，都是常受爭議且導致批評的主要內容。另方面，陽明的諸多立教宗旨中，如「知行合一」的特殊談論、「無善無惡」的心體描述、「良知即天理」的主張，亦存在如同象山的爭議性。而這些內涵如何釐清為儒家思想，則須再次衡定象山與陽明的思想內容。

　　而此部分之工作，則在第四章第二節中精要敘述，目的是排除許多不必要的誤解，以間接駁斥反調和者對象山、陽明曾經批評為「禪」或「告子」、「異學」等主張。

　　2、點出陸、王的儒學特色

　　若對陸、王種種受爭議的談論作出釐清工作之後，則道山兩人的儒學特色所在。此部分僅是對於兩人思想歸結之後所作出的補充說明，並且認為陽明、象山之「受爭議」部分，其實在某脈絡下說仍可成立，且此為兩人的思想特色，並非違背於儒家宗旨。

（五）歸結至筆者判斷「異同」之方式

　　1、當代學者對上述問題的談法

　　當代學者對於「朱陸異同」之談論，較著名的議題乃「無極太極」與「鵝湖之會」兩議題及其延伸，著述頗多。於本文有關《定論》之「朱、王」論述切近者鮮少，因此暫舉陳榮捷先生之談論為先。

　　（1）陳榮捷先生的「認同朱王路線」

　　陳榮捷先生之〈從朱子晚年定論看陽明之于朱子〉一篇中，對此議題討甚豐；後引劉宗周之談法，贊成朱子之說與陽明有其不可分割處，傾向贊同朱王二人有其同處。〔註12〕而陳先生對於「朱陸異同」之思想史脈絡，前後之延伸談論甚多，對此議題提及多人的看法；從元末吳澄之說，精要介紹談論至清初李紱。筆者認為，當代學者針對「朱陸異同」此思想史流變之議題，陳氏對此議題之討論可說頗為完整。

　　另方面筆者認為陳先生全面論述此思想爭論史，或許礙於標題範圍，對於各人物述說精要點出，卻也無詳細評論其中人物立論的合理性。而筆者於本文應可補充其中未談論之處；此外，在筆者論述「爭論史」中「調和者」

─────────────

〔註12〕陳榮捷：《朱學論集》（臺北：台灣學生書局，民國 77 年再版），頁 353～383。

與「反調和者」的諸多敘述之後，亦歸結出幾個重要問題核心，以求此爭論的解決方向。

（2）唐君毅先生之「朱陸異同探源」

唐先生曾專文論述「朱陸異同探源」，而用幾個路線來說明朱陸異同，並側重兩人所學之傳承源自，從源頭上談論兩人的差異線索；他認為朱陸自有同異，而云：

> 此同異固不在一主尊德性一主道問學，二家固同主尊德性也。此同異亦初不在二賢之嘗形而上學地討論心與理之是否一，而初唯在二賢之所以尊德性而學聖賢之工夫上。〔註13〕

> 吾人謂朱陸異同之第一義在二賢之工夫論，唯在此工夫論之有此異同……。〔註14〕

唐先生認為朱陸之異實於工夫層面上，但並非所謂「尊德性或道問學」；因此就朱、陸二人之工夫方面做出許多談論，包括對朱、陸工夫的承繼，兩人工夫內容的分析等。而後，唐先生認為象山之「發明本心」之教，與朱子「涵養」之說並非相異，反而是可「通」的；其云：

> 如吾人識得象山之言本心自明自立中，自有涵養，而朱子之言涵養，亦不能離此本心之自涵養，以自明自立義；則由朱子之涵養工夫，而益之以立志求此工夫之相續，即對本心之自信之義，即同于象山所言之本心自明自立中之涵養工夫。〔註15〕

上述，筆者認為唐先生之語頗為正確，因「本心」之概念皆同在朱、陸二人之中，且看如何發顯而已。若針對較抽象的「涵養」來說，事實上陸子說「涵養精神」乃說「本心」之守，朱子談論「涵養未發」乃求心之安穩狀態，皆不違背「本心」涵義。此外，朱子涵養與省察之功，若就孟子之語言來說，則皆欲令本心不失而已。故唐先生認為，即便朱、陸的工夫型態不同，但其工夫內涵與目的皆可通。故文後又稱「今如識得此二家之工夫論，有此始終相涵，博約相資之義，則固亦皆當說，而未嘗不切矣。」〔註16〕

而筆者認為唐先生之觀點，與筆者所欲論述的「同」之方式較相近；唯

〔註13〕唐君毅：《中國哲學原論‧原性篇》《唐君毅全集》，（臺北：臺灣學生書局，民國80年），頁552。

〔註14〕《中國哲學原論‧原性篇》，頁553。

〔註15〕《中國哲學原論‧原性篇》，頁654。

〔註16〕《中國哲學原論‧原性篇》，頁661。

不同者，在於筆者直接回歸孔子論述「道德自覺」與「實踐層面」的要旨來談論，並以「工夫心」道出朱、陸、王等人於工夫論述細節中，事實上有許多內涵是「辭異義同」的。至於針對「工夫」上的「相涵」或是「相資」之可能，筆者則認同唐先生之說法，認爲「工夫」在下手處之相異或是「易簡」與否，並非代表兩人之「工夫」相異爾。

（3）牟宗三先生對朱陸的評斷

牟先生對朱、陸思想探究頗深，面對朱陸異同問題亦曾仔細探究兩人相互攻擊之內容。對於朱、陸之間，事實上牟先生較認同陸王一系，在論及「性理之學」時已透露此訊息：

> 蓋宋、明儒學講學之中點與重點唯是落在道德的本心與道德創造之性能（道德實踐所以可能之先天根據）上。「性理」一詞並非性底理，乃是即性即理。若只說「性理之學」，人可只以伊川、朱子所說之「性即理也」之「性理」義去想，此則便不周遍，不能概括「本心即性」之「性理」義……。〔註17〕

上述，牟先生對恐以「性理」指稱易導致誤解爲程朱之「性理」，而忽略「心性論述」的陸王一系。事實上，牟先生之所以如此關切，則因他視朱子爲「歧出」；曾云：

> 但伊川、朱子之講法，再加上其對于《論》、《孟》、《中庸》、《易傳》之仁體、心體、性體，乃至道體理解有差，結果將重點落在《大學》，以其所理解之《大學》爲定本，則于先秦儒家原有之義有基本上之轉向，此則轉向另一系統，此種新于本質有影響，此爲歧出之「新」。此一系雖在工夫方面有輔助之作用，可爲原有者之所允許，然亦是迂曲歧出間接地助緣地允許，不是其本質之所直接地允許者，即不是其本質的工夫之所在……。〔註18〕

上述，牟先生認爲朱子對《大學》的過度重視，即便工夫上類似，但是在本質上並非孔孟之心性論核心，因爲朱子對於形上旨趣過度關切，將「性即理」中的道德性降低；其云：

> 孟子說性只就「人類的存有」（human being）而言，講的是人內在

〔註17〕 牟宗三：《心體與性體（一）》《牟宗三先生全集5》，（臺北：聯合報系文化基金會出版，民國92年初版），頁6。

〔註18〕 《心體與性體（一）》《牟宗三先生全集5》，頁20～21。

的道德性。孟子言性善，這性字的道德意義很強。到朱夫子的時候，他言性從「然」入……。有一個「然」就有一個超越的「所以然」（朱子的理、太極是超越意義的所以然，不是定義中的所以然。）這個超越的「所以然」就從「然」處超越地引出來……。如此瞭解「性」，「性」成一泛存有論的概念，泛存有論意義的性是個超越的所以然，也就是個理。所以，朱子言「性即理」。他言「性即理」就從這個思路來。泛存有論意義的性，其道德性減殺。〔註19〕

上述，筆者贊成牟先生對朱子談論「理」時，時常以論其「存有」方式來談，故不但設一「形上之理」作為根基，單談論其「存有狀態」的確異於孟子對「性」的道德式談論，因此有所謂「道德性減殺」之現象。但另方面，朱子對此「性」的關切，在他欲建立一形上思維的時候，產生「論存有狀態」的現象，而此必然非孟子的道德性關切；或說，「性之道德意義」與「性之道德意義之存在」自是兩回事，亦不衝突，朱子僅是對此關切時，對於「性之道德意義之存在」混淆於「性之道德意義」，此可謂古人無哲學分科之談論，對於這些差別總是「混著談」。但筆者並非反對牟先生之看法，亦認為朱子所談論之內容兼有許多「形上關切」，此並非孔、孟之原貌。而這也牽涉牟先生所說之「本體」方面，其云：

> 至于在本體方面，則根本上有偏差，有轉向，此則根本上非先秦儒家原有之義所允許。〔註20〕

上述，牟先生表達出朱子之「歧出」，且是在本源上的「歧出」，於此批評云：

> 朱子的形上思辨趣味濃……。儒家原初沒有泛存有論的問題，儒家講仁、義都是道德意識。從這個方面講，陸王是儒學的正宗，陸王保存道德意識……。所以，陸象山、王陽明說心理為一，陸、王的講法合孟子義。照朱夫子的說法，就是析心與理為二，是告子的義外說，王陽明批評朱子是對的。〔註21〕

上述，已可明顯看出牟先生對朱子學的立場，認為朱熹因對於形上旨趣過度關切，而導致對於「性」與「理」的關係常以存有模式的談論，背離孔孟論

〔註19〕 牟宗三：《宋明儒學的問題與發展》，（臺北：聯經出版社，2003 年 7 月初版），頁 204～205。

〔註20〕 《心體與性體（一）》《牟宗三先生全集 5》，頁 21。

〔註21〕 《宋明儒學的問題與發展》，頁 204～205。

「心性」的本來面貌，相較之下，陸王之說法則較屬儒學正宗。

至於朱陸爭論或異同的問題，牟先生亦有專文陳述；〔註22〕然筆者就牟先生之觀點中，認爲關乎「朱陸異同」的核心處，即上述論及朱子關乎「形上思辨」之處所造成的現象。此即，朱子對形上旨趣的關切已超越孔、孟思想的內涵，且以其形上旨趣之所得內容來解讀許多儒家傳統內涵，而這也是筆者於第五章中，所要談論的重要議題。

對牟先生的談論，筆者僅簡要提及如上述；針對朱子的「形上旨趣」，就筆者而言，事實上自孟子以下就已經與孔子有些許差異。孟子論述「性善」雖已稍微談及「性與天」之關係，但亦偏向德性義涵的解釋內容；而後儒受《中庸》、《易傳》之諸多影響，或有接受其中形上旨趣者，則如朱子可爲代表。此外，朱子又吸收周敦頤、張載等人對世界生成的描述，故朱子之說頗多，然切要於孔、孟之談論者在比重下反落差於陸王。而此現象之根源即「形上旨趣」之關切者；筆者於第五章中對此「形上旨趣」層面作一反省之後，則道出筆者對朱、陸、王之問求「同」所定出的新的核心要點。

（4）勞思光先生的主、客實有之說

勞思光先生特重孔、孟傳統之「心性」論述，對於朱、陸問題採取哲學性的評斷方式，認爲朱、陸之衝突主要差異根源是在「主體實有」與「客體實有」，其云：

> 朱陸之爭，是兩種哲學立論之衝突。更詳言之，則是「立客體實有」與「立主體實有」兩種不同哲學型態之衝突……。世論多以爲朱陸之工夫理論不同，爲基本歧異所在；實則工夫理論之所以不同，正因雙方對「心」之取「經驗義」或「超驗義」有基本態度之不同。陸氏之肯定「超驗義」之「心」，不唯與朱氏立場不同，與濂溪以來宋儒學說皆不同……。〔註23〕

〔註22〕牟先生對朱陸異同的問題亦有談論，此或有散落於其諸書中者：例如《宋明理學的問題與發展》中〈陸王一系之心性之學〉，頁229～237談論「朱陸之殊途」中，頁234有云：「以朱子持身之謹，克制之嚴，自是尊德性，然是經驗地尊、外在地尊，故乏自然充沛之象。尊德性瑣碎委散於道問學之中，全幅心力集中於道問學，而尊德性則徒見其隨道問學而委散，而不見其直承天心仁體之提挈，此所以象山觀之，並未尊得起也……。」至於專論象山與朱子之論辯內容，詳見《從陸象山到劉蕺山》《牟宗三先生全集8》中第二章〈象山與朱子之爭辯〉。

〔註23〕勞思光：《新編中國哲學史（三上）》，（臺北：三民書局，民國86年8月八版），頁359。

勞先生較重視「主體性」的論述，此即他認爲孔、孟皆以人自身的「主體性」來論述心性，而非立一「客體實有」作爲主要根源或價值。從勞先生關於此議題的解釋，基本上他是較贊同立「主體實有」的這種思維方向，來肯定人的主體性，此即他所肯定的儒家心性論立場。〔註24〕至於較多涉及形上意義的「客體實有」，則屬朱子對於形上學較關切的論學旨趣。此外，又云：

> 倘立一「主體」，涵有「最高自由」及「主宰性」，則「理」可視作「主體」正面活動之規律，而「世界」可視爲「主體」反面活動之產物；此「正面」與「反面」之可能，即直接由「最高自由」推出……。
>
> 其次，世界中之「違理」成分，亦成爲一當然之事，蓋「世界」本依反面活動而有，則「世界」不是「本來合於理」；而「主體」既可作「正面活動」，則未合於「理」者又可由主體之活動變爲合「理」。
>
> 於是，道德文化之努力即亦可獲得眞實意義。〔註25〕

勞先生談論上述之前，已對「天道觀」、「本性論」作出許多評論，〔註26〕而後歸結至「心性論」來作爲總括來說，並認爲此「心性論」乃孔、孟原始教義。延伸說，勞先生對象山、陽明針對主體自身的「心性」論述較爲肯定，亦認爲此種路線較可符合孔、孟之傳統，皆屬「心性論」之型態。

對筆者而言，「心性」論述的確立一最高主體，作爲解決道德問題與世界事實中的矛盾狀況所提出的最佳實踐模式。但筆者的談論模式，在於反省孔、孟差異性中，認爲「不立一完整理論系統」的狀況下，孔子道出的「心」論述層面，事實上已經滿足儒家實踐的需求；另外，對「世界」或「天道」、「天理」等諸多論述，則皆非理論上可完整解釋清晰。

就筆者之淺見，若依勞先生之語，朱、陸雖在「主體實有」與「客體實有」之前提下出現差距，但筆者更深層之想法爲，造成差距的是與「形上層面的關切」有關，亦即涉及「天理」層次的論述面。若僅於工夫實踐層面來

〔註24〕《新編中國哲學史（三上）》，頁46～51中對「宋明哲學」的述說，勞先生乃持其「一系說」之談法，乃以「歸向孔孟」爲「基本目的」，因此對於談論涉及形上旨趣方面者，認爲二程所立之「性即理」，已將漢儒所提倡的「宇宙論中心之哲學」掃除；而朱子雖承襲諸家，但未達建立「主體性」觀念，因此未歸至孔孟心性論核心，而直到象山、陽明方歸孔孟核心也。勞先生就是以此一整個發展歷程來觀看，故以「一系說」來道出宋明儒者如何「歸向孔孟」。

〔註25〕勞思光：《新編中國哲學史（三上）》，頁89。

〔註26〕勞先生針對此議題之論述「天道觀」、「本性論」等，詳見其《新編中國哲學史（三上）》，頁76～87。

談，兩人之差異性於筆者的論述中甚少，與所謂「主體」或「客體」之「實有」之關聯性不大，更與孔子道出的「道德自覺」亦是不同層次的論述。若按筆者之見，不論立「主體實有」或者「客體實有」，若能在實踐上發生意義則屬可談論範圍，否則僅是個人對形上層面體驗的不同。因此筆者將朱陸之「同異」問題，歸結在「實踐上」的相關探尋，而排除形上層面的談論。關於此部分，則導出筆者對宋明儒者談論新的「同」之歸結點；此點即，儒者德性實踐與面對外在世界時，若涉及形上層面的關切或體驗等述說「是否必要」的問題。而此部分則於第五章中談論，並表達筆者自身的論述立場。

（5）徐復觀先生與劉述先先生的談論

徐氏在〈象山學術・朱陸異同，朱子自身的矛盾〉一文中，〔註 27〕認爲朱子自身存有一矛盾；曾云：

> 但朱子之言論，以讀書問題爲中心，有顯係自相矛盾而無以自解者，則係難以否認的事實。故朱陸異同問題，實即朱子治學上所包含之矛盾問題。〔註 28〕

而徐氏所認爲的「矛盾」在於幾個例子，諸如《朱子文集》中言「心」時，有與陸子全然相同處。卻在其他場合，朱子又曾批判「求放心」有如釋、老之說。以及朱子晚年時期，雖以體認「未發工夫」，卻也執著「文字」訓詁……。〔註 29〕而這些「矛盾」，徐復觀先生做一定論：

> 若謂此種矛盾爲晚年與中年之矛盾，則朱之攻陸，不應至晚年而更甚……。因此，從時間的先後，恐怕不能解決朱子自身所包含的矛盾問題。〔註 30〕

顯然，徐復觀先生認爲朱子並沒有一貫的心性論架構，至晚年亦然；對於「心」的定位與「工夫」的操作，顯然存著衝突處且與陸子相異。而徐先生認爲朱子有著內在「矛盾」亦可，但既然承認朱子「心」有時與陸子同而有時非同，筆者即於朱子思想中找尋原因，分析其「心」的諸多含意，以及朱子批判中是否有錯誤或是意氣之爭等，而非僅以「矛盾」解釋。而此部分之述說，則專於第四章衡定朱子的心性、工夫論述之後，對朱子與陽明之間的「心理合

〔註 27〕 詳見徐復觀：《中國思想史論集》〈象山學術〉，（臺北：台灣學生書局，民國77 年 2 月八版），頁 12～71。

〔註 28〕 《中國思想史論集》〈象山學術〉，頁 31。

〔註 29〕 《中國思想史論集》〈象山學術〉，頁 31。

〔註 30〕 《中國思想史論集》〈象山學術〉，頁 32。

一」問題作出歸結。

而劉述先先生則重視朱子「中和新說」之突破，並肯定朱子對於「涵養」；
有云：

> 延平是通過涵養去體證中體，但朱子追隨伊川所講的涵養居敬卻只是
> 保持一常惺惺的態度，沒有確定的涵養內容，所以必須另作致知窮理
> 的工夫——只不過兩下裡卻有一種互相應和的關係⋯⋯。敬的常惺惺
> 態度自可以通貫動靜，但必窮理到豁然貫通處，才可以達到大學補傳
> 中所說的那種最高境界。故朱子必要求在兩方面齊頭並進，此間實預
> 設一心性平行論。必存心而後理現，但在實質上卻只有理才是真正客
> 觀形而上的根據，在心上做工夫就是要去攝推理。〔註31〕

基本上，劉氏肯定朱子晚年對於「敬」、「涵養」的成熟說法，故文中時而列
舉《朱子語類》以作爲「朱子思想成熟時期」之定見根據。〔註32〕對於「朱
子思想成熟期」之定位，劉述先先生已有其立場存在，且引證歷歷，但又認
爲朱子不放棄《大學》爲學次第的漸進模式，故說朱子預設一「心性平行論」、
「存心而後理現」。但重要者，朱子仍有劉先生所稱的「理才是真正客觀形而
上的依據」。筆者認爲劉先生認爲朱子將「理才是真正客觀的形上依據」此點
頗爲精要，此即朱子與陸王的最根源的相異處。但此層面之問題卻非本文之
談論重點；筆者承認在形上層面之旨趣上，朱子相較於陸、王實有更多的關
切，與陸、王皆在「心」上談「理」亦有著不同，但若欲切要本文之談論方
向，則此種「真正客觀的形而上依據」並非直接與筆者所欲談的問題相關，
而此部分則於第五章中解釋之。另外，對於之前勞先生所談論之「主、客體
實有」之相關層面，筆者並非不關切，而是認爲對此種涉及形上旨趣者，求
其「同」亦無大意義也；而此即帶入下述筆者的談論方法。

2、筆者的談論方法

上述扼要敘述當代眾多前輩學者們的精要談論，事實上不甚完整，但筆
者無法一一詳細列舉。有關當代學者的談論模式，筆者亦不作出評論，但在
筆者自身談論有關「朱陸異同」之議題時發現幾個問題，故促使自身的處理

〔註31〕劉述先：《朱子哲學思想的發展與完成》（台北：台灣學生書局，民國73年8
月增訂再版），頁128。

〔註32〕同上，頁71～138中，劉述先先生針對朱子「中和新說」做出談論，頗重視
《朱子語類》記載之言。

方向；茲述如下。

（1）「朱陸異同」問題是否得求「同」

「朱陸異同」問題中，當代學者幾乎不以「全同」或「全異」來概括，而多以精細的談論模式，加上哲學性的分類來處理，而此實爲筆者效法之方向。然筆者認爲「朱陸異同」中最大的不同，在於「心」與「理」之間，究竟是「心」位於主導，或是「理」方爲客觀之絕對。而此若以勞先生之語，乃「主體實有」、「客體實有」之問題。若更深層論述，則是「心」與「理」皆分別被後儒定位出有著「實有」或「體」之意涵；然而對筆者來說，此並非孔子之原意。

亦即，筆者認爲孔子的談論中，尙未設定所謂「實有」之概念，頂多對「道德自覺」或「主體」提升至一定的主導地位，但尙無關涉形上層面的「本體」、「實有」或「根源」等涵義，遑論「天人相繼承」等諸多關係。因此，筆者雖贊成「朱陸異同」的問題「根源」屬於形上層面的關切，但不論是「心」或「理」作爲主導甚至牽扯「體」，應非孔子的談論核心。

因此，筆者暫時拋棄所謂「體」、「性」等形上層面的關切乃至同層面之「心」、「理」來談論「朱陸異同」。「朱陸異同」問題根源，筆者除了贊成如勞先生所言之外，更認爲這是個人對形上層面的體驗差異，而此體驗是自由的，不論以「心」立主體性，或是以「理」設定客觀性，都是在形上層面的關切而有不同，亦非直接影響孔子所側重的實踐或成聖之路。因此筆者僅談論「實踐層面」的問題，而「心性」層面雖亦有涉入，但也是在「實踐層面」相關者，並非直接談論與形上旨趣相關之「心性」者。

總括來說，「朱陸異同」問題是否可求「同」，對筆者來說反而是思考如何排除「不可能求同」或「不需要求同」的內容之後，方來說「同」。而所謂「排除」，則是筆者回歸孔子的精要論述之後，針對實踐層面的方面做出歸結，自然可「排除」孔子關切以外的議題。

（2）僅論實踐層面是否足夠

上述，筆者既然以「實踐層面」來談論「朱陸異同」，則是否足夠？或是否僅是「白說」？事實上，筆者反而認爲僅以「實踐層面」來說爲何「不足夠」？此即筆者對形上旨趣的「關切」視爲「非必要」之態度；此種形上旨趣乃個人的體驗自由，並非直接影響「如何實踐」的內容。在筆者思維下來說，形上旨趣若關於實踐時，頂多僅能影響「實踐時」該學者認爲的「意義」而已，而單純論述「形上層面」時，更與實踐層面的關聯性更遠。例如陽明

認爲「良知即天理」，因此當良知之「發」時即天理之展現，故此「良知發顯而實踐時」的意義即「天理意義」，而說「心即理」。而朱子認爲必須不斷累積，到達貫通處方可即於「天理」，此所謂「吾心之全體大用」無不明；故當每一次的「實踐時的意義」，是邁向吾心復性而即於天理的過程，並非此時「即是天理」。由此可見，兩人對「實踐時」的「意義」解讀或體認有其相異處。

延伸說，筆者對於關乎「天理」的這種形上旨趣，以「心」或「理」作爲基礎的兩種模式來立說，對陽明、朱子兩人於實踐上的影響並非「衝突的」、亦非有礙於「實踐」，頂多僅是對「實踐時」的意義有不同解讀。但究底來說，即便此兩種對「實踐時」的解讀意義雖有不同，但亦非矛盾的衝突；陽明從未認爲能彰顯「良知即天理」的實踐只需要實踐一次即可，而朱子亦肯定以「敬」格物或「涵養未發」的意義，且配合動時省察而實踐之。就「實踐時的意義」來說，儘管兩方有所不同，但都難以說兩方是衝突的。

就宋明儒者的關心課題來說，事實上的確有超乎「實踐」之外的關切，牟宗三先生認爲：「識宋明儒者之大宗即是恢復《論》、《孟》、《中庸》、《易傳》之主導地位」；〔註33〕另外，亦有重視《大學》爲主之程、朱學。不論所關切者爲何，可知此時期諸儒欲求一個理論整體，而將上述諸書試圖貫通說明，而顯一系統化的儒家理論。若以朱子爲例，則所關切者最多，立《大學》之爲學次第作爲實踐基礎，且對其他儒家經典亦顯重視，並有「立」如勞先生所言之「客體實有」的形上之「理」。而象山、陽明主要以孔、孟心性論述爲主導，而關聯於其他儒家經典則較爲附屬，雖亦有些許形上旨趣，但主要在於「心」之立說上。但上述不論三人關切者爲何，涉及「形上旨趣」來談論時，事實上並非孔子核心論述的層面；這些內容則是關於「天人」之間且涉及形上意味的談論，並以其形上旨趣或「根源」作爲論學最終基礎。

但，筆者再次回到孔子的教育內涵來說，不論何種「實踐模式」，皆在「心」之狀態上來談論意義，亦即作工夫時，是否有「敬」（孝順）的「心態」，或是求（欲仁）的「意志」。〔註34〕此兩者，皆是孔子所論述的作君子、成聖賢

〔註33〕 《心體與性體（一）》《牟宗三先生全集5》，頁23。

〔註34〕 筆者所謂「心態」乃指涉「心」的「狀態」，而此「狀態」內容及當時的「發心」內容是否純正，例如是否是「恭敬的心」、「無私的心」之類型，因此是對「心」的某種靜態形述。而「意志」則是指稱「意念上」的「強制作用」，以促使自身朝向某個堅持，例如在意念上「強制」自身去穩守一個「仁」的心態，或是「義」的心態；是對「心」的動態形述。至於較詳細的內容，筆

之途徑。至於宋明諸儒所關心的形上層面，或是立「心」或「理」作爲根源基礎來論述儒學之種種，則與孔子之談論與關切點有著差距。但再深思，事實上朱、陸、王重視的「實踐內容」，亦不離孔子所談的實踐精要處；而其「異」處之根源卻是「其他層面」的問題。此「其他層面」卻多屬孔子較少關心者，故此「其他層面」的「異」爲何要求「同」呢？此「異」根本無傷於成聖賢的要旨，可視爲後學儒者自身的體驗或哲學創造，故筆者認爲論述「實踐層面」即可回歸孔子之精要，可作爲儒者之「同」的概括；並以下述本文之研究方法中所提之「工夫心」作一談論。

二、研究方法與處理模式

本文既從《定論》一書作爲主軸，乃有兩個用意：一是思想史的討論，從此書問世之後，探究從「朱王異同」而延伸至「朱陸異同」爭論史。二是則屬哲學性的反思；分析各原典內容含意，做出分類。細部上，可分析字詞之內涵，釐清其中不同範疇、不同前提的「同字辭」，所談論者「卻非同層次」的討論。

陽明之學創造性頗高，故筆者欲雖從《定論》入手，亦得通盤了解陽明思想體系，了解其字辭用意。清晰分析後，可發現某字辭不但歧義，且同義中運用至不同層次，亦有不同意義。之後，將諸多字辭回歸陽明思想體系來理解，以避免誤解。例如；語辭如「工夫」本身歧義，若指涉「做工夫」一義，則此「工夫」可能是談論「工夫條目」之層次，亦可能是談論「做工夫時」思維層面。如此細談，則避免以「工夫」一辭來論定「同異」，而應顧及細部內涵來說「同異」。〔註35〕依此方式分析、分類，較能減少誤解與無必要之爭論。依此，筆者試述自身討論方式如下：

（一）先分析、後分類的討論方式〔註36〕

筆者所謂分析，乃針對某議題的詳細探究，並回歸該議題提倡者本人的

者於第五章中詳述之。

〔註35〕筆者意思是，不提出「朱子的『工夫』是否與陽明『同』」之論斷；而欲論說，在「工夫」方面，在何種的意義下，朱子與陽明的「工夫」其同異爲何。

〔註36〕筆者所謂「先分析後分類」乃指出，對於所取之資料種種，必先分析內容，而後分類所要討論的主題。而「分析」是持續進行的；亦即，在「分類」之後，筆者討論各類別主題時，亦是分析此一主題內容之種種，持續討論深入。而此方法，亦自然涉及對朱子、陸子陽明等人思想的「詮釋」；但此種詮釋，是在仔細分析之後所得出的，且分類之；故應能得到較精確的涵義。

思想脈絡中談論。例如，議題如「陽明所謂『朱子晚年』『同於己』之說」，必須先分析「朱子晚年」在陽明的思考脈絡中為何？詳細探究之後，筆者發覺陽明所謂「朱子晚年」是一種非年齡為主的分界說，是朱子在側重某思想層面下而被陽明說其為「晚年」的；朱子側重於此，以晚年為多，早、中年較少。另方面，筆者再分析所謂「同」為何？發現陽明所謂「先得於我心之同然」的內容，不是晚年所有述說均同於己，而是在某種議題上；例如對「本心」、「良心」⋯⋯的重視。

經由分析「晚年」與「同」的內涵之後，可對於這些說法作分類；亦即陽明認為的「同」應進一步分析：例如，朱子論「工夫」的時候，有何種「同」於陽明？是否朱子談「做工夫時」，其「敬」與陽明「誠意」之內涵有某種層級上的同等地位。此分類的意思是，以「論格物」為同一類時，陽明「誠意」之論述，與朱子「談格物時論敬」分類在一起思考。此談論的方式又涉及更深層的分析，包括該原典談論的內容，與字辭的使用情境。

另方面，筆者回顧「朱陸異同之爭論史」亦採用此種分析、分類的方式。例如，分析某位作者（如：陳建的立論），其「朱子晚年」為何、以何種方式劃分晚年、其劃分標準與陽明是否相同？再者，分析其說「同」或「異」的內容，是在何種思想內容的分類下中說「同」、「異」？

至於爭論史中的分類，即對各作者述說「同異」的內容做出分類；例如，「無極太極之辯」發生於朱子晚年時期，〔註37〕此種「異」的述說是何種思想範疇，內含哪些思想層面的「異」？與調和者所要主張述說的「同」問題是否適切？於此分類出討論「同」或「異」的思想內容，則可進一步點出筆者主要討論的「類別」。亦即，「無極太極之辯」所涉及的「原典詮釋」與「個人對形上旨趣的體認」、「預設立場」的諸多相異，此些「異」的類別，既非陽明所要談的主題，也非調和者可調和之。

承上述，某些「同」或「異」的談論於筆者分類中是不詳加討論的。因為，在「先分析後分類」陽明所要探討的「同」之中，即可劃分出筆者所要討論的「類」（例如「格物」這一類。）而此「類」（如「格物」的談論），在這段爭論史中如何被討論，則屬同一個類問題。而「格物」之外的類，有著

〔註37〕 朱子與陸子辯「無極太極」之說，始於淳熙十五年（1188）戊申，時朱子五十九歲，依年齡劃分則屬晚年時期。詳見束景南：《朱熹年譜長編》，（上海：華東師範大學出版社，2001 年 9 月 1 版 1 刷），頁 881、頁 953 之考據。

陽明不重視的「類」，此則純粹做思想史回顧，並不做深入探討。

　　另外，在「分析」、「分類」之後，所探討的「類」可再分析之，而後產生更細緻的分類。例如「論格物、談工夫」這一類中，一部分可歸類成「朱王同」的談論；再分析內容後，又可分類爲「做工夫時」與「做工夫的條目」兩類來做談論。於此可以更清楚討論出「各問題類型」中所討論的「同異」，是在何種「類別」下來談的。筆者的實際方式是；再次分析「格物」這一類問題時，可更細緻討論朱子「做工夫時」的「敬」，與陽明「做工夫時」的「誠意」是否「同異」；故此時之「敬」與「誠意」則屬同一類問題，可更深層討論「敬」與「誠意」在工夫時的意義。

　　另方面，朱子討論「做工夫條目」則扣緊《大學》之爲學次第來談，異於陽明的「易簡」。〔註38〕故，在此種深入分析討論過後，就不可輕易斷言朱子與陽明之「工夫」是「同」或「異」；而應在探討其中「敬」與「誠意」內涵之同異後，方能說朱子與陽明的工夫理論，在何種情況下有「同」有「異」。

　　先分析後分類的討論方式，可讓筆者清楚了解該問題的細緻內容，能更清晰說明其中的「同異」。而這種方式則是在筆者自我思維層面上的分類，並非直接「分類」於文章中；亦即，此研究方法乃研究本文時的思考模式，若出現「分類」之「相關文字或標題」，乃因此種研究方法而來；若無明顯標題呈顯於文中，此研究方法仍亦存在於筆者的思維中。

（二）重視年代考據

　　不論是《定論》或相關於「朱陸異同」的談論或專著，常有出現以朱子、陸子之「年代」來說「早晚」之「同異」主張。筆者既然欲釐清其中的合理性，則須對年代考據方面加以查證對照，並盡可能的指出朱子某談論或某書信是作於何年。

　　而此考據方面，主要針對朱子；故關於筆者簡要談論朱子的思想大要時，則分別敘述朱子的「早、中、晚年」的心性、工夫等思想大要，並述說其中的轉折過程，以對照陽明所說的朱子之「悔悟」等說法。而其中的取材內容與考據，若有確切之年代出現於原文中則易理解之；若無，則須以文中的關

〔註38〕陽明對《大學》之爲學次第並非全然不重視，但自身以「心」貫徹詮釋之；相對於朱子，陽明強調的面向與朱子看似不同，而其中「不同」的內涵，正是本文所要探究的，以說明所謂「不同」如何說清楚，何脈絡下說「不同」；若有「同」，又何脈絡下說「同」。

鍵文句來推導年代,並參考〈年譜〉。關於朱子年譜之諸多種類多達數十種,卻各有疏漏。〔註 39〕因此年譜考據方面,筆者取材近代學者關於朱子年代考據之著作爲主;如束景南先生《朱熹年譜長編》〔註 40〕與陳來先生《朱子書信編年考証》〔註 41〕兩者,配合其他年譜與朱子之著作、書信交叉運用,期望能清楚釐清出朱子「早、中、晚年」的談論內容。

(三)不預設學派立場的討論方式

從調和朱陸作品如《道一編》到《定論》以來所產生的反動,如陳建《學蔀通辨》、張烈《王學質疑》等諸說,不難發現其中的「學派立場」問題。至於《定論》、《道一編》等談論,是否以「同」爲預設而刻意忽略「異」,也是相當明顯的立場。

筆者欲避免兩派的預設立場,故所取之材料必須確定所要討論的年代與思想範圍,自身不先設定「調和」或「反調和」的立場來討論兩面之說。經由筆者自身的再次討論後,較可明確說明其中的「同異」內容,以及評論諸多有關「朱陸異同」著作的優劣處。

(四)盡可能的歸結爭論史,以釐清問題

筆者於第三章中,談論調和者與反調和者人物繁多,然必有未盡之處。但筆者盡可能的完整陳述此爭論史中的現象,而主要用意在歸結此爭論史的問題,故即便筆者無法一一詳列此爭論史的人物或著作,但在談論眾多人物的見解之下,應可釐清此爭論史的談論模式、立論宗旨,以及其中的問題點,並找尋解決問題的方向。

〔註 39〕束景南:《朱熹年譜長編·敘》(上海,華東師範大學出版社,2001 年 9 月第一版),頁 1~2 曾云:「《中國歷代人物年譜考錄》即收朱熹年譜五十七種(按:未全備),貌似大觀,率皆不過從李方子《紫陽年譜》衍生翻出,輾轉抄襲……。其可觀者,唯明戴銑《朱子實紀》、李默《紫陽文公先生年譜》、清洪嘉植《朱子年譜》、王懋竑《朱子年譜》數種而已……。白田王懋竑《朱子年譜》號稱最精核……。然是譜之最大痼疾,乃祇在前人舊譜中翻新……,實非自作新譜。」

〔註 40〕束景南先生所做之譜,非從舊譜中取材,而直接以原始文獻入手,泛取《文集》、《語類》,考辨朱子生平事蹟,以跳脫舊譜之誤。曾春海先生認爲此書考證嚴謹精確,改正舊譜之誤,並補充闕漏、讚揚此書貢獻卓著,乃探究朱學之幸。詳見曾春海:〈評束景南著《朱熹年譜長編》〉《哲學與文化》,第二十九卷第七期,2002 年 7 月,頁 667~671。

〔註 41〕陳來先生的《朱子書信編年考証》乃以朱子年輕時期至晚年的書信,考證其中年代,此有助於筆者釐清對書信中年代的年代確認。

（五）筆者處理範圍與自身談論模式之提出

1、本文的探討範圍

從筆者「問題意識」中即可略知欲處理的問題點；然而，對於如此龐雜之學術爭辯，涉及經典詮釋、年代定位、史學考據、門戶立場……，等諸多問題。而後學者，如元、明、清諸時期，對朱、陸之傳承又各有所偏，且涉及政治等其他因素，因此筆者對於這些問題的內容，非全然概括處理而挑選重要者。

所謂「重要」者，乃以本書名之《朱子晚年定論》為核心出發。《定論》所涉及的問題，自然著重處理，此即心性與工夫方面為主；另方面，《定論》延伸出的「朱陸異同」爭論問題，則以思想史的整理方式呈現，並加以評論。

再深入探究，則可知本文雖以「心性」、「工夫」為主要談論重點，且切重《定論》的主要內容，但朱子「其他方面的思維」是否影響其「心性」或「工夫」之立論，對筆者來說則屬難以切割的問題。然而筆者認為，若欲談論朱陸異同之「同」者，依照本文的探究模式，則必須迴避有關二人的形上旨趣，或是其他有關形上層面的諸多談論。何以故？因筆者回歸儒家最重要的核心談論以求得另一個「同」的判斷標準時，所依據的是孔子之論說精要（「道德自覺」、「實踐層面」）；故至孟子之「性天」關係，以及《中庸》、《易傳》等諸多內容若涉及形上層面者，雖對宋明儒者影響頗深，然亦不在筆者探究範圍內。

也因為筆者欲回歸孔子所道出的儒家精髓，且按照筆者的分類來說——孔子最具價值的思想，即是他所道出的「仁」與「成聖賢、君子」層面，或說「道德自覺」與「實踐」層面。而此部分如何重新回歸，則與筆者第五章中詳述，並以筆者所談之「工夫心」作一連結。

2、「工夫心」的提出

「工夫心」的提出，目的在於釐清朱陸之間的「同」之述說時，所提出的一項思考基點。回顧「朱陸異同爭論史」之後，且處理《定論》與「朱子晚年」的種種問題之後，筆者試著以自身的談法，來說明朱陸異同的討論中，有著「必定同」的內涵，依此來削弱「本源」（涉及形上意義的「本源」）與「工夫條目」是否「同異」的重要性；亦即，筆者認為所立之「本源」是否相同、「工夫條目」之繁簡，不甚重要。重要者，乃「做工夫時」其中的含意；試述如下：

（1）介於「工夫」與「本源」之間的談論

筆者既以「工夫」之相關討論爲主，則涉及「心性論」與「工夫論」二方面；此兩論述則涉及朱、陸、王等人對「本源」與「工夫」的討論。概略說之，朱子以「性即理」爲基礎，乃以性善立場出發談論「心性」，並涉及「理欲」之說而談論至工夫理論；而陽明扣緊「心即理」談論心性，以良知爲體用而論工夫。故，從「本」而論，兩者一主性，一主心，似無法相容矣。

更深層說「本」若涉及形上意義者，則更難加以求「同」；此筆者於前文中回顧當代學者時已曾提及。總括來說，筆者不直接處理兩人對涉及形上層面的「性」、「心」爲「本」的相容性問題。此部分筆者不做刻意調和，卻欲說明在兩者間，若論及其成德過程卻有著相同內涵，且都是儒者所共同擁有，只是名稱相異。

筆者的意思是，不談論立「性」或「心」爲「本」何者孰優孰劣，也不談論對「工夫條目的重視程度」是否重要，而先說明雙方對於成德乃至聖人境界的追求是一致的，都是承繼孔子談論之精要。

之所以會這樣反省，乃由於孔子不立「性即理」或「心即理」，而且不立「性善論」，而僅道出「道德自覺」或「實踐層面」，不解釋「道德自覺」的根源爲何，只說此種自覺、精神在己身。筆者依此認爲，本源是「心即理」或是「性即理」，是否以「性善」來論述似乎不重要；對孔子來說最重要者，是介於「本源」（或云「性」，或云「心」）與「工夫」之間的「某種情況」；而此「情況」是儒者都重視的，且爲孔子所側重。而此「某種情況」，筆者暫時定位爲「工夫心」；下段述其意義。

（2）「工夫心」的談論

筆者或許傾向某種程度之「調和」；但，筆者認爲，儒者間確實有著相同義意的「工夫心」，只是異辭。

關於「工夫心」的談論方式，筆者將於正文第五章討論「朱陸王之異同」時使用之。以下，是筆者先概略對「工夫心」的定義與使用方式。前提則有二；一是以儒者來談；做「工夫」乃欲趨向某種「好」，其最終目的乃「成聖」、「平天下」、「內聖外王」……等諸理想義。二是；做工夫時，必有「道德自覺」的能力。而此「道德自覺」並非馬上連結至孟子的「性善」論述，而是從「心」或「意志」上說道德自覺在於己身。而筆者下文，則以孔子、孟子、朱熹、陸象山、陽明爲例，述說「工夫心」：

A、凡做工夫必從「心」上說

做「工夫」時，「工夫心」一方面乃指涉某種「學（實踐）」及「學（實踐）之時的『心態』」。另方面，「工夫」例如「操存」、「誠意」、「持其志」、「我欲仁，斯仁至矣」等在「意志上」作工夫而可能尚未彰顯於實際經驗中，乃從「意志上」來談，亦須從「心」上說。而此「工夫心」之兩方面指涉，敘述如下：〔註42〕

> 今之孝者，是謂能養，至於犬馬，皆能有養；不敬，何以別乎？（《論語・爲政》）

> 仁遠乎哉？我欲仁，斯仁至矣。（《論語・述而》）

孔子認爲，「敬」乃「孝」時所必備，否則流於形式而無眞誠可言；此乃側重實踐時之「心態」。另方面，對於有一個叫做「仁」的狀態（或云「善的狀態」），此「仁」是自身可以達到的，只要我們想要去做就可以做得到的；此乃從「意志」上說，乃「我『欲』仁」的一種導源於己談法，也是「道德自覺」在「意志上」呈顯的效果之一。在做工夫時，我們也許無法時時以「仁」出發，但眞的想要的話，在意志上操作是辦得到的，此無涉及眞假之評斷，反而肯定「意志上」的自我要求即可有「仁」，且導源於自身之意志。故，孔子對於人之實踐，指出兩方面的重要性，即「心態」與「意志」兩者。至於孟子，曾云：

> 愛人不親反其仁，治人不治反其智，禮人不答反其敬。行有不得者，皆**反求諸己**……。（《孟子・離婁上》）

> **持其志**，無暴其氣。（《孟子・公孫丑上》）

> 今夫弈之爲數，小數也。**不專心致志**，則不得也。（《孟子・告子上》）

> 舜明於庶物，察於人倫，**由仁義行**，非行仁義也。（《孟子・離婁下》）

實踐時，孟子透過反求諸己，則可檢閱內心之「敬」是否實存於「禮」。此處的「敬」，乃從「心」上說，且指涉「心態」。「由仁義行」則點出孟子所肯定的實

〔註42〕 筆者認爲，「工夫心」所談的「心態」與「意志」兩者，雖分兩方面談論，但不是「切割」的談論。「好的心態」也許不需要「意志上」的強調與要求即可做出，但也不是都不需要「意志上」的要求，因人因時可能有異。「心態」與「意志」在實踐時往往皆俱存，但也可各有其不同的實踐之側重處。例如，「孝順」的實踐者，一開始或許需要「意志」強調「好的心態（敬）」，但也許一段時間後有所體悟，此「敬」即可自然做出，不需要從「意志上」要求。另方面，純粹要求自我「持志」以「不動心」，則可能不涉及什麼「心態」；但自「持志」的「意志上」操作過程，亦可詮釋爲一種「好的心態（敬）」。

踐乃因「行時的心態」是「仁義」，而非表面之仁義；與孔子論「孝」須「敬」立場相似。論「不動心」之談論時，孟子則突顯「志」之「持」的重要性，以達「無暴其氣」；此乃偏向從「意志上」之「持」來談論。此外，孟子又論及「專心致志」，可涉及「心態」與「意志」兩者。〔註43〕至於朱子，曾云：

> **敬**則心存，心存，則理具於此而得失可驗，故曰：「未有致知而不在敬者。」〔註44〕

> **敬**字是徹頭徹尾工夫；自格物、致知至治國、平天下，皆不外此。〔註45〕

此處表達「敬」於格物致知，乃至其他方面皆所必備。朱子之「敬」的意義頗多，但從上述與朱子其他談論可知，「敬」有亦強調「心態」與「意志」的重要性。〔註46〕而象山則認為：

> 誠以吾一性之外無餘理，能盡其性者，雖欲自異於天地，有不可得也……。　　今而未有**篤敬之心**、**踐履之實**，拾孟子性善之遺說，與夫近世先達之緒言，以盜名干澤者，豈可與二子同日道哉？〔註47〕

透過「篤敬之心」、「踐履之實」兩者，對於「性善」之說方有意義，否則流於空談；強調對「性善」之回歸須側重「篤敬之心」與「實踐」。而陽明認為：

> 一者天理，**主一是一心在天理上**。若只知主一，不知一即是理，有事時便是逐物，無事時便是著空。惟其有事無事，一心皆在天理上用功，所以居敬亦即是窮理。就窮理專一處說，便謂之**居敬**；就居

〔註43〕當然孟子其他論述中，相較於孔子則又多出一層，此即他「解釋」會何能有此「道德自覺」或「精神」之「根源」，亦即他相當重視的「性善」論述。但此「性善」的解釋作用雖然將儒者理論更添完整，卻也不一定是孔子的論述內涵，故筆者僅就「孔子有明確道出」的成分來作為回歸基點。

〔註44〕《朱子語類》〈大學五〉卷十八，（臺北：文津出版社，民國75年12月出版），頁402。

〔註45〕《朱子語類》〈大學四〉卷十七，頁371。

〔註46〕朱子對「敬」的談論頗多，如《朱子語類》〈大學四〉卷十七，頁372云：「……不如程子整齊嚴肅之說為好。蓋人能如此，其心即在此，便惺惺。未有外面整齊嚴肅，而內不惺惺者。」而後又引孟子之「持其志」說明「氣之清明」。同上，頁373云：「惺惺，乃心不昏昧之謂，只此便是敬……。」對「敬」之說法甚多；同上，頁373又說「敬」於「已發未發」時曰：「雖是有二，然但一本，只是見於動靜有異，學者需要常流通無間……。」

〔註47〕陸象山：《陸象山全集》〈天地之性人為貴論〉卷三十，（臺北：世界書局，民國63年5月三版），頁220～221。

　　敬精密處説，便謂之窮理；卻不是居敬了別有個心窮理，窮理時別
　　有個心居敬：名雖不同，功夫只是一事。〔註48〕

筆者先不談論陽明總是把心跟實踐放在一起的「合一」談論，也先不談爲何
「居敬」就可「窮理」。單純從實踐層面來看，他認爲「居敬」乃實踐（窮理）
所必須，且眞的實踐必包含「居敬」；「居敬」精密，則自然知道如何窮理。
此「窮理」亦從「心」上説，來談論實踐與心的關係；此處陽明以「敬」爲
主軸論窮理實踐，指涉某種心態與意志。

　　上述諸説，筆者多以「敬」爲例説「工夫心」。但，「工夫心」指涉「心
態」與「意志」，可能不僅以「敬」來説之；例如亦可用「主一」、「畏」、「誠
意」、「仁」（以仁心格物之談法）、「持其志之『持』」……等，有眾多詞彙。
不論用辭爲何，筆者主張當儒者談「工夫」時，必從「心」上説，且指涉「心
態」與「意志」兩方面；此即筆者所定義之「工夫心」。

　　B、「工夫心」的兩個面向

　　（A）「工夫心」之前，「可」立「本源」

　　筆者所謂「工夫心之前」，乃指涉「爲何」會有「意志」或「心態」的這種
「發心」？可涉及其「價值理論」；〔註49〕但若追尋根源、欲完整説明之並建立
理論，則此「工夫心」之前可立一「本源」來説明。如孟子立「性善」，而陽明
立「良知」，朱子立「性即理」……等；説明「此發心乃某本源導致」。例如：
以「敬」來説；孟子曾言：「禮人不答反其敬」，則導向某種「眞誠之態度」，在
「禮」之條目實踐中，必須反省自身「態度」，故「禮」的價值並非「禮」而已，
而是「有某種態度的禮」。而此「價值理論」之説法，突顯儒者對「心」的要求；
而爲了突顯此種「心」乃人人可行，且看「願不願意」而已（孔子之「我欲仁」、
孟子之「持志」……等從意志上説之例）。而後，孟子明白地説明此「恭敬之心」
乃人皆具有，而導向立一「本源」（性善）來説明；而這種述説，可讓理論趨向
更完整，但並非筆者要歸結的基點。因此筆者認爲「工夫心」之前，是「可以
立」本源來述説的，但並非「非立不可」。〔註50〕

〔註48〕《王陽明全集》卷一，頁33。
〔註49〕筆者意思是，爲何要有「敬」才説「孝」？此乃涉及對「孝」的價值評論。
　　　　亦即，「孝」之時有「敬」方有其意義，而非呆板行事；此「價值理論」並非
　　　　評價「孝」本身是否爲「價值」，而是説「孝」時，在何種意義下有其「價值」。
〔註50〕此種「本源」之立，往往涉及形上層面之關切；如孟子之「性善」可説是某種
　　　　獨斷論述，陽明之「良知」又與「天理」相即。因此立「本」者，若在工夫上

上述之說，乃孟子的談法；至於朱子與陽明兩人，若粗略地說，一者立「性」，另一立「心」。而此本源之「立」是否必要、有何必要處？筆者於第五章中談論朱、陸、王之異同判斷時，亦從此角度切入，以說明「工夫心」與「本源」的關係及其同異問題。〔註51〕

（B）「工夫心」不離實踐，可配合「條目」

凡待人接物，須有對象，且涉及經驗。既然有所謂「意志」、「心態」之側重，則是有其「所必用之處」；例如，「行孝道須恭敬」，則說明「工夫心」必運用在諸多條目中；例如「孝」。筆者的立場，認為實踐「工夫條目」之種種，不離「工夫心」。依筆者之詮釋，陽明與朱熹二人皆重視之；例如上述曾引朱子之語：

> 敬則心存，心存，則理具於此而得失可驗，故曰：未有致知而不在
> 敬者。〔註52〕

朱子以伊川之言：「入道莫如敬，未有能致知而不在敬者。」〔註53〕以「敬」作為「格物致知」的必備條件。亦即，「格物」時，其「工夫心」──「敬」乃必存之。

至於陽明，除前文曾提及之「居敬」之說，又以「誠意」為「工夫心」，解釋《大學》之學為次第時，以良知貫串，且重「誠意」之含意：

> 《大學》工夫即是明明德；明明德只是個誠意；誠意的工夫只是格
> 物致知。若以誠意為主，去用格物致知的工夫，即工夫始有下落，

〔註51〕 說亦可；然單純談論「本」時，或形述此「本」時，則易涉及形上層面之體驗。筆者既說「工夫心」前「可」立「本源」，意思則是說在工夫前「立」本亦「可」；此即儒者立「本」以談論道德自覺之根源，甚至關聯形上層面；但論及「做工夫」時，往往導致「工夫（心）」與「本」的關係無法切割或分開來談論。然筆者不刻意連結「工夫心」與「本」，乃認為「本」是「可立」的；「立」之，可完備其思想體系，以解釋「道德自覺」（「工夫心」）之來源，但可能限於某種獨斷或是個人體驗。透過上述內容的反省後，筆者認為「工夫心」最為重要，即便是在「立本」的主張之下：如朱子、陽明等人雖「立本」以強化理論完整性，但重要仍是「如何復本」；另方面，筆者認為一旦有「立本」之主張後，則不須時時強調，因為此種「立本」在他們的理論脈絡中，是內化於自身狀態的、人人皆有此「本」。故，筆者認為「工夫心」在三人的談論中雖時時與「本」聯繫，但亦可直接抽出來談論。更重要者，筆者認為孔子之談論，並非側重此意義的「本」，而是「道德自覺」與「實踐」兩方面。

〔註52〕 《朱子語類》〈大學五〉卷十八，頁402。

〔註53〕 《二程全書》〈二先生語（三）〉（台北：台灣中華書局，民國75年8月台四版），頁5。

即為善去惡無非是誠意的事……。**正謂以誠意為主，即不須添敬字，**所以提出個誠意來說，正是學問的大頭腦處……。《大學》工夫只是誠意，誠意之極便是至善，工夫總是一般……。〔註54〕

陽明以「誠意」來論說，取消「敬」的強調。亦即，在「意」上誠化後，「敬」早已內含之；如此立說，其他工夫自然「只是一般」，待人接物自然即理，而「工夫條目」雖有，但強調處不於此。

（3）筆者對使用「工夫心」之用意

A、較能清晰理解陽明所重視的問題

筆者於第八頁中，談論陽明從「格物」說「心與理一」，且云「與朱子晚年定論皆可不言而喻」。細談之，陽明以「良知」出發格物，說明此「心」持續於格物之時，乃「致吾心良知之天理於事事物物」。說明「格物『時』」必有「良知之天理」之發用於對象中，且根據此「良知」之發用，可使其結果得其理，乃所謂：「事事物物皆得其理者，格物也。」而朱子晚年之說，是否有此側重？或是以不同語辭述說之？

筆者認為，陽明談論「格物」乃從吾心發起而使物物皆得其理，進而論說此過程乃「心理合一」，乃合理之論說；但依此說明朱子與自己相同，則不夠清晰。因為他使用「良知之天理」來說明之，是否朱子亦認為此「發端」即「天理」、「天理」乃「良知」之發則有待討論。另方面，以「格物時」所側重的「良知」，來說明「心理合一」則可，但不可強說朱子也是此種內涵的「心理合一」；何以故，簡述如下。

筆者先以一概略談論，說明陽明與朱子在「格物」時的同異，有何須要注意的「點」：

語句（A）：「致吾心『良知之天理』於事事物物」。（陽明的談法）

語句（B）：「是以『吾心』而求理於事事物物之中」。〔註55〕（高攀龍的贊同談法）

〔註54〕王陽明：《王陽明全集》〈語錄一〉卷一，頁38～39。

〔註55〕此處並非「高攀龍之言」，但高攀龍是贊同「是以『吾心』而求理於事事物物之中」此句的意義；此句乃出自陽明對朱子「格物」的理解，但陽明認為此句是「心與理為二」，但高攀龍認為此乃「吾之真心」求理於「事物」之上，並無陽明所批評的「分心理為二」的現象。陽明語見《王陽明全集》〈語錄二〉卷二，頁44～45。高攀龍之認同語詳見《高子遺書》〈陽明說辨一〉卷三，《文淵閣四庫全書》，集部，別集類，（臺北：臺灣商務印書館，民國72年），頁373。

語句（C）：「未有致知而不在『敬』者」。（朱子的談法）

上述（A）、（B）、（C）三者，都是論「格物」的過程，且都是「心理合一」。但語句（A）多指涉一點，認爲「良知」即「天理」，格物時在「良知之天理」下實踐方有意義、方得其理；且一開始格物的「心」從良知上發即「理」，故發用至事事物物自然得其理。而此，不但是「心理合一」，且在源頭上與起步上，「心與理」是合一的。

（B）、（C）也是「心理合一」談論格物，但其中的「心」則接近筆者要談論的「工夫心」，乃偏向「心態」或「意志」層面的論述；雖然陽明（A）論格物之「良知之天理」發用於實踐中，而言「心理合一」之「心」，有著「工夫心」中的「心態」層面，但多強調了在「良知發用時」即說「天理」的「心理合一」這一層面。

依上諸述，筆者認爲即使朱子論格物時亦「心理合一」而被陽明所肯定，但陽明忽略「心理合一」中，「心」與「理」的內涵是否與朱子相異。陽明談「工夫心」如「誠意」之談論，則接近朱子談論「敬」，但因自身立說「誠意」而不刻意說「敬」，甚至批評朱子談「敬」是多餘。筆者認爲，陽明之立說乃「立本發用談格物」而即於「天理」，並兼論「工夫心」如「誠意」……等，但仍以「立本」（良知、天理）之後的談論爲主，單純論述爲學次第顯得較爲稀少。而朱子論爲學次第如格物時的「工夫心」內存（如「敬」），亦是「心理合一」，但此「心」並非「良知即天理」的涵義。亦即，朱子並非以「敬」的發端即爲「天理之展現」，而是「敬」於「天理」行格物之事，故「天理」仍非等同於內在於吾心之此時之「敬」中；此與陽明說「心、理」之關係大有不同，故朱子談論格物時有關「心」之發用時，此「心」亦非「陽明的心即天理義涵」，而是貫徹「敬」而實踐、達到一定程度之後方說「理」。故不論朱子說「敬」於天理或說「主」於天理者，雖然都從「心」上說、雖同樣爲「不分割心理」兩者，卻與陽明自有不同之處。

故，「工夫心」的談法，亦可明確的說清楚陽明所重視的問題，且較可清楚分析出其中的同異點。

B、較接近儒者論「工夫」時的側重點，以反省朱陸異同

上述種種，筆者認爲儒者面對人倫日用之事，頗重視其「心態」與「意志」，從孔子談「孝」與「我欲仁」即可知。上節之敘述歸結後，筆者認爲「工夫心」對儒者的「實踐」來說，居於樞紐地位。任何實踐（尤其是道德實踐）

若無「工夫心」之內涵，則非「儒者」所肯定的實踐，而此重點（工夫心）方是儒者所應遵循的，並非爭論「本源」或「工夫條目」爲何。依此立論，筆者欲強調「朱陸異同」之爭論，雖非全無意義，但其中有著許多非儒者應重視的議題，或是個人對「根源」體驗的問題。「工夫心」之立論，應較接近孔、孟二聖之重視點；雖然孟子立「性善」爲本源，但另一項重點仍是在實踐層面上說，即「『如何』求放心」以回歸「性善」之本然，故筆者重視仍是孟子思想中之「工夫心」涵義；例如「不動心」、「求則得之」之「時」的「持其志」、「求」，以及「由仁義行」……等談論。

確立「工夫心」之重要程度之後，則依此反省朱、陸、王等人之談論；筆者所談之「工夫心」，主要用於反省宋明學者如「朱、陸、王」之工夫談論，以及面對後學爭論同異時所採取的評述基點。

C、試圖排除形上層面的過度關切

從上述筆者以「工夫心」談論的方式來看，則已能突顯其中欲排除形上層面的談論。因「工夫心」居於「本源」、「條目」之間，故無法直接排除「本」與「末」的關聯性。但究底來說，「本源」除了對「工夫心」的「根源」有所謂解釋意義之外，事實上容易造成某種獨斷的疑慮。

此即，爲何有「心態」與「意志」之可能問題；若不以筆者的用語來說，即是「道德自覺」來自何方、如何可能的問題。在儒學傳統中，自孟子立「性善」作出解釋之後，則爲後儒所推崇。但此說如何證明是一回事，與《易傳》、《中庸》等涉及形上層面的論述，又是另一回事。

筆者的意思是，若僅以「性善」解釋「道德自覺」的「根源」亦未嘗不可，且有其貢獻處。但若涉及更多形上層面的關切，例如天人關係、性理關係的連帶論述，則顯得此「根源」並非僅是「解釋」，而是以「形上層面」變成主導地位，造成如朱子立「客體實有」與陽明立「主體實有」等問題。

深究來說，筆者認爲「心」與「理」的關係，在涉及形上層面之後造成更大的衝突，而這些衝突在朱、陸或朱、王的立論中亦彰顯了此問題。到底「理」於主體自身上說方有意義，還是「理」更含有非主體所能涵攝者方爲是？而這些問題雖然與孟子立「性善」無直接關聯，但若反思此問題根源，皆與解釋此「道德自覺」之「來源」有關。

因此，筆者以「工夫心」的「心態」、「意志」來囊括孔子論述出的「道德自覺」與「實踐層面」，事實上亦是爲了排除「解釋此根源」所造成的相關

問題，此即形上層面的關切。

三、預期成果

（一）對《定論》的內容作出評價

在本文第二章中，即論述陽明對朱子的批判與認同；即包含《定論》與其他的認同內容。另方面，同時探討陽明對朱子的批評，勾勒出陽明對朱子的理解是否合理或正確的線索，並配合第四章筆者對朱子、陽明等人作出思想衡定時，即可於第五章一開始時，對《定論》作出的合理性評價以延伸至筆者自身的談論模式。

另方面，《定論》乃陽明中年時所作，而此《定論》所說之「朱子同於己」是否「同於陽明的整體論述」，陽明晚年時期的諸多論述，是否僅是《定論》中的內涵即可概括？此外，若先排除《定論》中的年代問題，其中的「理論」是否可兼融於朱、陸、王三人？另方面，《定論》所舉出的內涵，是否僅是朱、陸、王之間的「共識」？其合理性是否可為儒家「共識」？而這些內容，在筆者第二章中，論述《定論》中的合理內容，並於第四章道出朱、陸、王三人的儒學歸結之後，本文亦針對上述諸多問題作出一評判。

（二）了解朱陸異同爭論史

在第二章整理出《定論》的優劣處之後，談論此書對所產生的相關影響，此即「朱陸異同」的爭論問題。而筆者針對此「朱陸異同」的問題，欲從陽明之前即關切之，亦即從朱、陸之後，談論此異同之人物，皆盡可能列舉談論之。

而此議題即筆者所謂之「朱陸異同爭論史」，包含宋末、元、明、清諸時期，對此「朱陸異同」（包含朱王異同）問題提出看法的學者們，於第三章中簡要談論之，並分類為「調和者」與「反調和者」兩面向處理。在處理長達數百年的爭論史之後，筆者於第三章第三節中歸結此「爭論史」的問題核心，並道出自身的解決方向。

（三）解決朱陸異同之不必要爭論

筆者在理解《定論》之優劣，談論完「朱陸異同爭論史」的內容、得出自身的出解決方向之後，則於第四章開始，先對朱、陸、王三人關於《定論》相關問題作出一定的釐清工作；此即三人的心性、工夫方面的歸結。於第四章中，首先將朱子的早、中、晚三個時期的重要談論，且關乎《定論》之內

涵作出整理，以求得陽明所謂「朱子晚年同於陽明自己」之說是否正確。

　　另方面，反調和者針對對象山、陽明提出的諸多批評，亦在第四章第二節可間接釐清之；此節主要敘述象山、陽明的儒家思維內容，並釐清兩人易受誤解的談論內容。

　　故第四章的內容，可先解決朱陸異同中有關「誤解」或「刻意批評」等諸多出現於「爭論史」中的「不必要爭論」。而於第五章中，筆者提出自身對「朱陸異同」（即朱、陸、王異同）中求「同」的歸結點，並說明如何承認「異」的事實，而歸結此「異」是可暫時放下而不必強求「同」的。另方面，筆者自孔子的思想精要中找尋「同」的歸結點，而以「工夫心」來談論三人之同，且同於孔子。至於其三人其他層面的「異」，在本文第五章中筆者則有解釋為何不直接處理的原因。

第二章　《朱子晚年定論》及其相關內涵

此章之處理路線：第一節；以《大學》爲核心談論，導出陽明對朱子的批判與認同之內容，並從中得出較明確的認同與批評之內涵。第二節；以陽明對朱子的認同內容爲主軸，討論《朱子晚年定論》的核心涵義，並初步說明此書之貢獻與缺失。

第一節　陽明對朱子的批判與認同

一、陽明對朱子之批判

陽明之學自朱子之批評中得其自身領悟，筆者觀《王陽明全集》中，〈傳習錄〉之談話記載許多陽明對朱子之批評，亦有見於〈文錄〉者。據筆者整理，陽明批評朱子多從《大學》之文本詮釋而起。然而，論述《大學》時涉及對此書之詮釋，以及該思想家自身的思想主軸；以下筆者雖以《大學》一書爲核心討論，然所涉及者，非僅止於朱子、陽明所論之《大學》內容。

（一）關於《大學》的批評及其得失

陽明對《大學》的解讀，有自身的特色；他以「良知」或「心」的涵義貫串解讀《大學》，對於朱子解讀《大學》的內容不滿意。另方面關於《大學》文本的考定，反對朱子之「補傳」轉而崇尚古本《大學》。然此看似二方面問題，其爭議根源卻有類同，筆者敘述如下。

1、《大學》「爲學次第」的解讀方向

此小節標題爲「方向」，因筆者並非詳述朱子與陽明的「解讀內容」，而

主要針對朱子與陽明對《大學》的解讀方向作出勾勒。陽明對於朱子詮釋《大學》之反省頗多，從他的批評中可看出動輒以「心理合一」作為主軸來反省朱子的詮釋。而陽明言「心」，或以「良知」、「意」等其他語辭交替使用，筆者於此舉一核心點，作為陽明對《大學》詮釋的主軸方向：

> 《大學》工夫即是明明德，明明德只是個誠意，誠意的工夫只是格物致知。若以誠意為主，去用格物致知的工夫，即工夫始有下落，即為善去惡無非是誠意的事。如「新本」先去窮格事物之理，即茫茫蕩蕩，都無著落處；須用添個「敬」字方才牽扯得向身心上來，然終是沒根源。若須用添個「敬」字，緣何孔門倒將一個最緊要的字落了，直待千餘年後要人來補出？正謂以「誠意」為主，即不須添「敬」字，所以提出個「誠意」來說，正是學問的大頭腦處，於此不察，真所謂毫釐之差，千里之謬。大抵《中庸》工夫只是誠身，誠身之極便是至誠；《大學》工夫只是誠意，誠意之極便是至善；工夫總是一般。今說這裡補個「敬」字，那裡補個「誠」字，未免畫蛇添足。〔註1〕

上述之重點，筆者論述如下：

（1）《大學》之為學次第，陽明將其弱化；以「心」內存之格物為必要條件，並以「誠意」此種內化工夫作為《大學》為學次第之核心，運用各於八目中。

（2）陽明對於朱子之「新本」論述以及在其他談論中添加「敬」或「誠」之批評，實大可不必。因朱子將為學次第視為重要的實踐參考路線，況且「格物致知」並非「只能」以德性涵義解釋，因此朱子的詮釋內容亦非脫離《大學》原意。另方面，朱子加以「敬」字乃補足內化工夫的需要，此「敬」之添加則貼近了陽明之「誠意」說法。總括來說，論及《大學》時，陽明以「誠意」此種內化工夫為主要，既內化，則格物自然自內心而起，故「有根源」、「有著落」而不需添加「敬」字。

上述（1）、（2）乃簡單的論述，以下則更細微之分析之後，則較能清楚陽明之批評理由，以及其批評方向。

〔註1〕 《王陽明全集》〈語錄一〉卷一，頁38〜39。其中「真所謂毫釐之差」本作「直所謂毫釐之差」，文義應為「真」，筆者根據文淵閣四庫全書所錄之《王文成全書》而改；以下若有改本皆以此本為主。

　　上述，陽明說：「《大學》工夫即是明明德，明明德只是個誠意，誠意的工夫只是格物致知。」將《大學》之「格、致、誠、正、修」以「明明德」概括之，而將「明明德」之核心以「誠意」統攝，而「誠意」則落實在「格物致知上」這一起始點上。〔註2〕此種將《大學》之工夫簡化，陽明晚年論述《大學》時此傾向亦明顯：〔註3〕

> 此正詳言明德、親民、止至善之功也。蓋身、心、意、知、物者，是其工夫所用之條理，雖亦各有其所，而其實只是一物。格、致、誠、正、修者，是其條理所用之工夫，雖亦皆有其名，而其實只是一事。〔註4〕

上述，陽明所言之「條理」並未解釋清楚，筆者暫以「各種項目之理」來詮釋，亦即「身、心、意、知、物」是某人作工夫時所必須具備的「各種項目之理」，如從「身」可體驗之理、從「心」可體驗之理，因此或從「身」實踐工夫，或從「心」、「意」……等。但作此各項目之工夫時，依照陽明之意，雖看似各有其所，但只是一「物」，亦即「從自身（心）起」。

　　上述筆者所言之「自身起」，若從陽明之語乃「自良知起」之義涵。既從良知起，故自「身」、「心」……等各項目實踐各理時，所謂「格、致、誠、正、修」亦發源於良知，從根源上說所使用的工夫是同一件「事」，也就是「心」。

　　結合來說，「身、心、意、知、物」與「格、致、誠、正、修」，對陽明而言都是「心之物」與「心之事」，以「心之事」應「心之物」；也就是說作工夫這件事情（心之事），從根源上說都是以「心」應物且以「心」操作其中之工夫。而此特色，即是將所有工夫收攝在心，而工夫之對象則化約成道德實踐對象之「物」。

　　因此，陽明面對有關「格物」等為學次第者，均不改此「一貫」立場而弱化「次第」；如：

〔註2〕　陽明將「致知」之說解為「致良知」，以「致吾心之良知焉耳」詮釋。詳見《王陽明全集・續編一》〈大學問〉卷二十六，頁971。

〔註3〕　〈大學問〉之述說，於陽明五十六歲講學之時（公元1527年）由德洪所錄。《王陽明全集・續編一》〈大學問〉卷二十六，頁967：「師征思、田將發，先授〈大學問〉，德洪受而錄之。」同上，頁973：「嘉靖丁亥八月，師起征思、田，將發，門人復請，師許之……。」

〔註4〕　《王陽明全集》〈續編一・大學問〉卷二十六，頁971。

來書云：「但恐立說太高，用功太捷，後生師傳，影響謬誤，未免墜
於佛氏明心見性、定慧頓悟之機，無怪聞者見疑。」

區區「格致誠正」之說，是就學者本心日用事爲間，體究踐履，實
地用功，是多少次第、多少積累在，正與空虛頓悟之說相反。聞者
本無求爲聖人之志，又未嘗講究其詳，遂以見疑，亦無足怪。若吾
子之高明，自當一語之下便瞭然矣！乃亦謂立說太高，用功太捷，
何邪？〔註5〕

上述，正可補充說明弱化「次第」之詳細涵義。筆者所謂「弱化次第」，並非
說陽明取消所有工夫的次序，陽明注重者，在於本心、良心起而運用於日用
之間，故必有「發心在先而實踐在後」的這種「次序」。然而，一旦以此爲實
踐準則，就沒有一定的「次第」（如先格物、或是先誠意……等）去作實踐之
事。就此意推論，故陽明方說：「區區『格致誠正』之說，是就學者本心日用
事爲間，體究踐履，實地用功，是多少次第、多少積累在。」

　　總括上述，可知陽明將《大學》之爲學次第以「良知」或「心」等語辭
貫串，且重視本心、良知之發的實踐，如此作爲準則不需強調一定之「次第」。
此解雖可得其詮釋特點，然而此舉將《大學》之爲學次第均解爲道德實踐，
且特別重視工夫根源因而弱化次第了。筆者反思《大學》之教，雖包含道德
實踐意涵，然亦有所謂「見聞」範疇之格物涵義；例如，欲治國、平天下者，
豈能無見聞知識？此從常識推斷即知。但陽明刻意以自身的詮釋面向導引《大
學》之「爲學次第」偏向德性實踐爲主，故又時時反對「格物」與「見聞知
識」連結，而必以道德性之「良知」或「心」爲解讀《大學》之內容。筆者
認爲陽明此舉，可成就其自身的詮釋特色，然不需因此作爲解讀《大學》的
唯一路線，至於《大學》之原意，則於下小節論述。

2、《大學》之原意問題

　　粗略說，朱子論《大學》之所以爲陽明批判甚多，乃因二人對《大學》
之文本詮釋路線不同。上小節已知陽明對《大學》的解讀方向，其解讀方向
雖非錯誤，然而筆者認爲陽明之過，在於他認爲只能以道德之心爲起點（例
如以良知爲本、誠意云云）解讀《大學》才是正確，因此批評朱子遵守《大
學》爲學次第時，忽略「心」之層面重要性。

〔註5〕　《王陽明全集》〈語錄二〉卷二，頁41。

然而《大學》之原意爲何？朱子之解讀是否有誤？筆者認爲，若純粹以《大學》之內容來看，反而朱子之解讀較能貼近《大學》原意，而陽明之解讀則展露其自身之聰慧創見；兩者解讀之間本不矛盾，然而陽明之強勢批評，故造成類似兩者路線不能相容之情況，於此筆者先扼要釐清《大學》之原意與朱子對《大學》之詮釋方向。

（1）《大學》之「爲學次第」原意

此處筆者以《大學》爲題，然討論重點不在於陽明崇尚古本《大學》與朱子所編《大學》之考據方面爭論爲重點。雖然朱子與陽明二人對《大學》有此面向之衝突，然而於此小節則以《大學》之意義爲討論重心，且以兩人對「八目」之詮釋爲重點討論，扣緊上小節之「爲學次第」範圍來討論；故，此部分沒有討論考據上之問題，因此筆者於此一貫以《大學》稱之。〔註6〕

陽明將爲學次第弱化，「八目」收歸一本，實乃其個人精闢之解讀，道出爲學時之內化工夫最爲重要，更提醒「本源」道德發心之側重，實可爲其貢獻處。然觀《大學》之書，其對於「次第」或「先後」有著明顯表示：

> 物有本末，事有終始，知所先後，則近道矣。〔註7〕

此即表明知其爲學之「先後」，則能近道，然前後數句則分別爲：

> 知止而後有定，定而後能靜，靜而後能安，安而後能慮，慮而後能得。〔註8〕

> 古之欲明明德於天下者先治其國，欲治其國者先齊其家，欲齊其家者先修其身，欲修其身者先正其心，欲正其心者先誠其意，欲誠其意者先致其知，致知在格物。〔註9〕

筆者探究上二引文重點在於第一引文之「而後」，第二引文之「先」。不論《大學》之論述是否完美，其原意本自如此；《大學》所重視的爲學，其次第井然分明。當然，只要說之成理，或許可在不同層面或經驗、體認上主張「定而後能安」而不說「定而後能靜」，或說「安而後能得」而不說「安而後能慮」，

〔註6〕 筆者所謂「沒有考據上之問題」，在集中於「格物、致知、誠意、正心、修身、齊家、治國、平天下」這八目之「詮釋」爲討論對象，故說此八目無考據問題，僅陽明對朱子之補傳問題。亦即，筆者此段落僅以「八目」之爲學次第爲討論對象。

〔註7〕 《四書集注‧大學章句》（臺北：頂淵文化事業，民國94年3月初版一刷），頁3。

〔註8〕 《四書集注‧大學章句》，頁3。

〔註9〕 《四書集注‧大學章句》，頁3。

然而《大學》論述本是古人爲學之次第參考，其原意是對爲學者的一項路線規劃；而下數句「欲正其心者先誠其意……」等，亦是如此方式表述。

筆者之意思是，《大學》提供一項頗有參考價值的爲學路線，朱子肯定此路線之價值而注解其意，而「格物致知」之注解即爲朱、王二人之爭論核心。《大學》有「知所先後」、「物有本末」之說，且爲學之先定爲「格物致知」，然而陽明以一貫之「心」之詮釋路線，將「格物」解爲「正心之事」，〔註10〕「致知」詮釋爲「致良知」。〔註11〕朱子則以「致」爲「推極」，「知」爲「知識」來說明「致知」，而格物則爲「窮至事物之理」，〔註12〕故兩者詮釋之不同明顯可見。

如前文所談究過，陽明「弱化爲學次第」之說，在其自身的理論系統中是成功的，他將《大學》如此詮釋進而展示其自身的系統解讀，提醒人之「爲學」所重者在「內」，非「外」之次第。因此「此心」若存，自然無所謂「一定次序」來爲學。但陽明卻認爲他的詮釋方式乃唯一的合理解釋，故批評了朱子，並認爲朱子後來添加「敬」、「誠」只是多餘，陽明自信若按照他的解釋方式，此「敬」、「誠」等強調則不需再「後來添加」。

筆者若站在《大學》重視「爲學次第」之原初立場來說，則陽明之詮釋只能說是「強化」各個爲學次第的涵義，〔註13〕而同時「弱化」爲學次第之重要性。因此反而不是《大學》之原意。此外，陽明之詮釋雖有其貢獻與獨到處，然不應如此批評朱子之詮釋內容。

〔註10〕 《王陽明全集》〈續編一・大學問〉卷二十六，頁 972 有云：「物者，事也，凡意之所發必有其事，意所在之事謂之物。格者，正也，正其不正以歸於正之謂也。正其不正者，去惡之謂也。歸於正者，爲善之謂也，夫是之謂格。」而「事」乃「意之所發」，故「正事」乃「正心之事」之涵義，因此有後來如《王陽明全集》〈文錄五・書王天宇卷〉，頁 271：「格物致知者，立誠之功也。」等將「格物」涉及「誠」之談論。

〔註11〕 《王陽明全集》〈續編一・大學問〉卷二十六，頁 971 有云：「『致知』云者，非若後儒所謂充廣其知識之謂也，致吾心之良知焉耳。」

〔註12〕 《四書集注・大學章句》，頁 4：「致，推極也。知，猶識也。推極吾之知識，欲其所知無不盡也。格，至也。物，猶事也。窮至事物之理，欲其極處無不到也。」

〔註13〕 筆者所謂「強化」之意思，是指陽明將「格物」等爲學涵義，動輒將「良知」、「心」等義涵納入，強化各個爲學次第的道德性涵義，並以「心」之內存前提，豐富且通貫本來「八目」的意義。此說法筆者亦不反對，但若面臨「格物」中的「知識」層面，以及面對《大學》重視爲學次第的主張，陽明用心恐有不及。

（2）朱子「注」《大學》之方向

朱子對《大學》之推崇，受程子之影響頗大；注解《大學》之開頭，便以程子之言為導：

> 子程子曰：「《大學》，孔氏之遺書，而初學入德之門也。」於今可見古人為學次第者，獨賴此篇之存，而《論》、《孟》次之。學者必由是而學焉，則庶乎其不差矣。〔註14〕

上述，筆者不處理《大學》是否為孔氏遺書這項爭議，而側重於朱子言「古人為學次第」這一說法上。而朱子六十歲時作《大學·序》時，〔註15〕有云：

> 《大學》之書，古之大學所以教人之法也。〔註16〕

按朱子上述二說，《大學》是「教人之法」，且內容是關乎「為學次第」。至於對《大學》的注解方向，則如以筆者所言，朱子相當重視「先後」故對於次第之注解如「格物」，並不採取如陽明之「弱化次第」、「強化各次第內容」的解法，故〈補傳〉中云：

> 所謂致知在格物者，言欲致吾之知，在即物而窮其理也。〔註17〕

此處，亦解「格物致知」為認知方面，然此說乃朱子謹守「次第」之表現。然而在其他方面，朱子「談論」《大學》之「格物」等相關議題時，許多重要談論則呈顯「格物」並非僅是「認知」方面，此方向談論未見於其「注」中。而此未見於「注」之部分顯示出朱子對《大學》之理解延伸，以及許多補充說明。

朱子對於《大學》此書之注解相當重視，於其晚年仍作修改，既然後有補「敬」、「誠」等涵義，何以不修改注解內容而加入？此「敬」、「誠」等關乎內在工夫之發心之談論，在《大學或問》或《語類》中補充談論甚多，然而注《大學》時卻極少出現，故筆者認為朱子對《大學》之「注解」方向，始終努力地保有其本來面貌，不妄加自身的延伸意見。

朱子在《大學或問》以及《語類》的晚年談論，延伸出相當多類似陽明重視的內容，但朱子後來定稿集注之後，亦不見這些談論精要「添加」於《大學》之注解中。而此些談論精要，筆者於下小節陳述之。

〔註14〕《四書集注·大學章句》，頁3。
〔註15〕《四書集注·大學章句序》，頁2記載朱子作〈序〉於淳熙己酉二月，換算為1189年，時朱子六十歲矣。
〔註16〕《四書集注·大學章句序》，頁1。
〔註17〕《四書集注·大學章句》，頁6。

（3）朱子之「誠」、「敬」與陽明的「誠意」

上小節筆者論述《大學》原意來說明陽明「不應」批評朱子，然而其中起點在於對「格物」之歧見，而後才有陽明批評朱子「後來添加」之問題。

「格物致知」之對象若粗分二類，則可爲「見聞知識」或「道德實踐」兩種，前者如「讀經典」，後者如「孝順」……。但「敬」或「誠」之使用，如「恭敬的孝順」、「恭敬的讀經典」以及「誠心的孝順」、「誠心的讀經典」亦是通用在「見聞」與「道德」兩方面，故朱子補以「敬」或「誠」不但可用於抽象涵養之工夫，實際的實踐作爲不論是「見聞」或是「德性」等方面，亦可以「敬」或「誠」作爲必要前提。至於陽明則以「明明德」、「誠意」、「致良知」爲《大學》之工夫軸線，且以「八目」都具備此軸線更將其簡化至「良知」一語，實踐時以此種良知之發爲必要內存，因此在朱子補此「敬」、「誠」之後，兩人對於「格物」等關於實踐之看法相近許多。

但，此狀況仍有一區別；陽明動輒以「良知之發」來面對實踐，且此「良知」俱內，並時常強調，而朱子卻沒有如陽明之強調。但另方面，陽明所言「本自俱足」此良知進而格物、修身等等，朱子雖無此「良知之發」方面之強調，但補以「誠」、「敬」之說，且以「誠」、「敬」等語辭談論工夫時，已將此二種工夫之心作爲實踐時的前提，例如：

> 〔……〕又曰：「格物窮理，但立誠意以格之，其遲速則在乎人之明暗耳。」又曰：「入道莫如敬，未有能致知而不在敬者。」又曰：「涵養需用敬，進學則在致知。」……此五條者，又言涵養本源之功，所以爲格物致知之本者也。〔註18〕

上述，朱子回答有關《大學》時之談論，常引程子之語爲是，並認爲「誠」、「敬」乃格物時之必要條件，爲格物致知之「本」，也有所謂「涵養本源」之指涉。此外，又云：

> 敬則心存，心存，則理具於此而得失可驗，故曰：「未有致知而不在敬者。」〔註19〕（楊道夫，己酉以後所聞，朱子六十歲以後）

> 問：「格物，敬爲主，如何？」曰：「敬者，徹上徹下工夫。」〔註20〕

〔註18〕《四書或問》〈大學或問下〉（上海：上海古籍出版社，2001 年 12 月第一版），頁 22。
〔註19〕《朱子語類·大學五》卷十八，頁 402。
〔註20〕同上，頁 403。

（曾祖道，丁巳年聞，朱子六十八歲）

誠意不立，如何能格物？所謂立誠意者，只是要著實下工夫，不要
若存若亡。遇一物，須是真箇即此一物究極得箇道理了，方可言格。
若「物格而后知至，知至而后意誠」，《大學》蓋言其所止之序，其
始則必在於立誠。〔註21〕（蕭佐，甲寅所聞，朱子六十五歲）

上述可知朱子論述「格物」，的確如陽明所說添加「敬」或「誠」等為前提。
然此方式仍不為陽明所滿意，故譏諷朱子一開始對《大學》之詮釋不夠好，
才需後來如此添加。

上述，可見朱子談論工夫實踐時，亦將道德屬性之「敬」、「誠」等語辭
視為必要條件，如此即不割裂心、理，此部分似接近陽明所倡導的「心理合
一」；然而，此「心理合一」其中涵義仍有細微之別，〔註22〕此部分牽連甚廣，
筆者於第四章談論之。此小節，說明朱子對「格物」等工夫之談論至後階段，
與陽明所欲強調者已有某種程度的相似。

（二）其他之批評內容及其得失

1、古本《大學》與補傳問題

此涉及《禮記·大學》（古本《大學》）與朱子補傳《大學》（新本《大學》）
等問題，陽明對於朱子之批評雖涉及考據，事實上仍是文本詮釋之問題。陽
明主要立場在於認為古本《大學》之意本自明白，不需立新本且加以補傳，
其中內容如：

來教謂某「《大學》古本之復，以人之為學但當求之於內，而程、朱
格物之說不免求之於外，遂去朱子之分章而削其所補之傳」。非敢然
也；學豈有內外乎？《大學》古本乃孔門相傳舊本耳，朱子疑其有
所脫誤，而改正補緝之。在某則謂其本無脫誤，悉從其舊而已矣。

〔註21〕同上，頁401。

〔註22〕此部分，即筆者文後欲談論的「作工夫時」的「心」，例如「誠」、「敬」、「操
存」、「志」、「良知」……等指涉「意志」或是「心態」等語辭，皆從「心」
上說。但陽明之「良知」更指涉根源，亦即有所謂「良知之天理」之說法，
不論談論作工夫之時或是作工夫之後，陽明談論關於「心」、「理」二者時，
早已將「理」內化於吾心（良知）中。而朱子的「心理合一」並非有「心之
天理」或是「良知之天理」這樣的強調，他於《大學》補傳說的「吾心之全
體大用」乃是「豁然貫通」之後的事情。此「心」、「理」二者之談論甚多且
雜，筆者於第四章論述之。

　　失在於過信孔子則有之，非故去朱子之分章而削其傳也。夫學貴得
　　之心，求之於心而非也，雖其言之出於孔子，不敢以爲是也，而況
　　其未及孔子者乎！求之於心而是也，雖其言之出於庸常，不敢以爲
　　非也，而況其出於孔子乎！且舊本之傳數千載矣，今讀及文詞，既
　　明白而可通；論其工夫，又易簡而可入，亦何所按據而斷其此段之
　　必在於彼，彼段之必在於此，與此之如何而缺，彼之如何而補？而
　　遂改正補緝之，無乃重於背朱而輕於叛孔已乎？〔註23〕

此部分則說明，陽明對於古本《大學》之復，並非反對朱子新本《大學》有
所謂「求外」問題。因爲在他看來，「學」本身豈有內外？必是由內而外，此
自古皆然，何須待辯？故陳述「心」之重要乃爲學之根本，且視合理與否而
不應顧及權威，因此追尋以古本《大學》即可，不必另訂新本《大學》。

　　但是，關於朱子論述「新民」之談論，陽明則不苟同此說；此部分乃涉
及文本詮釋之問題，尤其針對「新民」之意，陽明認爲：

　　愛問：「『在親民』，朱子謂當作『新民』，後章『作新民』之文似亦
　　有據；先生以爲宜從舊本作『親民』，亦有所據否？」先生曰：「『作
　　新民』之『新』是自新之民，與『在新民』之『新』不同，此豈足
　　爲據？『作』字卻與『親』字相對，然非『親』字義。下面『治國
　　平天下』處，皆於『新』字無發明，如云『君子賢其賢而親其親，
　　小人樂其樂而利其利，如保赤子；民之所好好之，民之所惡惡之，
　　此之謂民之父母』之類，皆是『親』字意。『親民』猶孟子『親親仁
　　民』之謂，親之即仁之也。百姓不親，舜使契爲司徒，敬敷五教，
　　所以親之也。〈堯典〉『克明峻德』便是『明明德』；以『親九族』至
　　『平章協和』，便是『親民』，便是『明明德於天下』。又如孔子言『修
　　己以安百姓』，『修己』便是『明明德』；『安百姓』便是『親民』。說
　　『親民』便是兼教養意，說『新民』便覺偏了。」」〔註24〕

按文義，朱子根據文後之「作新民」等語而稱前文應作「新民」。但陽明認爲，
文後「苟日新，日日新，又日新」、「作新民」等涵義，此「新」皆爲形述辭，
乃爲「自新之民」。且前文對於「新民」無所發揮，應維持本來之「親民」字
義即可。另方面，陽明認爲以「親民」之意涵解讀較能符合「明明德於天下」，

〔註23〕《王陽明全集》〈語錄二〉卷二，頁75～76。
〔註24〕《王陽明全集》〈語錄一〉卷一，頁1～2。

且以孟子之「親親仁民」、孔子之「修己以安百姓」來說此「安」便是「親民」之眞切涵義。

陽明此說應可成立；事實上古本《大學》本作「親民」而非「新民」，朱子根據程子之：「『新民』，以明德新民。」〔註25〕以及「『在新民』者，使人用此道以自新。」〔註26〕等影響，而注云：

　　　程子曰：「親，當作新。」〔註27〕

　　　自新新民，皆欲止於至善也。〔註28〕

事實上朱子之詮釋亦可通，然本自「親民」義涵亦非不妥，陽明因此反對改「親」作「新」，認爲此舉多餘。至於朱、王二人何者爲確，筆者於此不加以判斷，僅述說陽明對新本《大學》之批評內容。

2、心與理是否割裂之問題

陽明既反對朱子將「格物」解釋爲偏向見聞之理而缺乏道德根源之強調，實則表明自身對《大學》的詮釋立場偏向德性式的解讀。至於關乎德性的「知識」陽明不是認爲不重要，而是認爲重點在於「發端處」：

　　　朝朔曰：「且如事親，如何而爲溫凊之節，如何而爲奉養之宜，須求個是當，方是至善，所以有學問思辨之功。」先生曰：「若只是溫凊之節、奉養之宜，可一日二日講之而盡，用得甚學問思辨？惟於溫凊時，也只要此心純乎天理之極；奉養時，也只要此心純乎天理之極。此則非有學問思辨之功，將不免於毫釐千里之謬，所以雖在聖人猶加『精一』之訓。若只是那些儀節求得是當，便謂至善，即如今扮戲子，扮得許多溫凊奉養的儀節是當，亦可謂之至善矣。」〔註29〕

上述亦屬「格物」之範疇，「孝順」乃常見的實踐條目，但陽明認爲關乎道德實踐之「知識」內容相當簡單，可一二日講盡，困難在於內心是否存此「天理」，是否起於良知而行道德之事；此乃「發端處」之重視。因此陽明強調實踐之時的重點不在於「如何做」，而在於「發什麼心」去作，但也因爲陽明對

〔註25〕《二程全書》〈伊川先生語五〉，頁1。

〔註26〕《二程全書》〈二先生語二上〉，頁7。

〔註27〕《四書集註·大學章句》，頁3。

〔註28〕《四書集註·大學章句》，頁3。

〔註29〕《王陽明全集》〈語錄一〉卷一，頁3。引文中，筆者根據文淵閣四庫全書所錄之《王文成全書》而改「思辯」爲「思辨」；以下《王陽明全書》引文凡「思辨」者皆是。

「格物」之詮釋扣緊「心」與「良知」，且將「理」收攝入此「心」或「良知」，因此關於朱子談論任何有關「理」之時，若未強調此理導於心，或是未將理收攝於心，陽明即認爲此舉有「割裂心理」之疑慮；例如：

> 或問：「晦庵先生曰：『人之所以爲學者，心與理而已。』此語如何？
>
> 曰：『心即性，性即理，下一『與』字，恐未免爲二。此在學者善觀之。」〔註30〕

其實上述朱子之言並非錯誤，之前已經論述朱子的格物前提，有著類似陽明所重視的「良知之發」的那種涵義，例如「誠」、「敬」等之強調，但陽明之嚴格可謂超絕。雖然陽明說「恐」分爲二，但仍可知道陽明不滿意朱子之說法。若以常識意義來談論朱子之「爲學」，例如「行孝」這一例子，怎可能不預設「內心」之純正或是「敬」等涵義？當然朱子沒有強調「必以」內心之發爲先而後格物，但若是有關道德實踐之「爲學」，如何割裂「心、理」？

而此部分乃涉及筆者之前所言的「心理合一」之問題。從朱子後來對「格物」之談論或是實踐作爲補以「心」之涵義例如「誠」、「敬」，事實上已經沒有割裂「心」、「理」二者，爲何陽明仍如此批判？

此原因，則涉及陽明對「心」的體認與解讀，陽明將「理」收攝於吾心，故有以下談論：

> 《六經》者非他，吾心之常道也。故《易》也者，志吾心之陰陽消息者也；《書》也者，志吾心之紀綱政事者也；《詩》也者，志吾心之歌詠性情者也；《禮》也者，志吾心之條理節文者也；《樂》也者，志吾心之欣喜和平者也；《春秋》也者，志吾心之誠僞邪正者也。〔註31〕
>
> 心之體，性也，性即理也。天下寧有心外之性？寧有性外之理乎？寧有理外之心乎？外心以求理，此告子『義外』之說也。理也者，心之條理也。是理也，發之於親則爲孝，發之於君則爲忠，發之於朋友則爲信。千變萬化，至不可窮竭，而莫非發於吾之一心。故謂端莊靜一爲養心，而以學問思辨爲窮理者，析心與理而爲二矣。〔註32〕

〔註30〕 《王陽明全集》〈語錄一〉卷一，頁15。引文末，「善觀」筆者根據文淵閣四庫全書所錄之《王文成全書》改爲「善觀之」。

〔註31〕 《王陽明全集》〈文錄四‧稽山書院尊經閣記〉卷七，頁254～255。

〔註32〕 《王陽明全集》〈文錄五‧書諸陽伯卷〉卷八，頁277。引文中，筆者根據文淵閣四庫全書所錄之《王文成全書》而改「故以端莊靜一……」爲「故謂端莊靜一」。

上述二引文配合來看，可知陽明立場在於天下之「理」皆不外乎吾心，且「理」之所以為「理」，即在於「吾心」之發而後可完備其意義。也就是說，從「心」（或云「敬」、「良知」）所發之「孝」方為「孝」，否則所得者不是「孝之理」，故理之獲得重點有無此「心」。陽明此立場扣緊「心」、「理」來說，其實道出為學與作工夫之側重點在於「心」。然而，此點朱子亦不排斥，故時時以「敬」、「誠」補之，在實踐時強調下，兩人是相同的。

但陽明擴大「心」的含攝範圍，他將「理」視為「心之條理」且用來批評朱子時，實有其忽略處。筆者的意思是，就一個作工夫的人來說，從「發心」而孝順，當然所得乃「孝之理」，而這也是陽明所要的「心理合一」。但「理」並非都是存在於「心」中，在人們還沒發心去作「孝順」之時，孝順之理早已存在，否則如何教導？當然陽明會回答那只是「空理」。但另方面，「正在」學習發心孝順的人、或是「正在學習」尊敬師長的狀況，此時的「理」又當何解？當然陽明可回答「當你發心時」就是獲得此理，但是我們根本還沒有作出或是完成孝順的行為；當然陽明又可回答「發此心，即理」。但我們又可以問，朱子也是發此心（恭敬的孝順），為何不是理？為何不是「心理合一」？

反省上述，陽明的「心理合一」與朱子相異不在於「作工夫時」是否割裂心、理的問題（做工夫時一定是「心理合一」），而是在「本源上」心、理是否合一的問題，這也就是筆者所謂陽明「擴大心的含攝範圍」。陽明一開始，就將理收攝於吾心，因此批評朱子的過程中不難發現，若是關於「做工夫時」所涉及的「心態」或是「意志」兩方面之語辭，例如「誠」、「敬」……等，事實上朱、王二人的談論我們很難說有什麼不同。但若論及根源，陽明將所有之理收歸吾心，故有「吾心之天理」、「理，心之條理」等談論，而當陽明用此範疇的「心理合一」內涵來攻擊朱子時，按照筆者的解讀，事實上並非指涉「作工夫時」之「心理合一」之範疇，而是朱、王二人在根源上對「心」、「理」的定位問題。

也就是說，作工夫的「心理合一」與根源上的「心理合一」是不同的指涉，當然對陽明來說是一貫的，而朱子卻不同。此小節顯示朱子與陽明關乎「心、理」之問題，其爭論根源位於何處；關於複雜的「心理合一」問題，筆者於第四章詳述。

（三）陽明對朱子批評之總結與反省

陽明對朱子之批評主要發源於「論學起點」，且集中於《大學》之相關

問題上。筆者探究陽明之「論學起點」時，認爲可分爲兩方向來說明：一是他的「論學」是偏向道德實踐之「學」，「見聞之知」、「知識」並非他的側重點。二是他的「起點」在於「心」，以「良知」來作爲爲學之前提，發落於各處時，更有如「誠意」、「正心」等多項不同詞彙卻又導源於「良知」的工夫。

此種側重不無道理，陽明點出儒者具體實踐時所應重視的「良知之發」，論及各種實踐時，總是以「心」來收攝：

> 身之主宰便是心，心之所發便是意，意之本體便是知，意之所在便是物。如意在於事親，即事親便是一物；意在於事君，即事君便是一物；意在於仁民愛物，即仁民愛物便是一物；意在於視聽言動，即視聽言動便是一物。所以某說無心外之理，無心外之物。《中庸》言「不誠無物」、《大學》「明明德」之功，只是個誠意，誠意之功只是個格物。〔註33〕

> 「格物」如《孟子》「大人格君心」之「格」，是去其心之不正，以全其本體之正。但意念所在，即要去其不正以全其正，即無時無處不是存天理，即是窮理……。〔註34〕

> 理也者，心之條理也。是理也，發之於親則爲孝，發之於君則爲忠，發之於朋友則爲信。千變萬化，至不可窮竭，而莫非發於吾之一心。故謂端莊靜一爲養心，而以學問思辨爲窮理者，析心與理而爲二矣。〔註35〕

上述前二引文，其論述仍屬一貫；但至第三引文時，陽明談論的內容中有一細微差異之處；此即，雖然格物時配合「心」來實踐，但陽明更將「理」視爲「心之理」，此種「心理合一」並非僅指涉作工夫時必須配合某種心態（敬）或是意志（誠、主一）等等而已，而是認爲實踐之後所得之理，事實上在「心」的體驗或發顯之後便內足其意義。此部分前文中已有談論；因此在不同面向來說，朱子與陽明的「心理合一」有同有異。

上述諸說談論可知，陽明所側重的爲學起點在於「心」而不在於一定的次第如「格物」，另方面朱子謹守《大學》之本意與爲學次第，故以「格物」

〔註33〕《王陽明全集》〈語錄一〉卷一，頁6。
〔註34〕《王陽明全集》〈語錄一〉卷一，頁6。
〔註35〕《王陽明全集》〈文錄五·書諸陽伯卷〉卷八，頁277。

之說來作爲入手處。至於割裂心、理之問題，此部分並非《大學》之本身內涵的爭議，而是兩人詮釋《大學》時的思考層面不同。而格物、致知以至誠意，在陽明來說是在良知本體發顯後貫串三者而爲一的，因此格物致知之功，乃所以意誠也。

總結來說，陽明對朱子之批評者，許多內涵多屬刻意；從「心理割裂」之批評，到產生兩人對「格物」之解讀不同。另外，在批評之餘，陽明中、晚年時，對朱子之看法又產生另一種態度，此即他的「認同」及其《朱子晚年定論》的相關談論；於下便述。

二、陽明對朱子之認同

陽明對朱子之批評甚多，然至其三十九歲時陽明龍場謫後，及官留都，重新閱讀朱子之書，認爲朱子之思想曾有重大改變，而此改變內涵不但爲陽明所認同，且認爲朱子此「悔」後之論，乃同於己說。

而這樣對朱子的看法轉折，陽明於三十九歲之前已有其端倪，故筆者除論述《朱子晚年定論》中所談論的年代線索之外，亦得從〈王陽明年譜〉中找尋陽明對朱子思想改觀的過程；茲述如下。

（一）《朱子晚年定論・序》的線索

> 謫官龍場，居夷處困，動心忍性之餘，恍若有悟，體驗探求，再更寒暑，證諸《六經》、《四子》……獨於朱子之說有相牴悟，恆疚於心，切疑朱子之賢，而豈其於此尚有未察？及官留都，復取朱子之書而檢求之，然後知其晚歲固已大悟舊說之非，痛悔極艾……。〔註36〕

上述之「及官留都」，說明於此時間點之後，復求朱子之書反覆讀之才開始對朱子之學有不同的發現。龍場時期，僅只是「疑朱子之賢」而有未察。而透過〈年譜〉，更可清楚瞭解整個脈絡，下小節即述。

（二）〈王陽明年譜〉的線索

1、武宗正德元年丙寅（1506），陽明三十五歲，被貶爲貴州龍場驛驛丞。正德三年（1508）春，陽明三十七歲，至龍場。〈年譜〉云：「……忽中夜大悟格物致知之旨……。」〔註37〕此時，陽明自身對「格物致知」有自身之體悟與

〔註36〕 《王陽明全集》卷三，頁127～128。
〔註37〕 《王陽明全集》〈年譜一〉卷三十三，頁1228。

定見，並說「始知聖人之道，吾性自足，向之求理於事物者誤也」。〔註38〕

2、正德四年（1509），陽明三十八歲時曾云：「聖人之學復睹於今日，朱陸異同，各有得失，無事辯詰，求之吾性本自明也。」〔註39〕此時，陽明透露出對朱陸學各有其得力處，但更認為人應求本性自明，不需辯朱陸是非。

3、正德六年（1511），陽明四十歲，此時期有一談論可作為上述陽明「復取朱子之書而檢求之」產生對朱子學評價轉變的一項佐證，這是陽明協調王輿庵與徐成之論辯象山與朱子之學的爭議時所說：

> 輿庵是象山，而謂其專以尊德性為主。今觀《象山文集》所載，未嘗不教其徒讀書……是輿庵之是象山，固猶未盡其所以是也……。吾兄是晦庵，而謂其專以道問學為事。然晦庵之言，曰：「居敬窮理。」曰：「非存心無以致知。」曰：「君子之心常存敬畏，雖不見聞，亦不敢忽，所以存天理之本然，而不使離於須臾之頃也。」是其為言雖未盡瑩，亦何嘗不以尊德性為事，而又烏在其為支離乎？……而遂議其支離。不知此乃後世學者之弊，而當時晦庵之自為，則亦豈至是乎？是吾兄之是晦庵，固猶未盡其所以是也……。僕嘗以為晦庵之與象山，雖其所以為學者若有不同，而要皆為不失為聖人之徒。〔註40〕

此時陽明認為，朱子學中重視「存心」而談致知，此乃存天理而須臾未離，雖道問學，其內亦屬尊德性，故不可側重朱子被批評的「支離」而輕忽之朱子之學，且朱子之學亦以成聖為道。此說一出，陽明對朱子之評論偏向些許認同，且認為所謂「支離」是「後世學者之弊」。

4、正德九年（1514）冬，陽明四十三歲，至京城回復官職，〔註41〕而此時間點乃〈朱子晚年定論·序〉中所記載之「及官留都」。此時之後，陽明便如〈朱子晚年定論·序〉中所言的「復取朱子之書而檢求之……。」陽明對朱子學評價之重大轉變，應從此時開始。

5、正德十三年（1515），陽明四十七歲時刻〈朱子晚年定論〉，而〈朱子晚年定論·序〉在三年前已作。〔註42〕從上述 3 至此可得出從四十歲至四十

〔註38〕 《王陽明全集》〈年譜一〉卷三十三，頁 1228。
〔註39〕 《王陽明全集》〈年譜一〉卷三十三，頁 1229。
〔註40〕 《王陽明全集》〈年譜一〉卷三十三，頁 1232～1233。
〔註41〕 《王陽明全集》〈年譜一〉卷三十三，頁 1230～1231 記載：「九年申戌，先生四十三歲……。四月，陞南京鴻臚寺卿……。五月，至南京……。」
〔註42〕 《王陽明全集》〈年譜一〉卷三十三，頁 1248～1254 記載陽明「正德十有三

七歲的這段時期，陽明對朱子學已朝向部分肯定之態度。

6、根據《王陽明全集・年譜》之記載，正德十年（1515）陽明四十七歲〈與安之書〉回憶「留都」時曰：

> **留都時，偶因饒舌，遂至多口，攻之者環四面。**取朱子晚年悔悟之說，集為《定論》，聊藉以解紛耳。門人輩近刻之雩都，初聞甚不喜；然士夫見之，乃往往遂有開發者，無意中得此一助，亦頗省煩舌之勞。近年篁墩諸公嘗有《道一》等編，見者先懷黨同伐異之念，故卒不能有入，反激而怒。今但取朱子所自言者表章之，不加一辭，雖有褊心，將無所施其怒矣。〔註43〕

上書，則表達陽明自四十三歲起的「留都」時期，因談論關於朱子思想而遭受攻擊，故有後來集《定論》欲解紛擾。然而此〈與安之書〉於〈文錄〉中卻記載為己卯年，即 1519 年陽明四十八歲之時，差距一年。〔註44〕而此部份重點不在於陽明何時寫〈與安之書〉，在於此書內容提及「留都」時期，亦即四十三歲開始，陽明對朱子已有認同而欲作《定論》。而此時期，陽明又提及程敏政（1445～1499，字克勤，號篁墩）之《道一編》，此書乃針對「朱陸調和」所作之專著，對陽明而言，欲調解朱子與陸子，甚至調和自己與朱子之學說，於程敏政之《道一編》中獲得許多激勵。

7、嘉靖二年（1523），陽明五十二歲在越時與弟子們談論有關於毀謗之言語，而其中有所謂：「有言先生學日明，為宋儒爭異同，則以為學術謗。」〔註45〕而此乃陽明作《定論》之後遭受的正式批評；《定論》之前，已有所謂「偶因饒舌，遂至多口，攻之者環四面」的現象，而《定論》出後又出現所謂「學術謗」，此乃陽明調和朱、陸（為宋儒爭議同），或說調和朱子與自身學說之後的另一項學術事件，此種爭論累積多年之後，東莞陳建著《學蔀通辨》專批陽明之《定論》與程敏政之《道一編》便是一項例子。

然而陽明之「認同」是否合理？尤其是《定論》之作，是否符合朱子之思想原意？上述七項，筆者僅欲表明知陽明對朱子學之認同過程，其中之較

年戊寅」（1518）四十七歲時刻《晚年定論》，而《王陽明全集》〈朱子晚年定論・序〉卷三，頁 128 中言「正德乙亥冬十一月朔」（1515）的時候作〈序〉，也就是四十四歲時陽明作〈序〉。

〔註43〕《王陽明全集》〈年譜一〉卷三十三，頁 1254～1255。

〔註44〕《王陽明全集》〈文錄一・與安之書〉卷四，頁 173。

〔註45〕《王陽明全集》〈年譜三〉卷三十五，頁 1287。

細微探討將於後文詳述。

（三）其他相關之認同內容

　　除上述筆者列舉之《朱子晚年定論》與〈年譜〉中的線索之外，〈傳習錄〉中記載關於陽明五十三歲與顧東橋談論《朱子晚年定論》時，〔註46〕透露出陽明晚年之時，對於朱子論「格物」之說法有其自身體驗：

> 1、朱子所謂「格物」云者，在即物而窮其理也。即物窮理，是就事事物物上求其所謂定理者也。是以吾心而求理於事事物物之中，析「心」與「理」而爲二矣。

> 2、夫求理於事事物物者，如求孝之理於其親之謂也。求孝之理於其親，則孝之理其果在於吾之心邪？抑果在於親之身邪？假而果在於親之身，則親沒之後，吾心遂無孝之理歟？見孺子之入井，必有惻隱之理，是惻隱之理果在於孺子之身歟？抑在於吾心之良知歟？其或不可以從之於井歟？其或可以手而援之歟？是皆所謂理也，是果在於孺子之身歟？抑果出於吾心之良知歟？以是例之，萬事萬物之理，莫不皆然。是可以知析心與理爲二之非矣。夫析心與理而爲二，此告子「義外」之說，孟子之所深闢也。務外遺內，博而寡要，吾子既已知之矣。是果何謂而然哉？謂之玩物喪志，尚猶以爲不可歟？

> 3、若鄙人所謂致知格物者，致吾心之良知於事事物物也。吾心之良知，即所謂天理也。致吾心良知之天理於事事物物，則事事物物皆得其理矣。致吾心之良知者，致知也。事事物物皆得其理者，格物也，是合心與理而爲一者也。合心與理而爲一，則凡區區前之所云，與「朱子晚年之論」，皆可以不言而喻矣！〔註47〕

上述引文乃同一信件之內容，筆者刻意分爲三段，實有其用意。上述1、則論述陽明一開始對朱子「格物」說之解釋，認爲朱子於事物中求理乃「割裂心理」；此說前文論述陽明之對朱子之批評時已論及，此種批評乃陽明之過度。而2、則是陽明自身的解釋，此解結合內存之「良知」或「本心」之發用於人倫日用之格物實踐，故是最恰當的「格物」方式。而3、則認爲「朱子晚年之

〔註46〕此〈答顧東橋〉書，根據〈年譜〉記載乃作於嘉靖四年，時陽明五十四歲。詳見《王陽明全集》〈年譜三〉卷三十三，頁1294。

〔註47〕《王陽明全集》〈語錄二〉卷二，頁44～45。

論」乃此種「合心與理爲一」的格物，認爲不言而喻。

上述之 3，陽明認爲朱子格物已內存「本心」，依此格物乃「心理合一」，但就如筆者於第一節之（二）之 2「談心與理是否割裂之問題」時，曾論述陽明此說有其問題；此即「心理合一」本身歧義而有不同層面之指涉，陽明認爲朱子之「心理合一」全與己同可謂過度簡化，事實上僅有在論及「作工夫」（或云「格物」等相關涵義）時，指涉「心態」與「意志」層面的「心」是「心理合一」的（內存之本心則屬兩人之同，不必言合），而且此心並非陽明所謂「良知之天理」的那種含攝眾理之心。

另外，陽明又云：

> 士德問曰：「格物之說如先生所教，明白簡易，人人見得。文公聰明絕世，於此反有未審，何也？」先生曰：「文公精神氣魄大，是他早年合下便要繼往開來，故一向只就考索著述上用功。若先切己自修，自然不暇及此。到得德盛後，果憂道之不明。如孔子退修六籍，刪繁就簡，開示來學，亦大段不費甚考索。文公早歲便著許多書，晚年方悔是倒做了。」士德曰：「晚年之悔，如謂『向來定本之誤』，又謂『雖讀得書何益於吾事』，又謂『此與守書籍，泥言語，全無交涉』，是他到此方悔從前用功之錯，方去切己自修矣。」曰：「然此是文公不可及處。他力量大，一悔便轉，可惜不久即去世，平日許多錯處皆不及改正。」〔註48〕

上述，亦是提及所謂「朱子晚年之悔」等論述，文中不難理解，陽明認爲「朱子晚年」之論與己同，且朱子有所「悔」。陽明所謂的「朱子晚年之論」之說爲何？爲何時常批評朱子的陽明居然稱道此「朱子晚年之論」與己同、進而說「心理合一」？此說是否有誤？或其合理處爲何？於此節之後，第二節則進入本文最重要的核心之一──《朱子晚年定論》的談論及其合理性探究。

（四）筆者對陽明認同朱子之反省

1、認同之範圍

從陽明對朱子的批評內容中，可知其談論「異同」集中於儒者之實踐道路。對於朱子之認同，由上可知乃指涉「格物」等工夫實踐方面，即「敬」、「誠」等作工夫之前提方面，以及「本心」、「性」等本源方面。

〔註48〕《王陽明全集》〈語錄一〉卷一，頁 28。

　　但上述之認同，不等於陽明認同所有的朱子學內涵。朱子思想來源頗雜，除傳統儒者重要之《四書》學說外，尚有承繼《易傳》、周濂溪、張載等有關宇宙生成之論述，而自成其理氣論系統，且涉及關切形上旨趣內容亦多。這部分，陽明學說中，顯然是他不感興趣的討論對象。

　　另方面，承繼二程的論性學說，亦是朱子自身的一大特色；朱子雖然重視天道觀之性，但亦重視本性性善之論述。此方面在朱子的理氣論中得到自身發揮，但陽明本身乃欲建構主體之心爲最高主宰，納理於心，乃以本體工夫爲思想主線，並以此「心」可體驗、收歸並運用於人倫日用方是其教學要點所在，故對宇宙生成之相關「理」，或是談論有關理、氣之存有，並非陽明論學要旨。若簡潔說，陽明所感興趣之「理」，乃在主體自身得到其意義之理，亦即在「心上說」的理，且此理偏向德性方面。

　　當然，肯定所謂「天道觀」或「本性論」者，或言形上之理有其德性意義；然而陽明所關切者，乃主體心在實踐中所能得且關乎人倫日用之事，在所有的「格物」實踐中，均以良知之發以回歸良知主體，此路線之內容自然與所謂「天道觀」與「本性論」中所關切的抽象「理」之深度與關切的議題範圍有著不同。

　　故，朱子所關心之「理」，若涉及「宇宙生成」、「天道運行」、「理氣存有」者，此部分不被陽明納入《定論》來說「同」即此原因。陽明所關切之「同」者，在於成聖之道應實踐的過程中，其中「工夫」是否導源於「心」之問題，而這也是陽明認同的範圍，亦是本文要討論之範圍。

　　若以當代勞思光先生之談法，陽明的認同範圍則非關乎「本性論」與「天道觀」所談抽象之「理」，而是在於「心性論」中所呈顯的實踐內涵；此部分，筆者於第二節即討論《定論》之內涵，即可較明確認知陽明所關切之議題。

2、認同態度

　　陽明認同朱子納「心」之後的格物觀點，當然仍不忘批評朱子添加「敬」、「誠」此舉乃多餘，若按照其良知之發用來解《大學》即不必如此麻煩。而前文已談論，若論及「工夫」時的「心理合一」，事實上朱子與陽明無所衝突。而關乎《定論》者，乃涉及涵養本源、立本心等相關談論。

　　朱子認同本心、涵養本源，此「本源說」一旦道出，即可知曉朱子認同性善、本心內存；然而，此部分與陽明那種「即心納眾理」、「心即理」或「心與理一」又存在著差距。但陽明對朱子產生認同之後，卻打併歸一，認爲朱

子晚年之「悔」而論本源、談本心、立涵養等談論與自身之「心理合一」相同；此種認同態度可謂過度。

如此，若陽明能夠仔細述說《定論》所談的內容以及批述更多，並列舉、談論所引朱子之思想的內在意義，方能收較好的說服力。但陽明於《定論》中，前以結論式的序言，文中所舉之朱子思想卻毫無評述而意圖「不證自明」，文後又舉前人學者如吳澄之朱陸調和思想作為背書。此舉可見陽明立論鬆散，且過度簡化「朱、陸」或「朱、王」之間的差異性。

因此，若論及陽明的「認同態度」，配合筆者之前「心與理一」的談論內容來看，筆者則言陽明「輕率」；然而欲得到更清晰的內容以及真相，則於下節談論《朱子晚年定論》的內涵之後，可有較完整的理解。

第二節　《朱子晚年定論》的內容要旨與初步評述

一、《朱子晚年定論》的形成與要旨

（一）《定論》的形成與問題意識

上節已論述陽明些許的認同內涵，此節則以《定論》為論述核心。《定論》一書乃陽明欲說明針對朱子之說與己相同，然而其內容均以朱子之書信，以及朱子些許談論為引，篩選出與陽明自身談論相近的話語。

在陽明作《定論》之前，前節中筆者已從〈年譜〉中尋得陽明對朱子的部分認同成分及其過程，例如前節所舉正德六年（1511），陽明四十歲時曾云：

> 興庵是象山，而謂其專以尊德性為主。今觀《象山文集》所載，未嘗不教其徒讀書……是興庵之是象山，固猶未盡其所以是也……。吾兄是晦庵，而謂其專以道問學。然晦庵之言，曰：「居敬窮理。」曰：「非存心無以致知。」曰：「君子之心常存敬畏，雖不見聞，亦不敢忽，所以存天理之本然，而不使離於須臾之頃也。」是其為言雖未盡瑩，亦何嘗不以尊德性為事，而又烏在其為支離乎？……而遂議其支離。不知此乃後世學者之弊，而當時晦庵之自為，則亦豈至是乎？是吾兄之是晦庵，故猶未盡其所以是也……。僕嘗以為晦庵之與象山，雖其所以為學者若有不同，而要皆為不失為聖人之徒。〔註49〕

─────────

〔註49〕《王陽明全集》〈年譜一〉卷三十三，頁 1232～1233。

上述，陽明點出朱子有所謂「存心以致知」之說，認爲此部分論說與象山論學路線並非衝突，皆爲成聖之路。另外，於筆者前節之（二）〈王陽明年譜〉的線索之 5、6、7 數點，亦可探知陽明對朱子之認同感漸成而作《定論》之形成過程。另方面，至正德乙亥年（公元 1515 年，陽明四十四歲）序《定論》云：

> 謫官龍場，居夷處困，動心忍性之餘，恍若有悟。體驗探求，再更寒暑，證諸《六經》、《四子》……獨於朱子之說有相牴悟，恆疚於心，切疑朱子之賢，而豈其於此尚有未察？及官留都，復取朱子之書而檢求之，然後<u>知其晚歲固已大悟舊說之非</u>，痛悔極艾……。世之所傳<u>《集註》、《或問》之類，乃其中年未定之說</u>，自咎以爲舊本之誤，思改正而未及。而其諸《語類》之屬，又其門人<u>挾勝心以附己見</u>，固於朱子平日之說猶有大相謬戾者……。予既自幸其說之不繆於朱子，又<u>喜朱子之先得我心之同然</u>，且慨夫世之學者<u>徒守朱子中年未定之說</u>，而<u>不復知求其晚歲既悟之論</u>，競相呶呶，以亂正學……。〔註50〕

筆者歸結上述引文，陽明之問題意識與論說重點有：

1、何謂「朱子中年未定說」？

2、陽明所認定之「朱子晚年之悟」爲何？

3、陽明所言「朱子先得我心之同然」之內容爲何？

4、《集註》、《或問》之屬乃「中年未定說」？

5、《語類》之屬，是否爲陽明所言之「其門人挾勝心以附己見，固於朱子平日之說猶有大相謬戾者」？

6、「朱子先得我心之同然」是否爲眞？

7、陽明言「世之學者徒守朱子中年未定之說，而不復知求其晚歲既悟之論」是否爲眞？

　　上述問題 1、2 可從朱子自身思想中尋得解答，當然此部分得先釐清陽明所謂的「中年」之問題，然而朱熹曾經承認「舊說之誤」，〔註51〕此可謂一線

〔註50〕《王陽明全集》〈朱子晚年定論〉卷三，頁 127～128。

〔註51〕陳俊民校定：《朱子文集》〈中和舊說序〉（臺北：德富文教基金會，民國 89 年 2 月），卷七十五，頁 3787：「乾道己丑之春，爲友人蔡季通言之，問辨之際，於忽自疑斯理也……。復取程氏之書，虛心平氣而徐讀之，未及數行，凍解冰釋，然後知情性之本然……。而前日讀之不詳……適足以自誤而已……。題之曰〈中和舊說〉，蓋所以深懲前日之病……。」此乃己丑年三年後（壬辰年 8 月，1172 年，朱子四十三歲）特地寫下的〈中和舊說序〉，告誡於己，警惕以往之闕漏。

索。問題 3 則在釐清 1、2 問題之後，回顧陽明自身之說方可稍作評判。問題
4 乃考據問題；陽明本身立論強勢，後人批判此部分年代錯置之嚴重錯誤，但
仍可反省其中涵義。問題 5 則屬難解，乃陽明自身之說且難以佐證，但可從
中得知陽明「所欲、所知之朱子」為何。問題 6 則須檢驗陽明與朱子晚年學
說之契合度，方作定奪。問題 7 則是陽明認為《定論》為真，故認為其「所
欲、所知之朱子」不為世人所知。

　　總括來說，上述七問題在筆者詳細處理《定論》的內容以及反省《定論》
的正確性之後，自可得出一些解釋。然此部分延伸甚廣，於下小節論述之外，
其他問題則另闢章節處理之。

（二）《定論》的內容主旨

　　《定論》之內容乃朱子自身之書信，陽明取之三十三封作為證明「朱子
晚年」與己相同，然其中亦夾雜朱子對陸子的認同成分，筆者分類敘述如下：

1、去支離、立本源

　　朱子曾自身承認有「支離」之病，於友人之書信來往中，透露明確之省悟：

> 示喻「天上無不識字底神仙」，此論甚中一偏之弊。然亦恐只學得識
> 字，卻不曾學得上天，即不如且學上天耳。上得天了，卻旋學上天
> 人亦不妨也。中年以後，氣血精神能有幾何？不是記故事時節。熹
> 以目昏，不敢著力讀書。閒中靜坐，收斂身心，頗覺得力。間起看
> 書，聊復遮眼，遇有會心處，時一喟然耳！〔註52〕

> 孟子言「學問之道，惟在求其放心」；而程子亦言「心要在腔子裡」。
> 今一向耽著文字，令此心全體都奔在冊子上，更不知有己，便是箇
> 無知覺、不識痛癢之人，雖讀得書，亦何益於吾事邪？〔註53〕

> 熹近日亦覺向來說話有太支離處，反身以求，正坐自己用功亦未切
> 耳。因此減去文字功夫，覺得閒中氣像甚適，每勸學者亦且看《孟
> 子》「道性善」、「求放心」兩章，著實體察收拾為要；其餘文字，且
> 大概諷誦涵養，未須大段著力考索也。〔註54〕

〔註52〕 《王陽明全集》〈朱子晚年定論〉卷三，頁130。此書同見《朱子文集》〈答潘
　　　　叔昌五〉卷四十六，頁2091。

〔註53〕 《王陽明全集》〈朱子晚年定論〉卷三，頁130。此書同見《朱子文集》〈答呂
　　　　子約二十六〉卷四十七，頁2158～2159。

〔註54〕 《王陽明全集》〈朱子晚年定論〉卷三，頁131。此書同見《朱子文集》〈答周

上述，乃陽明引朱子針對「道問學」方面所作之反省，透露出執著於書冊文字的失處，並道出「心」之重要性，以及「心」之安頓頗爲重要；故又引〈答呂子約〉中云：

> 日用工夫，比復何如？文字雖不可廢，然涵養本原而察於天理人欲之判，此是日用動靜之間不可頃刻間段底事。若於此處見得分明，自然不到得流入世俗功利權謀裡去矣。熹亦近日方實見得向日支離之病，雖與彼中證候不同，然其忘己逐物，貪外虛內之失，則一而已。程子說：「不得以天下萬物撓己，己立後自能了得天下萬物」，今自家一個身心不知安頓去處，而談王說霸，將經世事業，別作一個伎倆商量講究，不亦誤乎！相去遠，不得面論；書問間終說不盡，臨風歎息而已。〔註55〕

上述已明，朱子認爲涵養本源而察天理人欲之判，且持續執行的重要性，亦表達出欲破「向日支離之病」。另外，陽明又引〈答黃直卿〉：「爲學直是要立本……。」〔註56〕配合上述來談，則此「本」可指向「涵養於本」。於〈答陸象山〉中更云：「所幸邇來日用工夫頗覺有力，無復向來支離之病，甚恨未得從容面論……。」〔註57〕

　　總之，陽明特舉數例，欲證明朱子之說同於自身所認定的爲學要義。陽明以良知爲本，此乃以性善本意出發，用「良知」形述本心、本體。陽明認爲依「本源」出發，即無專求理於支節之病，亦無堅持一定之爲學次第而首重「格物」。故，陽明舉此文表明朱子亦以「本心」爲出發點，不流於嚮往之支離。

2、涵養未發、側重良心發端處

　　朱子之「涵養未發」，此乃「中和新說」之體悟；陽明對朱子中和新舊說

叔謹一〉卷五十四，頁 2562。文中「向來說話有太支離處……」依《朱子文集》改「大」爲「太」；而「每勸學者亦且看……」改「且亦」爲「亦且」。

〔註55〕《王陽明全集》〈朱子晚年定論〉卷三，頁 129。此書同見《朱子文集》〈答呂子約二十七〉卷四十七，頁 2161。而「雖與彼中證候不同，然其忘己逐物……」《王陽明全集》短少一「其」字；文中之「談王說霸」改「伯」爲「霸」，本自通，亦依《朱子文集》而改之。而文末「書問（間）終說不盡，臨風歎息而已。」亦依照《朱子文集》多一「間」字而引入，文意較通。

〔註56〕《王陽明全集》〈朱子晚年定論〉卷三，頁 128。此書同見《朱子文集》〈答黃直卿二〉卷四十六，頁 2105。

〔註57〕《王陽明全集》〈朱子晚年定論〉卷三，頁 131。此書同見《朱子文集》〈答陸子靜二〉卷三十六，頁 1437。

時期所表現的工夫談論頗為重視，雖然在《定論》中沒有特別陳述關於朱子「中和新說」的內容與轉折過程，但取材上已重視於朱子「體驗未發」之相近前後年代的談論；其中引〈答何叔京〉時，有云：

> 李先生教人，大抵令於靜中體認大本未發時氣象分明，即處事應物自然中節……。然當時親炙之時，貪聽講論，又方竊好章句訓詁之習，不得盡心於此……。〔註58〕

上述，乃點出朱子對關山門下相傳指訣的重視與反省，對於「未發」之體驗無得，乃因朱子當時關注於聽講而喜好章句訓詁，對「未發」之側重較低。陽明此引，則突顯朱子對「未發」義涵的獲得，是相當重視且有「省悟」之感，故又一引：

> 道間與季通講論，因悟向來涵養工夫全少……，大抵前日之病，皆是氣質躁妄之偏，不曾涵養克治……。〔註59〕

此說甚明，而朱子如何重視涵養未發，以及轉折過程於此不贅述。〔註60〕陽明除突顯朱子中晚年所重視的涵養未發之外，小舉「中和舊說」時期朱子談論有關「良心發現處」之內容；〈答何叔京〉曾云：〔註61〕

> 向來妄論「持敬」之說，亦不自記其云何。但因其**良心發現**之微，猛省提撕，使心不昧，則是做工夫的本領。本領既立，自然下學而

〔註58〕《王陽明全集》〈朱子晚年定論〉卷三，頁136。此書同見《朱子文集》〈答何叔京二〉卷四十，頁1699。

〔註59〕《王陽明全集》〈朱子晚年定論〉卷三，頁133。此書同見《朱子文集》〈答呂伯恭四十八〉卷三十三，頁1328。

〔註60〕有關朱子對「中和新舊說」之相關談論，筆者於第四章第一節談論關於「朱子思想及其轉折」將詳細敘述之。

〔註61〕陳建：《學蔀通辨》〈前編・卷上〉，頁118有云：「朱子此書，《道一編》指為朱子晚年合於象山。王陽明采為《朱子晚年定論》。據年譜，朱子四十歲丁母祝孺人憂，此書有「奉親遣日」之云，則祝無恙時所答，朱子年猶未四十……。」陳建指出，朱子此信乃三十九歲時戊子年所寫，故非晚年。此時期乃「中和舊說」之時的談論；然而，於此可知朱子早已有重視「發端處」之說法，亦即朱子對「良心發端處」之回攝「本心」概念早已重視。筆者於此配合「中和新說」一起談論，乃指出朱子「中和新說」重視「涵養未發」與「中和舊說」重視「良心發現處」有理論之連貫與漸趨完整，且都以「敬」作為工夫。另外，筆者認為既然朱子自稱以往妄論「持敬」，乃缺少對「良心發現處」之重視，而此「發端處」乃從「未發」至「已發」的過程，一旦重視此「發端處」而回溯本源未發之境，則可能導致後來「中和新說」承認涵養「未發」。故筆者認為雖為「舊說」，卻有著「新說」的思想端倪。

上達矣。若不察於**良心發現處**，即渺渺茫茫，恐無下手處也。〔註62〕
此雖爲「舊說」亦非「朱子晚年」，然所論「持敬」若延伸至實踐各方面，其下
手處皆是從「良心」而發。配合前段述之「涵養未發」，乃以此「未發之心」爲
涵養對象，〔註63〕而此處察於「良心發見處」乃屬已發，故朱子之「持敬」可
延伸實踐找到下手處，即「本心」或「良心發現處」。於此可知，「敬」而察「良
心發見處」或回涉「本心」之觀念，早已於朱子「中和舊說」之「持敬」中獲
得重視，但此時期仍未發展至「中和新說」之「涵養未發」。但相連來看，此「敬」
之工夫，於「中和舊說」乃從已發階段尋找根源，令格物時之「敬」有其根，
而後來「中和新說」的「涵養未發」工夫，乃運用於「心之未發」之涵養，故
有「徹上徹下」之說，使得「敬」字非空談「虛敬」。〔註64〕

於此可知，陽明雖欲取「朱子晚年」之「定論」，然而其中取材卻有著朱
子「中和舊說」時期的書信內容；戊子年三十九歲的〈答何叔京〉一書，雖
非朱子「晚年之說」而遭受後人許多批評，卻指出朱子「持『敬』而重『良
心發現處』」於「中和舊說」時期已呈顯，且朱子於「中和新說」時亦不廢此
「敬」而增加「涵養未發」之工夫，至晚年時此「敬」之用於動靜之論述亦
不曾更改。上述種種思想內容，可理解陽明趨向部分認同朱子，且時間點在
朱子中年之後；故陽明於《定論・序》斷言：「予既自幸其說之不繆於朱子，
又喜朱子之先得我心之同然。」

3、承繼孟子之「本心」說法

上述，可發現朱子中年時期之後，有著「敬」以涵養、重視本源之論說，
若僅側重朱子承繼《大學》之爲學次第，以「格物」之知識涵義來論朱子爲
學之一切，易忽略朱子對本心之談論。另方面，若以「述說之多少比重」歸
類某人之學說，筆者認爲非恰當的框架方式。配合《定論》之述，陽明再舉
朱子重視孟子本意，認爲朱子格物窮理之時，絕非支離事業：

〔註62〕《王陽明全集》〈朱子晚年定論〉卷三，頁137。此書爲朱子三十九歲時所寫。
　　　　此書同見《朱子文集》〈答何叔京十一〉卷四十，頁1721～1722。
〔註63〕筆者認爲「未發之心」乃一涵養對象，力求此心返於未發狀態，遂有朱子反
　　　　思李侗「靜中體認大本未發之氣象」。而此「心未發」之狀態，乃所謂「心以
　　　　體言者」，或可稱以「心」狀「性」之詞。
〔註64〕「敬」於朱子體驗「中和新說」後，作爲「徹上徹下」之工夫，於已發未發
　　　　皆以「持敬」貫徹之。例如：《朱子語類・大學五》卷十八，頁402云：「敬
　　　　則心存，心存，則理具於此而得失可驗，故曰：『未有致知而不在敬者。』」。
　　　　頁403云：「問：『格物，敬爲主，如何？』曰：『敬者，徹上徹下工夫。』」

學者墮在語言，心實無得，固爲大病。然於語言中，罕見有究竟得
徹頭徹尾者。蓋資質已是不及古人，而工夫又草草，所以終身於此
若存若亡，未有卓然可恃之實。近因病後不敢極力讀書，閒中卻覺
有進步處。大抵孟子所論求其放心，是要訣爾！〔註65〕

上述，朱子所言，若學者限溺於語言文字、章句訓詁而無德性實踐，只是空
有道理而若存若亡。上述引文中，乃點出朱子認爲「孟子之求放心」是一大
實踐要訣，而令朱子「有進步處」。此外，又云：

冥目靜坐，卻得收拾放心，覺得日前外面走作不少，頗恨盲廢之不
早也。〔註66〕

此引文亦是朱子對「收放心」操作的重視，甚至說出以往錯誤，而恨不能早
日盲廢，可謂體驗深切也。諸如朱子對孟子之「本心」或「求放心」之說，
陽明舉例頗多，又引如：

孟子言：「學問之道，惟在求其放心。」而程子亦言：「心要在腔子
裡。」今一向耽著文字，令此心全體都奔在冊子上，更不知有已……。
〔註67〕

此處所談乃朱子重視收拾放心、重本心等不執於書冊之說，筆者認爲，若盲
目追求格物窮理而拘泥書冊之言、非以「本心」出發應物而空談爲學次第，
這就是支離，但朱子顯然並非如此。〔註68〕

另外一提，朱子對《孟子》、《中庸》的詮解有自身的運用之處，他將「本
心」與「未發之心」、「中」配合起來談論，給予「心」根源義（並非陽明的
「心即理」，而是道德根源義），又直接對「心」作工夫（靜時涵養，動時省
察），配合「中」來形述未發之狀。依此，朱子論「心」的道德意涵雖非與陽

〔註65〕《王陽明全集》〈朱子晚年定論〉卷三，頁138。此書同見《朱子文集》〈答楊
　　　　子直三〉卷四十五，頁2012～2013。
〔註66〕《王陽明全集》〈朱子晚年定論〉卷三，頁130。此書同見《朱子文集》〈答潘
　　　　叔度五〉卷四十六，頁2087。
〔註67〕《王陽明全集》〈朱子晚年定論〉卷三，頁130。此書同見《朱子文集》〈呂子
　　　　約二十六〉卷四十七，頁2158～2159。
〔註68〕朱子的工夫、實踐確有如《定論》所舉的方向而不流於支離。上述筆者三方
　　　　面陳述《定論》所舉之文字敘述雖出於朱子，但是否真的包含朱子中晚年全
　　　　部思想或是自身省悟，則需再檢驗。筆者此部分僅先依照楊明所認定的內容
　　　　來陳述，至於朱子所說是否有針對性，或是因材施教，或是朱子勸人之說、
　　　　自謙之語，則需再釐清之。本節末段論述《定論》的失誤時，將敘述此類問
　　　　題。

明全同，但作工夫時「心」的地位必立於基礎，且有著道德意涵，故朱子對格物、致知窮理的許多談論，即使謹守所謂「次第」，亦存有道德修養等意涵，故不可批評其片段割裂而支離。〔註69〕

　　總論之，陽明之《定論》雖有理據，然細部中仍有許多疑慮；上述筆者先歸結《定論》的要旨與上述三個方向，此三方向即陽明的「認同範圍」，如此可先明確理解陽明所謂的「同」是指稱哪方面。而上述 1、2、3 三方面乃依照陽明所舉而說，其中細部內容以及三十三封書信是否即可代表「朱子晚年」，下小節即論述關於《定論》此方面之貢獻與闕漏。

二、初步評價《朱子晚年定論》之貢獻與失誤

　　上述既說明《定論》的核心認同涵義，此小節欲初步說明此書的失誤與貢獻處，說明《定論》是否有斷章取義、刻意忽略「異」、年代定位刻意錯置等問題。而筆者以「初步評價」來談，乃因此小節提及之相關內容者，以《定論》所言之內容爲主要探討範圍；至於陽明所述說的「朱子」是否合理，則於第四章中談論朱子的心性、工夫論述，並配合他的早、中、晚年的年代來一併談論之後，方可作出更明確的《定論》評價。

（一）《定論》之失誤處

1、取材問題

　　《定論》所舉之「朱子談論」，既以「晚年定論」爲題，則所引之內容應以「朱子晚年」之論，然而《定論》所舉之例卻有朱子「中年」之說；另方面亦有朱子的「晚年之說」卻被陽明說爲「早年未定」。故取材上，陽明對於「年代」定位方面的錯置問題明顯。另外，筆者認爲陽明亦有所偏頗；陽明力主調和，且主張「晚年之同」，故「晚年之異」則刻意不列舉。雖然筆者可替陽明釐清他的「認同範圍」，然而其他部分的「異」亦有涉及「認同範圍」者；試述如下。

　　（1）以「中年」爲「晚年」者

　　《定論》引〈答何叔京〉曾云：

　　奉親遣日如昔……。向來妄論持敬之說，亦不自記其云何……。若

〔註69〕關於陽明所關心的「朱子晚年之論」與《定論》的關係，筆者於第四章中探究，詳細論述之後依此檢閱陽明所論者是否合理、是否與陽明或象山「同」、是否可用來定位爲「晚年定論」。

不察良於心發見處，即渺渺茫茫，恐無下手處也。〔註70〕

陽明視為「晚年」之說，但此同書開頭之「奉親遣日如昔」則透露關於年代之線索：

先妣孺人祝氏……。乾道五年九月戊午卒，年七十……。〔註71〕

乾道五年即戊子年，換算則為 1169 年，時朱子四十歲。而「奉親遣日如昔」則表示其母未喪，故此書之成必早於乾道五年九月，即上述〈答何叔京〉必為朱子未滿四十一歲之前所作。而此書陽明居然說為「晚年」之思想代表，故取材問題疏漏明顯。而《定論》另一引〈答何叔京〉：

此理甚明，何疑之有？若使道可以多聞博觀而得，則世之知道者為不少矣。熹近日因事，方有少省發處，如「鳶飛魚躍」，明道以為與「必有事焉勿正」之意同者，乃今曉然無疑。日用之間，觀此流行之體，初無間斷處，有下功夫處。乃知日前自誑誑人之罪，蓋不可勝贖也。此與守書冊、泥言語全無交涉，幸於日用間察之，知此則知仁矣。〔註72〕

上述乃陽明欲表達朱子不將「博聞」視為「知道」，故不可拘泥於書冊；筆者考察朱子此書有關年代之線索，引文之前有云：

今年不謂饑欠，至此夏初……。此理甚明，何疑之有？若使道可以多聞博觀而得，則世之知道者為不少矣……。〔註73〕

而上述之「饑欠」乃指「崇安大饑」，發生於乾道四年（1168），時朱子三十九歲；〔註74〕故此書亦屬朱子中年時期，且尚未悟得「中和新說」（己丑年，朱子四十歲），因此陽明所舉此書亦為中年作品。

（2）以「晚年」為「中年」者

《定論‧序》云：

世之所傳《集註》、《或問》之類，乃其中年未定之說，自咎以為舊本之誤，思改正而未及。

〔註70〕《王陽明全集》〈朱子晚年定論〉卷三，頁 137。此書為朱子三十九歲時所寫：此書同見於《朱子文集》〈答何叔京十一〉卷四十，頁 1721～1722。

〔註71〕《朱子文集》〈尚書吏部員外郎朱君孺人祝氏壙誌〉卷九十四，頁 4568。

〔註72〕《王陽明全集》〈朱子晚年定論〉卷三，頁 129。此書同見《朱子文集》〈答何叔京十三〉卷四十，頁 1726。

〔註73〕《朱子文集》〈答何叔京十三〉卷四十，頁 1725～1726。

〔註74〕此段考據詳見束景南：《朱熹年譜長編》，頁 392～394。

陽明將《集註》、《或問》定爲「中年未定之說」，但此類書籍成書年代事實並非如此，且相當複雜。朱子對《集注》、《或問》等相關著作曾再三更改，四十三歲成《語孟精義》，〔註75〕四十八歲成《論語集注》、《論語或問》、《孟子集注》、《孟子或問》、《大學章句》、《大學或問》、《中庸章句》、《中庸或問》、《輯略》等書，〔註76〕但朱子未滿意此類著作。而朱子六十三歲時，修訂《四書集註》南康本，〔註77〕且於慶元二年（公元1196年，朱子六十七歲）之〈答孫敬甫〉〔註78〕談論此類書籍時有云：

> 南康《語》、《孟》是後來所定本，然比讀之，尚有合改定處，未及下手。義理無窮，玩之愈久，愈覺有說不到處……。《大學》亦有刪定數處，未暇錄去。今只校得《詩傳》一本，并新刻《中庸》一本……。
> 〔註79〕

上述呈現朱子尚未滿意《語》、《孟》、《大學》等註，且持續修改之。另外，朱子談論自身著作時，曾云：

> 先生說《論語或問》不須看。請問，曰：「支離。」（泳）〔註80〕

此說記載對照朱子語錄姓氏，乃湯泳或胡泳所記，而湯泳記述朱子談論之年代，爲乙卯年（1195）所聞者，〔註81〕此時朱子已六十六歲；胡泳則爲戊午（1198）所聞，〔註82〕即朱子六十九歲時。不論是何人所記錄，此說皆不早於朱子六十六歲，凸顯出朱子晚年猶對《四書》相關著作重視而表達未盡滿意之說，但是否以「舊本之『誤』」來指稱，且以「中年未定」說之，陽明應提供更多說明。

（3）忽略「晚年」其他方面的「異」

朱子晚年有認同象山之語，但對象山之批評仍有，雖然批評的內容是否正確是另一回事，但確實有批評的事實。陽明對這些材料忽略，而專取朱子與象

〔註75〕據束景南：《朱熹年譜長編》，頁458～459中，考證朱子四十三歲成《語孟精義》。

〔註76〕此段考據參見束景南：《朱熹年譜長編》，頁585。

〔註77〕此段考據參見束景南：《朱熹年譜長編》，頁1064～1066。

〔註78〕束景南：《朱熹年譜長編》，頁1065云：「按書中言及祠官得請及葉適《進卷》毀版事，知作慶元二年。」

〔註79〕《朱子文集》〈答孫敬甫四〉卷六十三，頁3156。

〔註80〕《朱子語類》〈論自注書〉卷一百零五，頁2630。

〔註81〕《朱子語類》〈朱子語錄姓氏〉，頁15。

〔註82〕《朱子語類》〈朱子語錄姓氏〉，頁17。

山相近之說、認同之說來說「同」，則有失公允；例如：

> 　欽夫遺文，俟抄出寄去。子靜到此數日，所作〈子壽埋銘〉已見之，
> 　敘述發明，此極有功……。歎服！歎服！子靜近日講論比舊亦不同，
> 　但終有未盡合處，幸其卻好商量，亦彼此有益也……。〔註83〕

從張欽夫之亡（淳熙七年，1180 年，朱子五十一歲）與陸子壽之喪，可知此時期乃朱、陸晚年時期。而上述「子靜近日講論比舊亦不同，但終有未盡合處……」之述說，可說是「同異摻半」，然而朱子同答呂伯恭後一文云：

> 　熹一出兩年，無補公私……。自去年秋冬災傷之後，不能求去，以
> 　及今春，遂有江西之命，又俟代者，至閏月二十七日方得合符而
> 　歸……。子靜之病，恐未必是看人不看理，自是渠合下有些禪底意
> 　思，又自主張太過……。〔註84〕

上述朱子對象山之評語，雖語氣不甚重，以「恐未必」、「有些」來形述，但仍有批評意味。而此時之朱子對象山之說仍有疑慮，且屬晚年，但陽明卻不曾列舉或說明。

　　另外，朱、陸二人著名之「無極太極」辯論，發生於朱陸晚年時期，乃淳熙十五年戊申（1188 年，朱子五十九歲）至淳熙十六年己酉（1189 年，朱子六十歲）。姑且不論二人所說何者為確，但相爭確是事實，在陽明說「晚同」之時，何以刻意忽略此「晚異」之明顯事實？雖然筆者曾整理陽明《定論》中所謂的「同」，這類的「同」與朱陸論辯太極無直接關聯；然而，陽明自身卻無解釋，刻意不引「晚異」之事實明顯，無怪乎反對「晚同」者批評陽明亦多矣。

　　2、論述問題

　　（1）無評論的列舉朱子談論

　　觀《定論》內容可知陽明在列舉朱子書信與談論之後，便無任何評述，以舉例的方式欲求「不證自明」，來說這些材料即為「晚年定論」且同於己，並調和朱子與象山。《定論·序》雖明確表達立場，但其中問題相當多，如筆者前文所論述關於《集註》、《或問》為「中年未定」。另方面，《定論》文末則列舉其他調和者之論述，來說明己說並非無理：

> 　朱子之後，如真西山、許魯齋、吳草廬亦皆有見於此，而草廬見之
> 　尤真，悔之尤切。今不能備錄，取草廬一說附於後。

〔註83〕 《朱子文集》〈答呂伯恭四十三〉卷三十四，頁 1382～1383。
〔註84〕 《朱子文集》〈答呂伯恭四十四〉卷三十四，頁 1383～1384。

臨川吳氏曰:「天之所以生人,人之所以爲人,以此德性也⋯⋯。程
氏四傳而至朱,文義之精密,又孟氏以來所未有者。其學徒往往滯
於此而溺其心。夫既以世儒記誦詞章爲俗學矣,而其爲學亦未離乎
言語文字之末。此則嘉定以後朱門末學之敝,而未有能救之者也。
夫所貴乎聖人之學,以能全天之所以與我者爾。天之與我,德性是
也,是爲仁義禮智之根株,是爲形質血氣之主宰。捨此而他求,所
學何學哉⋯⋯?」〔註85〕

上述之說,乃陽明舉宋元時期之儒者,傾向朱陸調和之人所論之文。所舉之
眞西山(眞德秀,字景元 1178～1235)、許魯齋(許衡,字仲平 1209～1281)、
吳草廬(吳澄,字幼清 1249～1233)三人,〔註86〕學說兼含朱、陸,甚至說
出「悔之尤切」,而以草廬之說爲例。陽明雖如此推崇草廬之說,卻無多作說
明,與《定論》之列舉模式類同。再觀《定論》,陽明舉眾多朱子談論,更毫
無解釋、延伸說明,而僅僅列出欲使其「不證自明」,可說過度簡化。

　　筆者認爲,陽明所舉之例並非大有問題,但細節上則無所交代。若排除
「年代定位」上的錯置,的確是符合「朱子晚年」的時代所論,但仍有細節
上的問題;例如引〈答呂子約〉諸文,顯示朱子對「本」的重視,以及不拘
泥文字、不以博學多聞爲是:

日用工夫,比復何如?文字雖不可廢,然涵養本源而察於天理人欲
之判,此是日用動靜之間,不可頃刻間斷底事。〔註87〕

孟子言:「學問之道,惟在求其放心」;而程子亦言:「心要在腔子裡」。
今一向耽著文字,令此心全體都奔在冊子上,更不知有己;便是個
無知覺不識痛癢之人,雖讀得書,亦何益於吾事邪?〔註88〕

日用工夫,不敢以老病而自懈。覺得此心操存捨亡,只在反掌之間。

〔註85〕《王陽明全集》〈朱子晚年定論〉卷三,頁 141～142。此書同見吳澄:《吳文
　　　　正集》〈記・尊德性道問學齋記〉卷四十,《文淵閣四庫全書》,集部,(臺北:
　　　　臺灣商務印書館,民國 75 年 7 月初版),頁 421～422。

〔註86〕此三人乃筆者第三章談論多位「調和者」論述評論之對象,是否如陽明所言
　　　　「皆有見於此」、「草廬悔之尤切」,於該章論述後即可得之。

〔註87〕《王陽明全集》〈朱子晚年定論〉卷三,頁 129。此書同見《朱子文集》〈答呂
　　　　子約二十七〉卷四十七,頁 2161。

〔註88〕《王陽明全集》〈朱子晚年定論〉卷三,頁 130。此書同見《朱子文集》〈答呂
　　　　子約二十六〉卷四十七,頁 2158～2159。

向來誠是太涉支離。蓋無本以自立，則事事皆病耳。又聞講授亦頗勤勞，此恐或有未便。今日正要清源正本，以察事變之幾微，豈可一向汩溺於故紙堆中，使精神昏弊，失後忘前，而可以謂之學乎？〔註89〕

年來覺得日前為學不得要領，自做身主不起，反為文字奪卻精神，不是小病。〔註90〕

示喻日用工夫，如此甚善！然亦且要見一大頭腦分明，便於操捨之間，有用力處。如實有一物，把住放行在自家手裡，不是謾說求其放心，實卻茫茫無把捉處也。〔註91〕

筆者查閱《朱子文集》卷四十七、四十八，朱子答呂子約共四十八書；此乃對門人之問答，而〈答呂子約一〉有云：

示諭縷縷，足見力學之志，然所讀書，似亦太多矣。大抵今人讀書，務廣而不求精……。〔註92〕

朱子對呂子約好博學多聞，頗有提醒意味；筆者觀〈答呂子約〉眾多書信中，朱子雖時常以「自身」的以往經驗教導訓誡，透露朱子自身以往亦是如此，然其用意在於對呂子約之病處下藥。另方面，查閱〈答呂子約〉諸書信，呂子約的確「博學多聞」而喜好旁引，〔註93〕故朱子與呂子約談論時曾云：

理固如此，然援引太多，反汩沒了正意，兼所引亦有不相似者……。

〔註94〕

此外，朱子謙虛的用以往自身之痛來教導：

〔註89〕《王陽明全集》〈朱子晚年定論〉卷三，頁132。此書同見《朱子文集》〈答呂子約三〉卷四十八，頁2165。

〔註90〕《王陽明全集》〈朱子晚年定論〉卷三，頁134。此書同見《朱子文集》〈答呂子約四〉卷四十八，頁2167。

〔註91〕《王陽明全集》〈朱子晚年定論〉卷三，頁134。此書同見《朱子文集》〈答呂子約七〉卷四十八，頁2170。

〔註92〕《朱子文集》〈答呂子約一〉卷四十七，頁2117。

〔註93〕觀呂子約之答覆，多可見其博學多聞而喜好旁引卻不甚得解的狀況，故朱子對呂子約談論之「針對性」相當強；例如：《朱子文集》〈答呂子約十八〉卷四十八，頁2204～2205，呂子約云：「向觀《遺書》所載：『「人生而靜」以上不容說……。』周子所謂『主靜者』……。蓋『天命之謂性』，命之於人，始謂之性也。所謂『凡人說性，只是說「繼之者善」』……。」微引頗多，故朱子云：「此條尤覺紊亂，更請且以前段之說認識文義，令有條理，未可如此引援哀離，轉見不分明也……。」

〔註94〕《朱子文集》〈答呂子約十八〉卷四十八，頁2200。

年來覺得日前爲學不得要領，自做身主不起，反爲文字奪卻精神，
不是小病……。每得子約書，輒復恍然，尤不知所以爲賢者謀也。
〔註95〕

上述則言子約之病處乃朱子曾犯之誤；朱子認爲呂子約太過重視書冊，喜以博學多聞，故來信之間多有提點之意，故舉凡「本源」、「涵養」以及談論「已發未發」者，皆欲子約有所「本」。而呂子約後來總算得出朱子所欲表達之重點，曾云：

所以程子論《中庸》「未發」處，答問之際，初甚詳密，而其究竟，
只就「敬」之一字，都收殺了。〔註96〕

而朱子也不忘提醒說：

此理固然，然亦須是眞實知至物格，方得自然如此。若但説時快活，
間或又不如此，則只是想象搏量，不足恃也。〔註97〕

此外，呂子約受教重視本源之後，朱子唯恐「過猶不及」，故亦反向叮嚀云：

所諭「博文約禮，盡由操存中出」，固是如此。但博文自是一事，若
只務操存而坐待其中生出博文功夫，恐無是理。大抵學問功夫，看
得規模定後，只一向著力挨向前去……。〔註98〕

上諸敍述，筆者認爲朱子之談論頗有陽明所說之「重視本源」等意義。然而是否僅是「因病而發」或是「針對呂子約」而已，則需要多作說明；而且，朱子仍叮嚀不能僅靠「本源」或「操存」來作功夫。觀〈答呂子約〉諸書，筆者認爲陽明明顯忽略所謂「針對性」的談論，且無多作說明。而筆者要說的是，朱子一定是「肯定」「本源」而不執著書冊才會如此教導他人，但提出此教法是否就如陽明所舉，全往「本源」拉近，以及朱子晚年是否都如此方向教導等這些細部問題，陽明則無全部說明之。因此，「無評論的列舉朱子之談論」僅列舉出他所要的方向，加上陽明沒有解釋清楚，也沒有提及其他朱子晚年之教法，故即便有「同」之方向，說服力仍稍弱。

（2）《定論‧序》與列舉中的失誤處

《定論》所引書信，除有取材年代上的爭議之外，引文之內容亦有失誤處：

〔註95〕《朱子文集》〈答呂子約四〉卷四十八，頁2167。
〔註96〕《朱子文集》〈答呂子約十八〉卷四十八，頁2199。
〔註97〕《朱子文集》〈答呂子約十八〉卷四十八，頁2200。
〔註98〕《朱子文集》〈答呂子約十九〉卷四十八，頁2205。

〈答黃直卿〉：為學直是先要**立本**，文義卻可且與說出正意……。研
究纖悉，恐其意思促迫，難得長進；將來見得大意，略舉一二節目，
漸次理會，蓋未晚也。**此是向來定本之誤**，今幸見得，卻煩勇革……。
〔註99〕

陽明此引，其要點除了指涉「書冊之文義」非首重，而須立本以求漸次理會，
另方面更配合朱子前述之「立本」，說明朱子「定本」以往有誤。陽明欲指稱，
朱子省悟後與自己側重「本」的思維方式相同，然而〈答黃直卿二〉卻無「定
本」二字；有云：

為學直是先要**立本**，文義卻可且與說出正意……。研究纖悉，恐其
意思促迫，難得長進；將來見得大意，略舉一二節目，漸次理會，
蓋未晚也。**此是向來差誤**，今幸見得，卻煩勇革……。〔註100〕

朱子所說的「向來差誤」乃包括整個述說，即「為學立本」之後的所有見解。
而陽明以「定本」來說明，不但增字於書信中，意圖說明朱子之說與己相同。

不論陽明用意為何，此「定本」之增字論說乃一大失誤，且不應如此作
為。羅欽順見之修書曰：

又所取〈答黃直卿〉一書，監本止云「此是向來差誤」，別無「定本」
二字，增此二字，當別有據！而〈序〉中，又變「定」字為「舊」
字，卻未詳「本」字，同所指否？〔註101〕

而對照陽明《定論・序》中曾云：

世之所傳《集註》、《或問》之類，乃其中年未定之說，自答以為**舊
本**之誤，思改正而未及。〔註102〕

此處之「舊本」應指「書冊」來說，但與之前陽明所說「向來定本之誤」產
生混淆。陽明以朱子與黃直卿討論「立本」的說法，混淆朱子自身承認過《集
註》、《或問》「舊本」的失漏。無怪乎整庵批評云：「未詳『本』字，同所指
否？」

羅欽順之批評陽明無直接針對答覆，可謂默認錯誤。〔註103〕陽明回應乃

〔註99〕　《王陽明全集》〈朱子晚年定論〉卷三，頁128。文中「研究纖悉」依《朱子
　　　　　文集》改「密」為「悉」。
〔註100〕　《朱子文集》〈答黃直卿二〉卷四十六，頁2105。
〔註101〕　《困知記・附錄》，頁4。
〔註102〕　《王陽明全集》〈朱子晚年定論〉卷三，頁128。
〔註103〕　《困知記・附錄》，頁3～4：「昨拜讀書後一日，始獲奉領所惠〈大學古本〉、

因「委屈調停」而「不得以而然」，僅承認對於年代方面有所失誤，但對於此「增字」與「本」的失誤卻無回應。

此部分配合〈序〉來談論；即：「世之所傳《集註》、《或問》之類，乃其中年未定之說，自咎以爲舊本之誤，思改正而未及。」這段話，則是陽明自身表達主觀立場的說法，他認爲，《集註》、《或問》等著作，屬於論述爲學次第、實踐方法與程序的談論，而與「立本源」之說不甚接近，故自身說這是代表朱子「舊思想」的書冊。另方面，由於朱子自身承認過「支離」，故陽明一竿推倒，認爲朱子對「本」之重視遠超乎「支節」，因此論斷關於《集註》、《或問》都屬談論「支節」之「中年未定說」。筆者認爲此種論斷不妥，且陽明沒有說明緣由，直接指稱上述諸多晚年作品爲「中年未定」，錯誤離譜。於此，筆者下小節即談論陽明如此明顯錯誤卻仍堅持說出的較可能用意。

3、陽明視《集註》、《或問》定為「中年未定」之可能用意

《定論・序》曾云：「世之所傳《集註》、《或問》之類，乃其中年未定之說……。」此句明顯錯誤，但《集註》、《或問》之成書年代不難考察，因此筆者認爲陽明所說有其他用意。

此部分並非要替陽明多作解釋，而是筆者欲論述陽明所說之可能用意。由於《集註》、《或問》之成書年代問題對陽明來說居然視爲「中年」，故其所言者，則是取其《集註》、《或問》所論之意涵，認爲這兩方面的書籍都只能代表朱子中年時的說法，而不是晚年的思想代表，即使這兩方面的書是「晚年才完成」。從邏輯上分析，某人的思想與成書時代之關聯，的確有可能如陽明所說；如：

某 A 中年相當支持 X 論點，且至晚年亦不排斥，且時時提及。而晚年亦注重 Y 論點，且 Y 論點常於晚年談論，且對 X 有補足等效用。

〈朱子晚年定論〉二編……。詳〈朱子定論〉之編，以其中歲以前所見未眞，爰及晚年，始克有悟。乃於其論書尺三數十卷之內，摘此三十餘條，其義皆主於向裡者，以爲得於既悟之餘，而斷其爲定論，斯其所擇，宜亦精矣。第不知所謂晚年者，斷以何爲定……。偶考得何叔京氏，辛於淳熙乙末，時朱子年方四十有六，爾後二年丁酉，而《論孟集註》、《或問》始成，今有取於〈答何叔京〉書者四，通以爲晚年定論，至於《集註》、《或問》，則以中年未定之說，竊恐考之欠詳，而立論之太「果也……。」而王陽明：《王陽明全集》〈傳習錄中・語錄二〉卷二，頁 78 答曰：「其爲《朱子晚年定論》，蓋亦不得已而然。中間年歲早晚誠有所未考，雖不必盡出於晚年，固多出於晚年者矣。然大意在委曲調停以明此學爲重……。」

但某 A 關於 X 論點的書，卻於晚年問世。而 B 的學說相當喜好 Y 論點，故說 X 論點是中年未定的學說。

上述 A 即為朱子，X 論點即為「格物等為學次第談論」，Y 即為「涵養本源」，B 即為陽明。

上述乃筆者簡化的例子，用意僅在於說明陽明所說的「中年未定」，所指的是朱子「中年曾經論」且「至晚年也論」，但卻不能代表「朱子晚年」的思想內容。陽明的用意，在於說明「中年未定之說」雖仍出現於晚年，卻不選擇為「朱子晚年」的代表思想，而改選擇後來補足有關「立本」的談論為「朱子晚年思想代表」。

為何朱子中晚年談論「為學次地」等細節不能代表「朱子晚年思想」且加以排除，陽明自無法解釋清楚。若排除陽明年代錯置的離譜問題，可知陽明刻意將朱子中、晚年「才開始論述」的學說作為「晚年定論」，而其他全定為「中年未定」。陽明此舉當然錯誤，筆者考察其用意，則不外乎選擇符合己意而定為「晚年」，其他則屬「中年未定」。

（二）《定論》的貢獻處

1、《定論》所點出的朱子對「本源」的重視

既整理《定論》之缺失處，然此書之貢獻亦有，即道出朱子對「本源」等相關談論轉而重視的事實。

朱子之思想頗雜，除繼承傳統儒學脈絡之外，更有自身的哲學創造層面。例如「理氣論」則涉及宇宙生成與道德論述；繼承周子〈太極圖說〉而闡發自身對宇宙生成的理解，並配合〈易傳〉、《中庸》等論述，或言天、人，又言道德層面，論述內容相當廣泛。另方面，朱子對於《大學》的重視，凸顯朱子將「為學次第」視為實踐時參考要點，且至晚年亦不廢此基本路線。而對孔、孟的繼承亦有，論述「仁」、「本心」者，皆表達對傳統儒家路線的遵奉。

因此，上述模式的朱子，與動輒談論立本的陸子或陽明，看似水火不容。而陽明特欲點出的「本源」層面，內容上是涉及孟子「本心」且立於基礎的談論，於陽明個人用語中可以「良知」表達，也就是上節曾經談論的「心」內存而格物而不流於「支離」或「分割心理」的那種談法。

而陽明發現，朱子將「本心」（以陽明來說是「良知」）立於實踐基礎，則使得「為學次第」不流於支離，因此「本源」立而實踐格物對陽明來說，

是他欲論述的「同」。而前文筆者曾談論過，此種「本源」之立，對任何一儒者皆是基本要求，也無法分割，這種「同」雖涉及「本」，卻非全部同等於陽明所論的「心理合一」。

筆者認為，陽明凸顯己說與朱子「同」有「本源」，且都可以「心」論之，而此層面的「本源」即陽明所欲表達的要點。雖然陽明籠統的敘述朱子「立本源」而「心理合一」，且論述此與己說的「心理合一」相同的這方面的確出現錯誤，但他所表達的「本源」之「同」的確是朱、陸、王三人，乃至任何一儒者皆須「同」的內容。因此，陽明至少點出朱、陸、王三人「同」的內涵，而此「同」的內容，對筆者而言是「必然同」的。

2、延伸出朱子與陸王調和的可能性

朱、陸之爭，使得二家門人相繼標榜，至朱子晚年時，自身對陸子亦存有批評與爭論之舉；例如：

> 稅駕已久，諸況想益佳；學徒四來……。區區所憂，卻在一種輕為高論，妄生內外精粗之別，以良心、日用分為兩截，謂聖賢之言不必盡信……。此事不比尋常小小文義異同，恨相去遠，無由面論，徒增耿耿耳。〔註104〕

此書《朱子文集》記載作於丁未年，及淳熙十四年（1187），朱子五十八歲時，屬朱子晚年時期；而下一書更云：

> 學者病痛，誠如所諭，但亦須自家見得平正深密，方能藥人之病；若自不免於一偏，恐醫來醫去，反能益其病也。所諭與令兄書，辭費而理不明，今亦不記當時作何等語，或恐實有此病。〔註105〕

此書乃朱子開啟與象山論辯「無極太極」之開導，其中「與令兄書，辭費而理不明」，乃朱子與梭山論辯「無極太極」之後的評語。此批評力道頗重，無怪乎象山致書反駁，開啟論無極太極之激烈辯論。

若先不談及朱、陸「無極太極」之論辯內容，筆者重視者在於淳熙十四年起，朱子已經批評象山之學為「高論」而「分兩截」等語。至淳熙十五年（1188）至十六年（1189），朱子五十九與六十歲兩年間，關於「無極太極」議題與象山論辯多書，〔註106〕可說二人爭論之最頂峰。而此時期所發生之「兩

〔註104〕《朱子文集》〈答陸子靜三〉卷三十六，頁1437～1438。
〔註105〕《朱子文集》〈答陸子靜四〉卷三十六，頁1438。
〔註106〕此段考據詳見束景南《朱子年譜長編》，頁881與頁953。

人相異」，後學面對「朱陸異同」是否可調和、或談論是否「晚同」，反對調和者時以此點作爲反駁。

　　但是，朱、陸二人自論辯「無極太極」之後，是否毫無所同？朱、陸二人雖曾於晚年相互批評，但朱子對陸子學說的認同卻仍存在。然而許多後學者時常以朱子晚年曾與陸子爭論，結論出朱、陸「無所同」或「無法同」的論斷，實則過分簡化。〔註107〕

　　筆者所要說的是，朱子認同的陸子學說，其認同內容除了確實存在之外，更「無法不認同之」。然而，朱、陸論辯「無極太極」，與筆者所說之「同」無甚關聯，亦非陽明所欲說的「同」。此外，朱子認同陸子者，並非是陸子之學的全部內容，而是陸子所道出的聖人之學；也藉由陸子對本源的側重，朱子亦從這些談論上得到一些補充，並依此認爲自身以往有所偏；在朱、陸二人論爭「無極太極」之前，朱子對象山的認同已有端倪；如：

　　　　陸學固有似禪處，然鄙意近覺婺州朋友專事聞見，而於自己身心全
　　　　無功夫，所以每勸學者，兼取其善，要得身心稍稍端靜，方於義理
　　　　知所抉擇，非欲其兀然無作，以冀於一旦豁然大悟也。吾道之衰，
　　　　正坐學者各守己偏，不能兼取眾善，所以終有不明不行之弊，非是
　　　　細事。〔註108〕

朱子認爲，雖然陸學重視本源、涵養精神與「禪」相似，然而卻可對峙「專事聞見」之弊，因此肯定陸子學說之可取處，表達出欲「兼取眾善」。此外，又云：

　　　　大抵子思以來，教人之法惟以「尊德性」、「道問學」兩事爲用力之
　　　　要。今子靜所說，專是「尊德性」之事，而熹平日所論，卻是問學
　　　　上多了⋯⋯。今當反身用力，去短集長，庶幾不墮於一邊耳。〔註109〕

朱子此書認爲象山之說雖「尊德性」較多，然而自身亦有偏頗處，故希望自己可兼取二面，而不墮於一偏。甚至，朱子亦致書陸子云：

〔註107〕反對朱、陸可調和，在《定論》一書出後逐漸興起，與陽明年代相近者如陳
　　　　建，其《學蔀通辨》針對陽明《定論》與程敏政《道一編》而作，屬反調和
　　　　者中的激烈論述者。可參見拙著：〈論陳建《學蔀通辨》之貢獻與失誤〉《國
　　　　立臺灣大學哲學論評》第三十六期，民國97年7月，頁149～192。詳細且
　　　　完整的諸多反調和者論述，筆者於第三章敍述並評論之。
〔註108〕《朱子文集》〈答陳膚仲一〉卷四十九，頁2235。
〔註109〕《朱子文集》〈答項平父二〉卷五十五，頁2550。

> 熹衰病日侵，去年災患亦不少……。所幸邇來日用功夫頗覺有力，
>
> 無復向來支離之病。甚恨未得從容面論，未知異時相見，尚復有異
>
> 同否耳？〔註110〕

此書乃朱子寄象山之語，據〈年譜〉記載，象山收此書於淳熙十三年，即1186
年；〔註111〕時象山四十八歲，朱子五十七歲，亦屬朱子晚年時期。

　　上述諸書屬朱子晚年認同象山之語，然而前文所提之「無極太極」論辯
亦發生於晚年，是否此爭論之後朱、陸二人即無所同？關於論辯「無極太極」
之書，不論何者為確，朱子〈答陸子靜六〉文末有云：

> 如曰未然，則我日斯邁，而月斯征，各尊所聞，各行所知，亦可矣。
>
> 無復可望於必同也……。〔註112〕

「無極太極」的激烈爭論後，朱子亦不敢望其「同」，論辯「無極太極」至此
結束。然而淳熙十六年論辯「無極太極」結束之後，朱子對陸學仍有認同之
語；例如：

> 愚意比來深欲勸同志者，兼取兩家之長，不可輕相詆訾，就有未合，
>
> 亦且置勿論，而姑勉力於吾之所急。不謂乃以曹表之故，反有所激，
>
> 如來喻之云也，不敏之故，深以自咎。然吾人所學，喫緊著力處，
>
> 正在天理、人欲二者相去之間耳，如今所論，則彼之因激而起者，
>
> 於二者之間果何處也？子靜平日所以自任，正欲身率學者一於天
>
> 理，而不以一毫人欲雜於其間，恐決不至如賢者之所疑也……。而
>
> 向來講論之際，見諸賢往往皆有立我自是之意，屬色忿詞，如對仇
>
> 敵，無復長少之節，禮遜之容，蓋常竊笑，以為正使真是仇敵，亦
>
> 何至此！〔註113〕

上述之文就《陸象山全集》〈年譜〉記載於淳熙十六年（1189），乃朱子六十歲
時。〔註114〕文中，朱子對諸葛誠之論說欲「兼取兩家之長」，而且叮嚀門人不
可「輕相詆訾」，就算無法「合」也不應該輕易妄論。文中更稱讚陸象山是「正
欲身率學者一於天理，而不以一毫人欲雜於其間」。從此書看來，朱子對陸子
學說的看待，採取「取其善者」，即便有爭議亦不可輕論之。

〔註110〕《朱子文集》〈答陸子靜二〉卷三十六，頁1437。
〔註111〕《陸象山全集》〈年譜〉卷三十六，頁328。
〔註112〕《朱子文集》〈答陸子靜六〉卷三十六，頁1451。
〔註113〕《朱子文集》〈答諸葛誠之一〉卷五十四，頁2548。
〔註114〕《陸象山全集》〈年譜〉卷三十六，頁335。

　　筆者探究自從論辯「無極太極」之後，朱陸二人書信來往甚少，兩人是否形同水火？觀上述朱子告誡諸葛誠之一文，即可知朱子並未對陸子之說全然排斥，而多年後朱子曾寄書慰問象山：

　　　　去歲辱惠書慰問……。及即得湖南朋友書，乃知政教並流，士民化
　　　　服，甚慰！〔註115〕

此書不見於《朱子文集》，乃《陸象山全集》〈年譜〉所記載，來信於紹熙三年（1192），時朱子六十三歲；此時朱子誇讚象山「荊門之命」的施政。之前朱子〈答諸葛誠之〉一書，此又一書，突顯自「無極太極」論辯之後，朱、陸二人並非勢如水火，更非冰炭之甚。

　　筆者總括朱、陸之爭，從許多現象探究得之，主要是爲學之道入手處不同，而引發其他意氣之爭、情緒用語，亦有些是刻意誤解對方之說，而產生的種種爭論。〔註116〕而這些「非同」的內容，《定論》卻不處理，僅點出朱、陸之間學說可能「合」的部分。

　　總括來說，《定論》是尋求某種「調和」之專著，且是從「朱王同」爲一個起點，所引之材料基本上則是陽明肯定的「朱子」。在道出朱、王可同的內容之後，陽明曾提及吳澄等諸人，以及程敏政對調和朱陸時的用心，並感慨門戶之見。就筆者而言，《定論》一書並非僅有「朱王同」的涵義，而延伸出朱子與陸子可同的間接效果；因此筆者視《定論》爲陽明認同朱子與陸子兩人之簡要專書，且表達出朱、陸、王「同」的可能方向與範圍，而排除了朱、陸王其他方面的論爭內容；雖然《定論》的立場與忽略處明顯，但筆者認爲仍有其貢獻處。

〔註115〕《陸象山全集》〈年譜〉卷三十六，頁337。

〔註116〕例如，「無極太極」之辯論，與「重本源」或「工夫」無所關連，論辯之內容筆者認爲爭議點多是二人對文本詮釋的問題，更夾雜意氣之語，相互指控對方似禪。總括來說，二人各有系統，解讀文本之角度與堅持不同，且朱熹欲建立自身之形上系統。關於此論述之分析，詳見杜保瑞：〈朱熹形上思想的創造義與當代爭議的解銷〉《國立臺灣大學哲學論評》，頁15～90。此外，爲學入手處，陸子重本源而朱子重視爲學次第，兩人路線不同故爭論難免。然總括來說，朱、陸二人自晚年時，皆表達對方之說皆有得力處，而陽明針對此種方向的「同」來調和「朱、王」，雖刻意排除其他論爭，並用「朱子同於己」的方式來說「朱、王同」，卻也點出「朱、陸」二人「可同」的方向。

第三章 《朱子晚年定論》所造成的現象與延伸問題

　　此章處理路線，針對《定論》所造成的現象與延伸問題加以整理，此乃本文從《定論》探究後延伸的重點，包含了「朱陸異同」與「朱王異同」之爭論，並從此章所談之內容中整理出問題核心，延續至第四章。

　　第一節勾勒出《定論》所造成的現象與延伸問題中，「調和者」是如何談論「朱陸異同」的。此部分的內容包含陽明之前與之後的調和者，以及部分涉入此議題的人物、著作之簡述。第二節則處理「反調和者」如何反對《定論》或反對「朱陸同」之種種看法，並簡述眾多反調和者的主張。第三節則歸納調和者與反調和者述說中的問題，以及當中受爭議的議題，包括「年代定位」，以及對朱、陸、王等人的「文本詮釋」以及其他議題。

　　上述諸問題，其中一個解決要點是必須釐清「朱子晚年」之思想內容真相，以及陽明、陸子是否如批判者所說之流於「禪」。而此部分涉及朱子、陸子、陽明等人的學說內容之衡定，內容頗雜，故延續於第四章中談論出。

第一節　調和者對「朱陸異同」的談論內容

　　《定論》一出後，由於存在著本文第二章第二節中陳述之種種問題，故遭受的批評甚多。其中攻擊《定論》之人甚至轉而探究「朱陸異同」之問題，且依照陽明所述的相關內容，重新反省朱、陸二人之思想。

　　筆者此節欲說明《定論》出後所「造成的現象」與「延伸問題」。所謂「造成的現象」，是指反對陽明《定論》之著作紛紛推出之後所產生的一些「延伸問題」。就內容來說，筆者所謂「造成的現象」乃《定論》是否為正確的這個

爭議，而「延伸問題」則是「朱王異同」是否可能變成「朱陸異同」的爭論，此部分涉及朱、陸、王三人是否有「同」或是「異」之相關探究，其中又含有門戶之見所產生的爭議。

上述這兩面問題筆者欲同時談論之，然而在「延伸問題」的出現後，也就是談論「朱陸異同」這個議題時，「陽明之前」的學者中，若有調和朱、陸傾向之人，則受到重視。舉例來說，這些較早的人物在陽明作《定論》時，就曾以元代吳澄的述說作為旁證，而稍早於陽明的程敏政作《道一編》亦推崇元代儒者如趙汸、虞集、鄭玉等人的說法。

「朱陸異同」爭論中傾向調和之人物，可上溯至元代時期多位儒者曾兼採朱、陸之說，且有某種程度的調和立論。因此，《定論》所造成的現象與延伸問題，筆者的說明內容即從元代開始，至清朝中晚期，凡論述有關「朱陸異同」或「朱陸調和」、相關於《定論》或其他學者之調和著作，筆者欲於此節勾勒出。〔註1〕

一、陽明之前的「朱陸異同」調和概況〔註2〕

《定論》未出之前，早在陽明之前的學者，已有視朱、陸二人之學「並非相異」，亦有兼取朱、陸二人之學說者。元代時期，傳承朱子學之學者中亦有兼採陸子學說者。然此時期「調和之說」雖有，且出現於該學者自身的論述中，並有著兼取二家、調和二家之言，但尚未出現專論朱、陸二人的調和作品。

另方面，《定論》一書問世之後，除程瞳所著之《閑闢錄》之外，方出現「反對調和」的專著，而筆者於此以陽明《定論》作一分界，來說明朱、陸二學的調和現象。而調和者之論述，筆者採取依其立場述說介紹，而其中的

〔註1〕 談論關於「朱陸異同」之學者甚多，或有專著出現調和，或僅有幾句評語。筆者雖無法一一列舉，然亦選擇多位調和者的談論以整理出各種形式的「調和論述」，如此應可掌握眾多調和者的談論方向。至於眾多調和者的核心立論，筆者則整理附於本文附錄中；對於反調和者亦如此處理。

〔註2〕 此段落以「調和」為討論對象；因「朱陸」二人之說當時本定位為「不同」，故不須刻意說「相異」；另方面，調和者出現後方有所謂「反調和者」，故陽明之前的回顧，取材對象自然與陽明立場相同，以了解諸位調和者的述說。而反對調和者且有專書論述者，除了程瞳之《閑闢錄》之外，其餘皆於陽明《定論》問世之後才出現。故筆者回顧此段後學爭論史，陽明之前的取材以調和者為對象，而陽明之後則兩方皆取材之。此外，陽明之前「調和者」繁多，筆者無一一取之，若有補充則亦本文附錄中提及。

錯誤處與爭議處，則於反調和者中可見之；故第二節敘述反調和者時，自可道出調和者的失誤、含混之處。

(一) 程敏政的「始異終同」論說

略早於陽明的程敏政（1445～1499，字克勤，號篁墩）作《道一編》，提出朱陸學說「始異終同」，將朱子思想定位爲「晚同於陸子」，此乃首部力主調和的專著；有云：

> 朱陸二氏之學，始異而終同，見于書者可考也……。取〈無極七書〉、鵝湖三詩，鈔爲二卷，用著異同之始，所謂「早年未定之論也」。別取朱子書札有及于陸子者……。其初則誠若冰炭之相反，其中則覺夫疑信相半，至終則有若輔車之相倚，且深取于孟子「道性善」、「收放心」之兩言。讀至此而後知朱子晚年所以兼收陸子之學，誠不在南軒、東萊之下……。〔註3〕

程氏之說乃明顯之調和立場，然以〈無極七書〉等諸書爲「早年未定」，則屬明顯錯誤，筆者於前章曾經論述朱、陸爭論「無極太極」實爲晚年。而上引文文末敘述朱子取「道性善」、「收放心」則點出朱子論心性與象山接近之處。然而，其中之細節仍有待檢視，而年代定位方面則受到反調和者的嚴厲指責。例如其「早年未定」之說引書如：

> 尊兄所謂太極眞體不傳之祕，無物之前，陰陽之外，不屬有無，不落方體，迴出常情，超出方外等語，莫是曾學禪宗，所得如此？
>
> 〔註4〕

上書乃象山答覆朱熹之語，乃論爭「無極太極」時的批評語，發生於朱子晚年時期，但《道一編》卻引此文說爲「中年未定」。此外，又引：

> 區區所憂，卻在一種輕爲高論，妄生內外精粗之別，以良心、日用分爲兩截，謂聖賢之言不必盡信……。此事不比尋常小小文義異同，恨相去遠，無由面論，徒增耿耿耳。〔註5〕

此書於《朱子文集》記載作於丁未年，及淳熙十四年（1187），朱子五十八歲時，亦屬朱子晚年時期，然程氏卻述說爲「始焉若冰炭之相反者」，乃屬「始

〔註3〕 《道一編·序》，頁9。
〔註4〕 《道一編》卷一，頁24。此書同見《陸象山全集》〈與朱元晦二〉，頁20。
〔註5〕 《道一編》卷二，頁30。此書同見《朱子文集》〈答陸子靜二〉卷三十六，頁1437～1438。

異」。〔註6〕由此可見《道一編》之「早年未定」卻引用朱、陸二人之晚年書信，故書信年代方面出現明顯問題。

筆者認為，程氏年代定位之說雖有錯誤，然亦點出朱陸二人可同之方向；有云：

> 象山之書未嘗不教其徒以讀書窮理，而晚年尤諄切於萬物皆備于我之訓。晦庵之學，則主「敬」以立其本，而晚年尤惓惓於涵養本原，未嘗不以德性為先也。是故同宗孔孟，同繼周程，其道一也，其心一也，歧而二之，可乎？〔註7〕

> 至謂朱子偏於道問學，陸子偏於尊德性，蓋終身不能相一也。嗚呼！是豈善言德性者哉？夫朱子之道問學，固以尊德性為本，豈若後之分章析義者，畢力于陳言？陸子之尊德性，固以道問學為輔，豈若後世之守玄悟空者，悉心于塊坐？〔註8〕

第一引文，程敏政明確說明朱子以「敬」立本，並用於涵養時，同於象山之立本；而象山亦曾教導學生需讀書窮理，因此認為有「同」之內容；並以同宗孔孟作結來論述「道一」。第二引文則表示，朱、陸雖各有側重，然不論「尊德性」或「道問學」者，雖有主輔之別，但朱、陸二人皆兼採此二者，並非後人批象山之「守玄悟空」，評朱子之「畢力於陳言」。

程敏政之說略顯簡略，然而所說並非全然無理，加上《道一編》的內容形式是以朱、陸二人之書信為證據並附上簡略的評述，並於卷末提及元代多位學者的述說以作為旁證，因此其立論並非全無可取。

但《道一編》的對朱、陸書信內容的解讀是否正確，以及明顯的取材方面問題，可理解《道一編》內容並未精確。〔註9〕但總括來說，筆者認為程敏

〔註6〕 此引文收入於《道一編》卷二，頁21：「此卷朱子之說凡十六條，所謂始為冰炭之相反者……。」故此卷之內容即程敏政皆視為「始異」之材料，於頁30更評論說：「是雖二先生早歲語……。」因此在年代上定位錯誤。

〔註7〕 《道一編·後序》，頁80。

〔註8〕 《道一編·目錄》，頁17。

〔註9〕 調和者針對朱、陸二人所截取的談論加以解讀，進而論述「同」，但調和者之解讀是否正確，事實上存有爭議。觀筆者第一章對《定論》的談論中，如陽明對「心理合一」之說法與朱子的「心理合一」有細節上的差異。此部分，於本章第二節中筆者反調和者中亦提及之。而關於此類型的爭議若欲解決，則涉及朱子思想本身的衡定，處理頗費思量，故筆者於第三節中整理出此種「解讀爭議」之後，於第四章衡定朱子思想時即可完整處理之。

政對朱、陸同提出一個方向，此即「本源」方面的側重，以及「尊德性」、「道問學」對二人來說並非單一的執著路線，而是主輔關係。

（二）元代時期的朱陸調和者

程敏政之前，吳澄（1249～1333，字幼清，號草廬）力主調和朱陸二人，曾云：

> 二師之爲教，一也，而二家庸劣之門人，各力標榜，互相詆訾，至於于學者猶惑……。爲子之計，當以朱子所訓釋之《四書》，朝暮晝夜不懈不輟，玩繹其文，探索其義；文義既通，反求諸我。書之所言，我之所固有，實用其力，明之于心，誠之于身，非但讀誦講說其文辭義理而已。此朱子之所以教，亦陸子之所以教也……。〔註10〕

吳澄力主朱、陸二人之教爲一，且不應刻意分割。在他的思想中，基本上是對朱子學相當崇敬，卻也推崇陸象山；有云：

> 三代而下，經學之盛莫如宋……。必共城邵子、必舂陵周子、必關西張子，必河南二程子，而後爲眞儒之明經……。嗣邵、周、張、程者，新安朱子也。《易》、《詩》、《四書》之說，千載以來之所未有；其書衍溢乎天下，況新安其鄉。遺風餘響，猶有存而未泯者乎？〔註11〕

> 陸先生之學，不在乎言語文字也……。蓋先生平日教人，專於心身上切實用功，一時精神之感發，旨意之懇到如良工輪斷，大冶鑄金，巧妙莫可彷彿也……。〔註12〕

上述二引文，吳澄分別稱讚朱子與陸子之學；其中值得注意的是，吳澄認爲象山的「專於心身上切實用功」之方式可取，且未有反駁之意。論及象山之學時，甚至肯定陸子點出人所皆同之「心」，而批評當時人只「知」「本心」爲學，而不知所以然，亦不明陸子之學與聖學皆言「心」：

> 孟子傳孔子之道，而患學者之失其本心也，於是始明指本心以教人，其言曰：「仁，人心也，放其心而不知求，哀哉！」又曰：「學問之道無他，求其放心而已矣。」又曰：「耳目之官不思而蔽於物，心之官則思，先立乎其大者，而其小者不能奪也。」嗚呼！至矣，此陸

〔註10〕 吳澄：《吳文正集（上）》〈送陳洪範序〉卷二十七，《景印文淵閣四庫全書》，集部二四六，（臺北：臺灣商務印書館，民國 75 年 7 月初版），頁 290。

〔註11〕 《吳文正集（上）》〈明經書院記〉卷三十七，頁 394～395。

〔註12〕 《吳文正集（上）》〈金谿傅先生語錄序〉卷十八，頁 201。

子之學所從出也。夫孟子言心而謂之本心者，以心爲萬理之所根，猶草木之有本，而苗莖枝葉皆由是以生也。今人談陸之學，往往曰以本心爲學，而問其所以，則莫能知陸子之所以爲學者何。如是本心二字徒習聞其名，而未究竟其實也。夫陸子之學，非可以言傳也，況可以名求之哉？然此心也，人人所同有，反求諸身，即此而是。以心而學，非特陸子爲然。堯、舜、禹、湯、文、武、周、孔、顏、曾、思、孟，以逮邵、周、張、程諸子蓋莫不皆然，**故獨指陸子之學爲本心之學者，非知聖人之道者也**……。〔註13〕

此說，吳澄表示專注於論述「心學」之陸子，並非異於聖學也。其中舉孟子之談論，配合延伸至其他學者，進而強調不求此「本心」則非學也，故論「本心」者，非陸子之特然，乃諸子皆然。

總括上述簡要談論，可知吳澄對陸子之說崇敬，也特地其「本心」爲聖學之傳。也因此，吳澄教學亦有兼採朱、陸二人之論說內容；虞集爲其作〈行狀〉時有云：

蓋先生：「朱子道問學工夫多，陸子靜却以尊德性爲主。問學不本於德性，則其弊偏於語言訓釋之末，果如陸子靜所言矣。今學者當以尊德性爲本，庶幾得之。」議者遂以先生爲陸學，非許氏尊信朱子之義然。爲之辭耳，初亦莫知朱陸之爲何如也。〔註14〕

此爲吳澄教學要旨與對朱、陸看法之總結，可謂調和朱、陸之早期代表人物之一，無怪乎陽明《定論》曾云：「朱子之後，如眞西山、許魯齊、吳草廬亦皆有見於此，而草廬見之尤眞，悔之尤切。」〔註15〕

而吳澄之前，可上推及吳澄之師程紹開，曾築「道一書院」；《宋元學案》述其「合朱陸兩家之說」。〔註16〕而程紹開之師徐霖師承湯晦靜，晦靜之學曾由朱入陸，晦靜之兄湯存齋，曾論朱陸之學之所以同異，融會貫通。〔註17〕

再往上推，〈存齋晦靜息庵學案〉則說明湯氏三先生（湯存齋、湯晦靜、

〔註13〕《吳文正集（下）》〈仙城本心樓記〉卷四十八，頁 500。
〔註14〕《吳文正集（下）》〈附錄・行狀〉，頁 940。此引同見於虞集：《虞集全集》〈故翰林學士、資善大夫、知制誥同修國史臨川先生吳公行狀〉，（天津：天津古籍出版社，2007 年 4 月第一版），頁 862。
〔註15〕《王陽明全集》〈朱子晚年定論〉卷三，頁 141。
〔註16〕《宋元學案》〈存齋晦靜息庵學案〉（臺北：河洛出版社，民國 65 年 3 月初版），頁 120。
〔註17〕《宋元學案》〈存齋晦靜息庵學案〉，頁 112～113。

湯息庵）之學導源於南溪（柴中行，字與之，南宋紹熙元年進士），〔註18〕傳
於西山（眞德秀，1178～1235，字景元）。〔註19〕全祖望言眞德秀乃「由朱入
陸」，〔註20〕筆者觀眞德秀論格物，確有融合程朱與陸學之傾向。〔註21〕

　　而眞德秀稍晚之許衡（1209～1281，字仲平，號魯齋），對朱陸二人之思
想均有吸收，尤其以「本心之知識」解「格物致知」之述說，頗具個人創見。
〔註22〕雖未有明顯立場宣稱調和兩人，但其談論兼取二家，可視爲某種調和。

　　另外，略晚於吳澄的鄭玉（1298～1358，字子美），雖承襲陸學，但也對
朱、陸二人則各有稱許與批評。鄭玉面對二人之學，認爲應求同而不應求異，
批評後學多有門戶之見，頗有調和傾向。〔註23〕

〔註18〕　《宋元學案》〈邱劉諸儒學案〉，頁65。
〔註19〕　《宋元學案》〈西山眞氏學案〉，頁117。
〔註20〕　《宋元學案》〈存齋晦靜息庵學案〉，頁120。
〔註21〕　眞德秀：《西山文集（上）》〈問學問思辨乃窮理工夫〉卷三十，《景印文淵閣
　　　　　四庫全書》，集部二零二，（臺北：臺灣商務印書館，民國75年7月初版），
　　　　　頁466～467云：「蓋窮理以此心爲主，必須以敬自持，使心有主宰，無私意
　　　　　邪念之紛擾，然後有以爲窮理之基。本心既有所主宰矣，又須事事物物各窮
　　　　　其理……。而不知窮理，則此心雖清明虛靜，又只是箇空蕩蕩底物事，而無
　　　　　許多義理以爲之主，其於應事接物必不能皆當……。」
〔註22〕　許衡：《許衡集》〈大學直解〉卷四，（北京：東方出版社，2007年5月第一版
　　　　　一刷），頁4云：「致，是推極的意思，知，是知識。若要誠實心之所發，必
　　　　　先推極本心之知識……。格字，解作至字，物，是事物。若要推極本心的知
　　　　　識，又在窮究天下事物之理，直到那至極處，不可有一些不到，所以說「致
　　　　　知在格物」……。人於天下事物之理，既窮究到之至極處，然後本心的知識
　　　　　無一些不盡矣……。」
〔註23〕　《宋元學案》〈師山學案〉，頁87，全祖望云：「繼草廬而和會朱陸之學，鄭師
　　　　　山也……。」而鄭玉：《師山遺文》〈與汪眞卿書〉卷三，《文淵閣四庫全書》，
　　　　　集部一五六，別集類，第一二一七冊，（臺北：臺灣商務印書館，民國72年
　　　　　版），頁83云：「近時學者未知本領所在，先立異同，宗朱子則肆毀象山，黨
　　　　　陸氏則非議朱子，此等皆是學術風俗之壞……。」點出「預設立場」、「門戶
　　　　　之見」之互相攻擊現象。又《師山文集》〈送萬子熙之武昌學錄序〉卷三，《文
　　　　　淵閣四庫全書》，集部一五六，別集類，第一二一七冊，（臺北：臺灣商務印
　　　　　書館，民國72年版），頁25云：「……兩家學者各尊所聞、各行所知，今二
　　　　　百餘年卒未能有同之者。以予觀之，陸子之質高明，故好易簡；朱子之質篤
　　　　　實，故好邃密。蓋各因其質之所近而學爲，故所入之途有不同爾。及其至也，
　　　　　三綱五常、仁義道德，豈有不同者哉？況同是堯舜，同非桀紂，同尊周孔，
　　　　　同排釋老，同以天理爲公，同以人欲爲私，大本達道，無有不同者乎？後之
　　　　　學者，不求其所以同，惟求其所以異……。二家之學亦各不能無弊焉……。
　　　　　然豈二先生立言垂教之罪哉？蓋後之學者之流弊云爾！」

另外，於程敏政之《道一編》中，收錄趙汸等人調和之略要，以說明朱陸「早異晚同」。﹝註24﹞程敏政收錄偏於己說之旁證，陽明則於《定論》中亦曾提及趙汸，此人受陽明與程敏政之推崇，筆者略述其說如下。

趙汸（1319～1370，字子常）之〈對問江右六君子策〉，爲明顯朱陸調和之作品；此文本是回答其應試之策，然考官虞集（虞集爲吳澄之弟子）頗爲欣賞，批文曰：

> 陸先生之興，與朱子相望於一時，蓋天運也。其於聖人之道，互有發明……。子常生朱子之鄉，而又有得於陸氏之說，其答斯問也，於前數君子既已各極其所蘊，而於二家之所以成己而教人者，反覆究竟，尤爲明白……。﹝註25﹞

趙汸之談論頗得虞道園之欣賞，其以「江右六君子」爲試，其中以徐孺子、陶元亮、歐陽公、曾子固、劉源父、陸象山等六人爲問，趙汸陸續回答之後，文後一轉方向，直論「朱陸異同」，其切要處有：

> 子朱子之答項平甫也，其言曰：「自子思以來，教人之法，惟以尊德性、道問學爲用力之要。陸子靜所說，專是尊德性事，而熹平日所論，卻是道問學上多了。**今當反身用力，去短集長，庶不墮一偏也。**」觀乎此言，朱子進德之序可見矣。陸先生之祭呂伯恭也，其言曰：「**追惟曩昔，粗心浮氣，徒致參辰，豈足酬義？**」觀乎斯言，則先生克己之勇可知矣……。﹝註26﹞

上述，先不論調和內容是否完整正確，趙汸於答卷中，以朱、陸二人自身之言語，作爲證據頗有說服力。觀上述朱、陸二人之談，乃涉及尊德性與道問學，且透露出朱子自身承認平日所談者，乃道問學的多。而陸子亦自身承認以往意氣用事，所言亦有不足取也；然其中內容亦須多詳細探究之，於此先提及此思想史事件。

上述列舉多人之說，可發現陽明之前曾有多位學者對「朱、陸思想」提出看法，或有調和之舉，或有兼採雙方之說。若從整個調和者歷史觀之，一

﹝註24﹞《道一編》，頁77～79中，程敏政除引用趙汸之說，尚收錄道園虞氏（虞集）、貞白鄭氏（鄭于齡）、師山鄭氏（鄭玉）之說。篁墩認爲朱、陸二氏各有其得力與流弊處，並引三人之說爲旁證。

﹝註25﹞趙汸：《東山存稿》〈對問江右六君子策〉卷二，《文淵閣四庫全書》，集部，別集類，頁193。

﹝註26﹞《東山存稿》〈對問江右六君子策〉卷二，頁192。

開始論述的調和內容，並無直接論及「早年或晚年」之同異問題，也未有專屬調和的專著。至明代，方出現專著以論說「早年或晚年」之「朱陸同異」問題（如程敏政之《道一編》）。此相關內容則須深入探究；例如何謂「晚年」？所謂「早異」為何？「晚同」為何？何種脈絡下說其「同異」？而此亦關聯於本文處理《定論》之內容；筆者已於第二章曾論述陽明所認定的「同」之範圍，以及陽明所劃分之「年代」分界。但其中的失誤處，促使筆者另有想法，此即第五章談論自身對於「朱陸異同」的判斷方式與「早晚」年代問題之釐清。

（三）宋代時期的朱陸調和可能

若再往前推導，是否宋代時期以出現朱陸調和之人？陽明後學者金賁亨著《台學源流》時，以學案之方式列舉多位受學於朱子之門人、講友等；自宋朝徐中行至明朝方孝孺，一一列舉出入朱、陸之間，以及不排斥朱、陸學說之學者。然其論點，以所列舉者為例，雖有評論但仍屬金賁亨之自身解讀，自然說服力稍弱。

宋代若有調和朱陸之學者，則筆者則舉詹初，其生卒年間不詳，據《宋元學案》之記載，乃與朱子弟子黃榦（1152～1221）之「講友」，故應與朱、陸生平相差不遠，然其所傳之著作有爭議：

> 詹初，字以元，修寧人也……。其所著有**《流塘集》二十一卷，今所存祇三卷，此其家傳所云也**。余考之《勉齋集》中，未嘗及先生同時講學，諸公之書亦無及者，而是書自明嘉靖以前未出，王龍溪始從其家得之，表章以行世。集尾有詹體仁、章從軒、饒雙峯諸公文字。**程篁墩為《文獻志》，猶未見也。其中議論，固有可采，但亦似有出於後人之增益者**……。〔註27〕

上述可知詹初之《流塘集》可能為後世所補，或是偽作。另外，《四庫全書》亦稱此書「可疑」，然因「此說其言可取」故摘錄之；有云：

> 《宋史‧藝文志》不載，諸家書目亦不著錄，據其子陽〈跋〉稱舊有二十一卷，後燬於火，陽於族人處乞得殘本歸而藏之。又有其十六世孫景鳳、十七世孫璧二〈跋〉，稱嘉靖戊午景鳳等，始鋟於木，因其讀書之處**改名曰《寒松閣集》**……。其書晚出真偽蓋不可知，

〔註27〕黃宗羲：《宋元學案》〈勉齋學案〉，頁 22。

> 然景鳳作《詹氏小辨》，其言駁雜恣肆，殊無忌憚。而此集議論頗醇
> 謹，殊不類景鳳所爲。疑以傳疑，姑以其言有可取而錄之，其所自
> 來，存而不論可矣。〔註28〕

據上述《四庫全書・提要》之說法，雖存疑《寒松閣集》之眞僞，卻認爲「其言可取」而存之。筆者亦無法斷定此書之眞僞，然暫且以其文來作爲探究重點，至於詹初此書是否可定爲朱陸調和之先驅，筆者亦不下此定論。

《寒松閣集》僅三卷，記載詹初思想內容有限，然筆者歸結其思想大要，大抵承繼朱子而不排斥象山。其論學旨趣頗重視天道觀，並夾以排佛、道之談論以鞏固儒者本位，如：

> 道即所謂造化之樞紐，品彙之根柢者。無極太極是已大者言，舉天
> 地萬物無一不包括於中也。以天地萬物而根本於一理，以一理而散
> 見乎天地萬物，所以曰「大道」；過此，則爲老氏之玄虛矣。〔註29〕

上述可知詹初亦認定「理一分殊」這種對世界萬物生成之觀點，而定之以「理」或「大道」稱之，然而過此界線則不屬儒家所好，此界線以上乃道家之「玄虛」觀點，如「玄之又玄」對「道」之形述。

詹初此說爲儒家自身說「道」畫出自身界線，「道」、「理」若以「理一分殊」此類形述下放至世界，乃是儒家式之觀點，否則即是道家。至於對佛家之評論，詹初則以此「工夫」之方式論說儒佛之辨：

> 靜安而後能慮，似與佛氏靜而生慧相近。然吾儒卻在前有知止一段
> 工夫，在後有運用一段工夫，所以不偏佛氏。無此二段工夫，祇是
> 死守著一靜，所以有空寂之病。〔註30〕

詹氏發覺儒者之工夫如「靜」，外表形式與佛氏之「靜」頗相似，然而道出其差別；他認爲，儒者之「靜」之工夫非全面如此，其「前」有所謂「知止」而關涉爲學方面，而「後」有所謂「運用」而關乎實踐人倫日用。於此可看出，詹氏雖認同「靜」，但補充說明儒者之「靜」並非「空寂」義。

詹初簡單述說「儒」與「佛、老」之不同之後，他所關心者，乃是儒學積極爲「學」的這種重要內涵。從《寒松閣集》一書來說，論及爲學時，詹

〔註28〕 詹初：《寒松閣集》〈寒松閣集提要〉《文淵閣四庫全書》，集部，別集類，（臺北：臺灣商務印書館，民國72年7月初版），頁2。
〔註29〕 《寒松閣集》〈翼學・大道章第一〉卷一，頁3。
〔註30〕 《寒松閣集》〈日錄上〉卷二，頁7。

初相當肯定朱子，甚至在〈名儒〉一篇中出現朱子而未推崇陸子；其云：

> 道，學而已矣。學，敏而已矣。學則知，不學則不知……。子曰：「學而時習之，不亦說乎？」又曰：「我非生而知之者，好古敏以求之者也。」……。故君子莫大於敏學。〔註31〕

> 儒者，人之需也。上焉君需之，下焉民需之。前聖需之以繼，後學需之以開，是儒者之道大而儒者之任重也……。明先聖之道，繼先聖之統，吾惟周、程、張矣。周、程、張之後，朱子集其成、其大，舉其重，勝矣。朱子之後者，劭乎劭乎，吾竊有志焉而力未之逮也。〔註32〕

此二段引文可知，詹初認定「敏學」乃最重要之實踐，若按照此側重之點，則詹初應較贊同朱子之為學工夫路線。論及「朱、陸」二人時，詹初亦不妄下兩人工夫何者為確的評論；有云：

> 或問：「尊德性道問學，朱子本來自是全底，陸子前面分明祇是尊德性一邊，後來因朱子方去道問學。」曰：「**此非學者可輕議。**」〔註33〕

上述可知，詹初不認為問者之說為是，若同意其所問之內涵，則可言「然」。故，筆者認為，一方面問者之言過於簡化，另方面則是詹初並不駁斥陸子。甚至後來詹初之談論，涉及此議題時有著傾向調和之想法。此即，詹初將朱陸異同之調和工作聚焦於「工夫」之論述上，以終為「同道」來解決兩者之衝突，而提出所謂「資質之異」而「工夫相異」之談法：

> 朱子是箇有工夫底人，陸子是箇天資極高底人。陸子惟他天資高，所以一覺便見道，再不待到事物上去尋。他心上本來底已明，則萬物萬事之理皆在其中，其於事事物物不過以吾心之理應之耳。朱子卻似曾子，是隨事精察，力行到一旦豁然貫通時候，乃悟一貫之妙……。可見**二公之論不同者，乃是二公資質不同，各就其所得者而言也**。就各人資質用功所以有敏鈍之異，然至其俱能入道處，則又是一般。陸子自知覺上盡見得底，固此道。朱子自事物上窮究至貫通處，亦是此道；所謂及其成功，則一也。然學者用功，若是資質至高底，固應學陸子，若是尋常學者，祇當傍朱子作工夫為是。

〔註31〕《寒松閣集》〈翼學‧學至章第六〉卷一，頁4～5。
〔註32〕《寒松閣集》〈翼學‧名儒章第十〉卷一，頁5～6。
〔註33〕《寒松閣集》〈日錄上〉卷二，頁8。

〔註34〕
上述，可看出詹初對於「工夫」之運用方面，對朱、陸二人之教作出解釋。基本上，他認為二者之路線並無「衝突」，只是因人而異所採取之路線，故以「資質」來論說陸子之高而工夫易簡，朱子資質一般故工夫多元。此說雖稍顯粗糙，但實質意義上，仍有表達出調和的意味。

若詹初所傳之書為真，其年又與黃榦相去不遠，故朱子死後數十年間，即有尊朱而不排陸之言論出現。雖《寒松閣集》所論有限，然詹初上述之說，應屬早期呈顯出調和傾向之學者。〔註35〕

詹初之談論，其所言及朱陸異同之相關議題雖不多，然以將陸子之工夫易簡解釋為「資質高」，故重內亦見道；朱子之「資質低」，故重實踐支節亦見道。此說雖粗，然可稱其不排朱、陸二人之同道可能。

若從思想上的分類來說，詹初僅對朱、陸之工夫路線作出調和，其他衝突處無所辯駁，或許詹初所關切者乃儒者之工夫路線問題，或是認為其他議題無法調和等，然而這些現象在其所遺留之材料有限之下而無法明確論述。總之，詹初將朱、陸二人同歸於道，亦認定工夫易簡與複雜並非兩人思想相異，僅是因人而異之論述而已，其言：「然學者用功。若是資質至高底，固應學陸子，若是尋常學者，祇當傍朱子作工夫為是。」此言即可說明詹初立場不排陸、不斥朱。

二、陽明之後的「朱陸異同」調和概況

（一）陽明後學者對調和的捍衛

陽明之後，金賁亨（1483～1564，字汝白）著《台學源流》，以學案之方式列舉論多人，襯托自身之說而認為朱、陸乃「先異後同」，側重朱子「晚年之悟」。〔註36〕另外，季本（1485～1563，字明德，號彭山）作《說理會編》，

〔註34〕《寒松閣集》〈日錄下〉卷二，頁12。
〔註35〕此調和傾向，《宋元學案》〈勉齋學案〉，頁22中引全祖望云：「祖望謹案，詹
　　　　體仁是朱學，章（從軒）是陸學，先生蓋往來其間。」
〔註36〕金賁亨：《台學源流》卷三，《四庫全書存目叢書》，史部，第九十冊，（臺南：
　　　　莊嚴文化事業，1996年8月初版一刷），頁13云：「夫竊謂晦庵先生道德學問
　　　　鳳為時宗，而捨己從人恒若夫及，如聞延平須是理會分殊之語，則自以好同
　　　　惡異，喜大恥小為非。及悟明道存久自明，何待窮索，與夫不得以天下萬物
　　　　撓己之語，又謂向來太涉支離，不若然默會諸心以立其本而言……。其與

評論朱子與象山、陽明之說各有所長，不應相非詆毀；茲以季彭山之說，簡述如下。

　　季彭山作《說理會編》並非針對朱陸異同議題而作，但卷十六中，則有專門論述朱子、象山、陽明等多位學者，並表達出對三人的推崇，而不針對其矛盾處。彭山爲陽明弟子，故此書被評爲「其間巧借程朱之言，以證良知之說，猶守仁《朱子晚年定論》之旨耳」。〔註37〕此書內容，對「朱陸異同」議題採取兼容之態度；有云：

> 晦庵之志，欲繼往聖開來學，是何等氣魄。其所論述，**皆明德新民之實學類，非無用之空言⋯⋯**。雖其論致知以讀書講學爲第一義，爲陸象山之所短，然效先覺之所爲，以明善復初，則固以**開明其心也⋯⋯**。象山則從本體上擴充，可以直超上達，**然亦不廢文字也，**至其立心制行之誠，則皆無可議焉。**故浙東之政，象山稱之荊門之治，晦庵善之，不以所見之不合，而遂相非毀。**此可見其心誠於爲道，而無所私也。
> 學者當先求其誠意之所在而已矣，豈可妄議哉？〔註38〕

季本強調朱、陸二人之長，認爲朱子從格物致知談起，可開明其心；陸子從本體上擴充而直超上達，亦不廢文字，故兩人之說各有得處。另方面，又引陸子荊門之治且得朱子之認同，欲說明二人晚年之和諧處，表現出一定的調和之立場。另外，季彭山亦不忘替象山辯護；有云：

> 陸象山從尊德性上道問學，此《中庸》「愼獨」之要功也，故其謹禮之嚴無所正助，非佛氏「無所住而生其心」之比也。〔註39〕

反調和者多批評象山之學爲禪，季彭山認爲象山專主尊德性乃符合《中庸》愼獨之功，更非佛氏之意涵。「愼獨」於彭山眼中，乃聖學之精要；有云：

> 聖人之學，只是謹獨；獨處人所不見聞，最爲隱微，而己之見顯莫過於此⋯⋯。〔註40〕

象山先生先異後同，則昔人辨之明矣。吾邦諸賢學力所至深淺固殊，樞趨異時，領略自別，乃若相與求爲聖賢之心，則固無間也。」

〔註37〕 季本：《說理會編》《四庫全書存目叢書》，子部，第九冊，（臺南：莊嚴文化事業，1995年9月初版一刷），頁408有云：「此書則做《近思錄》而作。《近思錄》分類十四，此分類十二⋯⋯。其間巧借程朱之言，以證良知之說，則猶守仁《朱子晚年定論》之旨耳。」

〔註38〕 《說理會編》〈諸儒〉卷十六，頁406。

〔註39〕 《說理會編》〈諸儒〉卷十六，頁406。

〔註40〕 《說理會編》〈謹獨〉卷三，頁292。

另外，論及陽明學時，季本亦捍衛先師之「致良知」符合《論語》「一貫」之路；有云：

> 先師與甘泉翁同志友也。二公之教，各立一家。先師則主於致良知……。議者或謂致良知之說近於虛，體認天理之說近於助。殊不知良知即本心之明，自然而動者也。**致則復其本體，中間有多少工夫節次；其言簡易直截，徹上徹下一貫無遺**……。若致良知則如《論語》之言一貫，可以直超上達……。〔註41〕

上述，彭山認爲「致良知」而復本體，看似簡易而難，故說「中間有多少工夫、節次」。之所以「易簡」，是此「良知」教法徹上徹下，故不需強論其他層面，但其中的過程並非「易簡」。

總括來說，彭山除了兼論朱、陸之說，點出二人並非衝突，亦替陽明之「易簡」教法作出解釋，大抵繼承《定論》之說法延續。

（二）高攀龍的「不必言合」說

至明末，論及王學亦有特殊立場者，例如高攀龍曾作〈陽明說辨〉，反駁陽明批評朱子「割裂心理」。高攀龍認爲朱子論工夫時，從未分割心理，亦無法分割之，故不須言「合一」，因此認爲陽明誤解朱子之「格物」涵義。高攀龍雖批評陽明，但立場並非批評陽明所認定的「朱陸同」、「朱王同」，亦非直接談論自己認爲的朱、陸、王之同異問題，但反而間接道出陽明所說的「同」。〔註42〕但，此「同」的範圍並非陽明所指稱的那樣全面；其說頗爲特殊，但筆者認爲相當中肯，故簡述如下。

高攀龍（1568～1626，字云從，號景逸）本名高希良，生於明世宗嘉靖四十一年，《明史・東林列傳》記載云：

〔註41〕 《說理會編》〈諸儒〉卷十六，頁 406～407。

〔註42〕 《高子遺書》〈陽明說辨一〉卷三，《文淵閣四庫全書》，集部六，別集類五，（臺北：臺灣商務印書館），頁 373：「吾觀其〈答顧東橋之書〉曰：『朱子所謂格物云者，是以吾心而求理於事事物物之中………。是可見析心與理爲二之非矣。』果若斯言也，朱子可謂天下之至愚……。此何心也，仁也……。格物者，知皆擴而充之，達於其所爲，無不見吾不爲之眞心焉，此之謂格物而致知。故其心之神明，表裡精融，通達無間，而更無一毫人欲之私……。吾所聞程朱格物致知之說，大略如此也……。」在論工夫上，景逸認爲格物時「必具」眞心、仁心，反對陽明「認爲」朱子曾分心理爲二，因分割爲二乃至愚者也，故朱子之說必非如此。此立場較特殊，因景逸欲調和「心、理」二學，援程、朱工夫論爲主軸說心理本合一；雖批評陽明，卻「非」「反調和者」。

高攀龍，字雲從，號景逸，常州無錫人。年二十五聞顧憲成講學，
始至於學。萬曆十七年成進士。其舉會試吏部考功員外郎趙南星所
取士也。〔註43〕

而高攀龍自己曾說：

吾年二十有五聞令公李元冲（名復陽）與顧涇陽先生講學，始志於
學。〔註44〕

景逸之學承雖得自顧憲成，與顧憲成之關係亦師亦友，其學說內涵同樣頗重
視實學而反對當時心學之流弊。然而與顧憲成不同者，在於景逸對陽明之解
讀，並未如顧憲成那樣的批評成分濃厚。

　　筆者認爲，景逸之學與「朱陸異同」之關聯性，在於他對陽明學的看法。
陽明學後學者，至景逸時期產生許多流弊現象，高攀龍則認爲，此應是人病而
非法病，雖然他也曾對陽明提出批評，然而其中內涵卻也無損於陽明學內涵的
正當性，反而在他的許多思維中，有著綜合程朱、陸王等內涵；以下即述。

1、對當時學術的救正

　　筆者標題所謂「當時學術」，指的是一段時間的學術狀況，並非僅發生於
景逸生平時期，之前的王時槐（1522～1605，字子植，號塘南）〔註45〕曾云：

學者以任情爲率性，以媚世爲與物同體，以破戒爲不好名，以不事
檢束爲孔顏樂地，以虛見爲超悟，以無所用恥爲不動心……。〔註46〕

而景逸也說：

今其弊略見矣，始也掃聞見以明心耳，究且任心而廢學，於是乎詩、
書、禮、樂輕而士鮮實悟。始也掃善惡以空念耳，究且任空而廢行，
於是乎名節忠義輕而士鮮實修。〔註47〕

自世廟以前，雖有訓詁詞章之習，而天下多實學。自穆廟以來，率
多玲瓏虛幻之談，而弊不知所終；笑宋儒之拙，而規矩繩墨脫落無
存，以頓悟爲工，而巧變圓融不可方物。〔註48〕

〔註43〕　《文淵閣四庫全書》史部，傳記類，總類之屬〈東林列傳〉卷二，頁 13～14。
〔註44〕　《高子遺書》〈困學記〉卷三，頁 355。
〔註45〕　王時槐生卒年參考楊家駱：《歷代人物年里通譜》，（臺北：世界書局，民國 52
　　　　　年 1 月初版），頁 457。
〔註46〕　《明儒學案》〈江右王門學案五〉，頁 483。
〔註47〕　《高子遺書》〈崇文會語序〉卷九上，頁 551。
〔註48〕　《高子遺書》〈崇正學闢異說疏〉卷七，頁 443。

對於此「任心廢學」、「鮮實修」等現象，高攀龍要作的就是將學術導引至實
學這個方向，故對於虛談之論加以批評。而這些流弊有些是陽明後學者所引
發，因此在救正這些學術流弊之時，景逸不但道出程、朱學之重要，也將王
學之精要與流弊一併說出：

> 王文成曰：「吾良知二字，從萬死一生得來。」其致知之功如何乎？
> **其所經歷體驗處，皆窮至物理處也。**身繇程朱之途，口駁末學之弊，
> 猶之可也。學文成者，口襲其到家之語，身不繇其經歷之途，良知
> 從何得來？〔註49〕

此說則道出文成後學者非文成之學，其中又說「程朱之口」、「學文成者」的
流弊現象，認爲王學末流之流弊較爲嚴重，並非直接批評陽明學。然而景逸
對陽明之批評亦有，除對王學末流的批評之外，對陽明的一些談論亦有未滿
意處：

> 竊以陽明先生所爲善，非性善之善也，何也？彼謂：「有善有惡意之
> 動」則是以善屬之「意」也。其所謂「善」，第曰：「善念」而已；
> 所謂無善，第曰：「無念」云而已。吾以善爲「性」，彼以善爲「念」
> 也。〔註50〕

> 陽明以「無善無惡爲心之體」，一以善即性也，一以善爲意也。故曰：
> 「有善有惡意之動」……。以善爲「意」……不可曰明善。〔註51〕

> 今必曰：「無善無惡。」又須下轉語曰：「無善無惡，乃所以爲至善
> 也。」明者自可會通，然而以之明心性者，十之一；以之滅行檢者，
> 十之九矣……。〔註52〕

景逸面對心學流弊，故之前陽明所談若涉及「無」者，則採取避免的態度；
並認爲「善」應從「性」說方有所本。景逸認爲「無善無惡」之說，乃論述
善從意念發，易讓學者誤以爲「善非性」。

　　景逸所說不無道理，但面對陽明學的批判採取較謹愼的態度，故非全然
否定王學。就其思想體系中，可見他欲整合「心」、「理」之問題，故所談論
者有著兼融程朱、陸王的內涵；下小節即述。

〔註49〕　《高子遺書》卷二，頁346。
〔註50〕　《高子遺書》〈方本菴先生性善繹序〉卷九上，頁547。
〔註51〕　《高子遺書》卷一，頁338～339。
〔註52〕　《高子遺書》〈觀白鷺洲問答致涇陽〉卷八上，頁473。

2、「合一」的談論與調和傾向

　　景逸之學，有從境界上說者，故時時說合一；然亦有調和學術或觀念者而說「合一」，甚至許多談論對他而言，根本不需言「合」：

> 心與理，一而已矣。善學者一之，不善學者二之。〔註53〕

此引文可從境界上說，亦可從工夫上說；因景逸對「心」與「理」總是不分割來說，例如：

> 伊川先生曰：「在物爲理，處物爲義。」此二語關涉不小了，此即聖人艮止心法。胡氏廬山（胡直）輩以爲「心即理」也，舍心而求諸物，遺內而徇外，舍本而逐末也。鳴呼！天下豈有心外之物哉？當其寂也，心爲在物之理，義之藏於無朕也；當其感也，心爲處物之義，理之呈於各當也。心爲在物之理，故萬象森羅；心皆與物爲體，心爲處物之義，故一靈變化，物皆與心爲用，體用一源，不可得而二也。〔註54〕

此說，景逸認爲格物或做工夫時，都是「心」與「物」的關係，格物絕不離心，故又云：

> 學有無窮工夫，「心」之一字乃大總括。心有無窮工夫，「敬」之一字乃大總括。〔註55〕

上述，景逸認爲行「格物」、「學」等工夫時，必從「心」上說，而作工夫的「心」必從「敬」上來說。另方面，涉及陽明與朱子學說時，景逸對雙方皆是：

> 或疑程、朱致知爲聞見之知，不知窮至物理，理者，天理也，天理非良知而何？或疑文成格物爲玄虛之物？不知各得其正，正者，物則也，物則非天理而何？落於聞見，墮於玄虛者，其流弊也。〔註56〕

上述，景逸認爲朱子之「致知」與陽明之「格物」「各得其正」，若以朱子方式之「格物」墮於「聞見」，乃流弊；陽明方式之「格物」若墮於「玄虛」，亦是流弊；兩方之說皆可，不可者，乃二方之說所造成的流弊。另方面，就景逸而言，朱子並非陽明所批評的那樣，他說：

〔註53〕《高子遺書》卷二，頁345。
〔註54〕《高子遺書》〈理義說〉卷三，頁366。
〔註55〕《高子遺書》卷一，頁333。
〔註56〕《高子遺書》卷二，頁345。

> 吾觀其〈答顧東橋之書〉曰:「朱子所謂格物云者,是以吾心而求理
> 於事事物物之中……。可以見析心與理爲二之非矣……。」……夫
> 臣之事君以忠也,夫人知之,而非知之至也……。所謂因其已知之
> 理而益窮之,以求至乎其極也。今人乍見孺子將入井,皆有怵惕惻
> 隱之心,此何心也?仁也,格物者,知皆擴而充之,達於於所忍,
> 無不見吾不忍之眞心焉。……義也,格物者,知皆擴而充之,達於
> 其所爲,無不見無不爲之眞心焉;此之謂格物而致知。故其心之神
> 明,表裡精融,通達無間,而更無一毫人欲之私,得藏於隱爲之
> 地。……故意之所發無不誠,心之所存無不正也。吾所聞於程朱格
> 物致知之說,大略如此也。〔註 57〕

上述景逸認爲朱子從未割裂心理,也無法割裂;亦即,在所有的實踐中,均
是內存「眞心」(仁心)的格物過程。總之,景逸認爲談論「格物」,必以「仁
心」出發之格物窮理,而此過程如何割裂心理?故又云:

> 「析心與理爲二之非矣……。」果若斯言也,朱子可謂天下之至愚,
> 叛聖以亂天下者也……。〔註 58〕

景逸認爲朱子並非「心與理爲二」的格物,也不可能愚蠢到要「分割心理」
來格物,因此批評陽明乃刻意习難而強生事:

> 凡人之言合者,必二物也……。是陽明析而二之,非朱子析而二之
> 也……。而聖人不必以合一言也。故有時對而言之……。有時互而
> 言之……。有時對而互言之……。有時偏而言之……。有時分而言
> 之……。吾故曰:聖人不必合一言之也。而知行未嘗不合,惟其未
> 嘗不合,故專言知而行在,專言行而知亦在。《大學》之先格物致知,
> 也以其求端用力言之,然豈「今日知之,明日行之」之謂哉?必欲
> 以合一破先後之說也。則《大學》之言先者八,言後者八,皆爲不
> 可通之說矣。若凡此者,總是強生事也。〔註 59〕

景逸上述道出陽明之刻意區分「心理」兩層面來檢閱朱子的格物說,亦道出
聖學之言並非一偏,只是當時「如何說」,有時「偏」、有時「分」,得視狀況
而定;但都是聖人之言,故其本自合一,根本不用言「合」。而陽明處處注意

〔註 57〕 《高子遺書》〈陽明說辨一〉 卷三,頁 373。
〔註 58〕 《高子遺書》〈陽明說辨一〉 卷三,頁 373。
〔註 59〕 《高子遺書》〈陽明說辨三〉 卷三,頁 374～375。

朱子是否有「分」的狀況，事實上都是強生事。

事實上景逸對「格物」的解釋以及對朱子的理解，在某層面來說是「陽明所認同的朱子內容」，也就是內含「心」的「格物」。然而，景逸認為本無此問題，並認為陽明誤解朱子，朱子本來就不是分割心理，因此沒有「合」的必要。

景逸雖曾批判陽明，但上述有關的論述要點乃朱子的本來面貌，也是陽明所肯定的朱子部分內容。至於景逸此種說法，因他兼採朱、王學說之合理處，故筆者反而認為他是某種調和。而景逸之後，明末劉宗周曾對陽明與朱子之關係提出小結，其中有著偏向陽明與朱子學並非衝突的述說；〔註60〕亦有對象山心學作出捍衛，〔註61〕並肯定陽明作《定論》。〔註62〕蕺山所論雖有其立場，然所言不無道理；調和者於明代時期筆者歸結至此，下小節即導入清代時期。

（三）清代對朱陸調和的貢獻人物

至清代，「朱陸異同」問題變得更為複雜，討論者亦多；此時期之爭論並非僅僅是《定論》直接造成的問題，更牽扯程朱、陸王二學是否為正統之問題。其中政治因素、門派相鬥等複雜現象相當多。本文談論至清朝時期，由

〔註60〕 吳光主編：《劉宗周全集》〈補遺一·陽明傳信錄一〉，（杭州：浙江古籍出版社，2007 年 4 月第一版一刷），頁 3 有引陽明云：「志道懇切，固是誠意，然急迫求之，則反為私己，不可不察也。日用間何莫非天理流行，但此心常存而不放，則義理自熟。孟子所謂：『勿忘勿助，深造自得』者矣。」而蕺山評云：「此語自是印過程、朱。」而頁 5 引陽明云：「《大學》之所謂『誠意』即《中庸》之所謂『誠身』也。《大學》之所謂『格物、致知』，即《中庸》之所謂『明善』也。博學、審問、慎思、明辨、篤行，皆所以明善而為誠身之功也，非明善之外別有所謂誠身之功也。格物致知之外，又豈別有所謂誠意之功乎？《書》之所謂『精、一』，《語》之所謂『博文、約禮』，《中庸》之所謂『尊德性而道問學』，皆若此而已。」而蕺山評曰：「先生既言『格致即《中庸》明善之功，不離學、思、問、辨、行』，則與朱子之說何異？」

〔註61〕 《劉宗周全集》〈補遺一·陽明傳信錄二〉，頁 37～38 中，蕺山引陽明之〈象山文集序〉而後評云：「象山言本心，最是諦當。後人專以釋氏本心鬪之，謂其語心而遺性也。然則性果何物乎？孟子曰：『惻隱之心，仁也。』云云，是孟子先已差矣？後人既不識象山，又安識孟子乎？……性學不明，非惟鬪象山者不知象山，即推尊象山者，尚隔幾重公案在。」

〔註62〕 《劉宗周全集》〈補遺一·陽明傳信錄二〉，頁 39～40 中，蕺山引陽明之〈朱子定論序〉而後評云：「先生自供供人處，俱確鑿無誤；朱子聞道畢竟在晚年。」又，頁 41～43 引陽明〈記尊經閣〉後評云：「『六經註腳』之說，正是尊經要旨。後人不善會，便是侮聖人之言。」

於問題複雜、涉及人物太多，故無法一一列舉，僅舉其中幾位人物作爲代表。而筆者所舉之人物，應可囊括此時期對「朱陸異同」調和者與反調和者的兩方向論述大要。

清初，孫奇逢（1584～1675，字啓泰，一字鍾元）、黃宗羲（1610～1695，字太沖）、李顒（1627～1705，字中孚，學者稱二曲先生）、〔註63〕湯斌（1627～1687，字孔伯，號荊峴，又號潛庵）、〔註64〕邵廷采（1648～1711，字允斯，又字念魯）〔註65〕等人，爲少數維護陸、王學說之人，並兼採朱、陸二人之

〔註63〕 李二曲著作甚豐，《清儒學案》〈二曲學案〉卷二十九，（北京：中華書局，2008年10月第一版一刷），頁1095述其：「二曲以悔過自新爲入德之基，反身求己……。論學雖兼取程、朱，實以陸、王爲主體。」筆者認爲，其「悔過自新」說的確對當時的學術爭論有一時的提醒效果。此外，對於朱陸異同之問題，亦有自身見解，並批評了陳建的《學蔀通辨》；《清儒學案》〈二曲學案・文集・答張敦庵書〉，頁1109有云：「夫學必徹性地而後爲眞學，證必徹性地而後爲實證，若不求簡安頓著落處，縱闡盡理道，總是門外輥……。《學蔀通辨》，陳清瀾氏有爲爲之也。是時政府與陽明有隙，目其學爲禪，南宮策士，每以尊陸背朱爲口實，至欲人其人，火其書……。中間牽強附會，一則曰禪陸，再曰禪陸，借陸掊王，不勝詞費，學無心得，何可據爲定論！來書謂：『陽明之學，天資高明者得力易：晦庵之學，質性鈍者易持循。』……昔鳳麓姚公遇友以陽明爲詬病，公曰：『何病？』曰：『惡其良知之說也。』公曰：『……自良知之說出，乃知人人固有之，即庸夫小童，皆可反求以入道。此萬世功也，子曷病？』其人谺然有醒。由斯以觀陽明之學，徹上徹下，上中下根，俱有所入，得力蓋尤易，豈必天資高明者始稱易耶？」

〔註64〕 湯斌爲孫奇逢弟子，其學兼採程朱、陸王，亦曾替陽明之說捍衛；《清儒學案》〈潛庵學案・語錄〉卷九，頁436有云：「或問：『孟子言「性善」，陽明言「無善無惡心之體」，何也？』曰：『此是對「有善有惡意之動」而言。心之體，不但惡非所有，即善亦不得已而名也。善亦不得而名，乃謂至善。』至於有關調和之說；同上〈潛庵學案・學言〉，頁442：「朱子曰：『靜者，性之眞也，涵養中體出端倪，則一一皆爲己物。』豫章、延平師友相傳，皆是此意。其曰窮理者，亦窮天所與我之理也，故可以盡性而至命。博學、審問、愼思、明辨皆其功也。後人失其精意，遂至沈溺訓詁，泛濫名物，幾於支離而無本。王守仁致良知之教，返本歸原，正以救末學之流弊。然或語上而遺下，偏重而失中，門人以虛見承襲，不知所以致之之方。至王畿四無之說出，……失其宗旨，其流弊有甚者焉。故羅洪先有世間無現成良知之說，而顧憲成、高攀龍亦主性善之論。夫儒者於極重難返之際，深憂大懼，不得已補偏救弊，固吾道之所賴以存……。」此可觀湯斌之論述，諸儒之言雖各有偏，實乃救時之藥；其說頗有調和傾向，所論亦有其理。

〔註65〕 邵廷采捍衛王學學說，並對於陽明後學者以及朱學後學者所造成的一些現象作出評述：《思復堂文集》〈姚江書院傳〉卷一，《叢書集成續編》，第一百九十冊，（臺北：新文豐出版公司，民國78年7月臺一版），頁151云：「晦庵朱子，集

學說，爲清初兼融陸王與程朱學之代表者。而其中更有陸世儀（1611～1672，字道威，號剛齋，又號桴亭），爲尊崇程、朱學者中，不排斥陸、王心學之學者；陸氏之學兼含甚廣，對陽明之學有褒有貶。〔註66〕此清初時期人物頗多，茲以孫奇逢、黃宗羲兩人論述之，而後則有李紱力主調和，若有補充則於本文附錄中簡談之。

1、孫奇逢對朱、王調和的努力

孫奇逢學說本於象山、陽明而兼融程朱，《清儒學案》〈夏峰學案〉述其：

> 諸儒之成，傳《四書》、《詩》、《易》，修通鑑綱目，老、佛之流息，孔子之道著……。沿及於明，用經義取士，浸以性理開利祿之門，人心苟趨科目，不修身體道爲事，庠序之設雖賒，先賢餘澤衰矣……。正德、嘉靖之際，道統萃於陽明；陽明氣象類孟子、明道至，出處就功之跡，覺知先民之意，則往往近於伊尹，閔學者久牽文義，特本原性善，開迪良知……。陽明祖述孔、孟，直示以萬物皆備、人皆可爲堯舜之本，曲成誘人，於是爲至。其與朱子存心致知之教，蔑有二也！然當是時禪宗盛行，門人不能謹持師說，每以禪宗所得舉歸之師，而墨守朱傳者，則悉以聖人之精微，讓之佛氏。又陽明天資踔絕，高明者自聞其說輒不喜爲積累集義之學，矯枉則直必過，固當爲後人受其咎者也……。」

〔註66〕　陸世儀尊朱路線明確，而對陸、王亦能平心看待：《思辨錄輯要》〈天道類〉卷二十三，《文淵閣四庫全書》，子部，儒家類，第七百二十四冊，（臺灣：臺灣商務印書館，民國73年3月初版），頁199～200云：「凡讀人制作，須是徹首徹尾，看他意思所在，然後方可立論。如周子〈太極圖說〉，若不看他通篇，則以首句爲二氏，亦不爲過？……象山以客氣帶人，遇前人制作，不論全篇，只摘一二字詆排呵叱，此豈聖賢平心之論？」此態度表示出，陸世儀一方面對於理解前人的思想盡可能客觀，另方面顯示出周程道統的尊崇路線；在《思辨錄輯要》中，陸世儀所列舉談論之學者，不下數十人，且皆以該學者的學問中肯處來加以融釋、評論而未有極端之語；例如《思辨錄即要》〈諸儒類〉卷三十一，頁293提及陽明時云：「陽明『致良知』三字尚不妨，獨『無善無惡謂之性，有善有惡謂之意，知善知惡是致知，爲善去惡是格物』四語宗旨未妥……。」而《論學酬答》〈與張受先儀部論學書〉卷二，《小石山房叢書》，（臺北：藝文印書館，民國60年10月），頁1～2又云：「且儀于陽明先生之《傳習錄》，亦反覆之有年矣！每讀一語，未嘗不踊躍鼓舞，透心徹骨。而獨于『無善無惡』之旨，則至今有所未安。」由此可知，陸世儀對陽明學說，除了「無善無惡」之內容外，其他部分仍推崇之。另方面論及陸學時，《思辨錄輯要》〈大學類〉卷一，頁9曾云：「陸象山人物甚偉，其《語錄》議論甚高，氣象甚闊；初學者讀之，可以開拓心胸……。又曰：『上是天，下是地，人居其中，須是做得人，方不枉讀。』以上數語，皆可令人感發興起，志於聖人之道……。」於此可見陸世儀亦不排斥陸學。也因陸氏之兼融態度頗深，《思辨錄輯要》〈諸儒類〉卷三十，頁285論及朱陸異同時云：「鵝湖之會，朱、陸異同之辨，古今聚訟，不必更揚其波。但讀兩家年譜所記，朱子則有謙謹求益之心，象山不無矜高揮斥之意，此則後人所未知耳。」

> 先生之學，原本象山、陽明，以慎獨爲宗……。不欲判程朱、陸王
> 爲二途，以《朱子晚年定論》爲歸。於明儒推羅念庵，不取王龍
> 谿……。承明季講學之後，氣象規模，最爲廣大……。〔註67〕

《清儒學案》敘述孫奇逢本陸、王之學，並兼採程、朱理學，且不判程、朱、
陸、王爲二途，其中更說孫奇逢以《朱子晚年定論》爲歸，乃採取朱陸求同
之談論爲要旨；其所著之《理學宗傳》欲收納陸、王爲道統之列。

　　細部方面，孫奇逢認爲欲調和朱、王之歧見，關鍵點爲「格物」之詮釋；
其〈四書近指〉有云：

> **文成之良知，紫陽之格物，原非有異。**如主文成，則天下無心外之
> 物，無物外之心……，皆因吾心原有此物。起一念事親則親即是物，
> 起一念事君則君即是物，知與物**不相離**者也。如主紫陽，則今日格
> 一物，明日格一物，**詩書文字，千言萬語，只是說明心性不是靈知**
> **原在吾心，**如何能會文切理，通曉意義；且一旦豁然，則格物即是
> 知。〔註68〕

> 王與朱不同，大段在格物……。後之學者乏融通之見，失原初之旨，
> 支上生支，遂成歧路。〔註69〕

上兩引文所述，夏峰認爲「格物」之本義，就朱子來說在實踐之後可知心性
原在吾心上，而陽明只是一開始點出，但都是從「吾心」始，且「心」、「物」
不相離，故夏峰認爲二人並非不可融通。此外，夏峰認爲朱、王之相異則在
「格物」之詮釋上，但因後學者無法融通兩人對「格物」解釋的合理性而失
其宗旨，因此「支上生支」歧爲二路。若論「格物」延伸涉及「尊德性」、「道
問學」時，夏峰亦採融通的方式談論：

> 孔子論行、論仁、論孝，每每問同而答異……。當不止如朱、陸之
> 異同與朱、王之格物也。尊德性、道問學，說雖不一，本是一事。
> 本人既以相安，後世仍然聚訟。紫陽格物，人謂屬知；陽明格物，
> 人謂屬行。又有謂窮理則格致誠正之功皆在其中，正物則必兼舉致
> 知、誠意、正心而功始備而密，則是二子之說未嘗不合而爲一……。

〔註67〕 《清儒學案》〈夏峰學案〉卷一，頁2
〔註68〕 《清儒學案》〈夏峰學案・四書近指〉卷一，頁3。
〔註69〕 孫奇逢：《夏峰先生集》〈復魏蓮陸〉卷二，（北京：中華書局，2004年7月第
　　　　一版一刷），頁70。

〔註70〕

按照夏峰之義，朱、陸、王之論述自然有異處，如同孔子因人施教，各有其說，然其實本是一事。若論及「尊德性」、「道問學」、「格物」，其中兼含多少工夫在，故朱、王之說未嘗不合一也。另方面，夏峰認爲陽明以「爲善去惡」論述「格物」，亦與朱子窮理之說內涵相同；有云：

> 今就格物而論，朱子謂窮理，陽明謂：「爲善去惡是格物」。某常思之。朱子謂：「理有未明，則知有未盡。」若偏以窮理屬知也。又曰：「凡物必有當然之則，而自不容己。所謂理也，外而至於人，則人之理不異於己；遠而至於物，則物之理不異於人。」由此言之，亦是求理於心，非就事物而求其理也，豈如後人向一草一木而求其理乎？陽明謂：「格者，正也。物之得其正，而理始極其明。如事父，不成向父上尋箇事的道理？只盡吾心之孝。」此固是求理於心，然欲爲善去惡，捨窮理又何由辨乎？窮理正爲善去惡功夫。總之，窮理者，聖學之首事；正物者，聖學之結局。〔註71〕

上述，夏峰認爲朱子的「格物」的重點並非在「一草一木」上求「理」，而是在實踐層面中「求理於心」，而陽明以「爲善去惡」論「格物」宗旨亦是如此。從上敘述種種，可知夏峰論述方式，乃對於「格物」、「尊德性」、「道問學」等議題，用整合的說法來使得其內容無法拆散，因此不論是陽明的「格物」還是朱子的「窮理」，其內含與宗旨都是聖學之路。

除了調和朱、王細部之說，夏峰針對當時各守自家之說而互相批評的現象提出緩頰；有云：

> 《宗傳》一編較前又爲增減，錄去請正，未審當否？嘗憶先生言：「建安沒天下之實病，不可不洩；姚江沒天下之虛病，不可不補。」此對症針砭。今舉世皆病，而實者日益補，虛者日益洩，求其愈，自不可得，且并其虛實莫辨，雖有良劑，將安施乎？〔註72〕

上述，乃孫奇逢編《理學宗傳》欲捍衛姚江學的正統性，並提及當時朱、王二家後學皆有流弊，雖知如何對症，然爭辯大起卻無法有效施行；其再論曰：

> 邇於同志中得兩人焉，一守建安，一守姚江。某嘗舉先生：「建安沒

〔註70〕《夏峰先生集》〈答魏石生〉卷二，頁86。
〔註71〕《夏峰先生集》〈答常二河〉卷二，頁70～71。
〔註72〕《夏峰先生集》〈寄章蓬軒〉卷二，頁61。

天下之實病，不可不洩；姚江沒天下之虛病，不可不補。」守建安者謂建安何病，病在姚江之支離；守姚江者亦極言姚江無病……。兩人固各守師說，不至流爲陳相，但未免虛益虛，實益實……。孔子教人之法，孟子教人之法，雖稍有異，朱則成其爲朱，陸則成其爲陸。聖賢豪傑，豪傑聖賢，即有不同，亦不失建安、姚江面目，又何病焉？〔註73〕

今遵建安者痛除頓悟，以爲顏子極仰鑽之勞，斯見卓爾，曾子力隨事之察，斯唯一貫。若所悟出於頓，人已隔判事物遺棄，聖賢之傳授無之。不知頓從漸來；無漸，何頓可言……？紫陽亦云：「用力之久，一旦豁然貫通。」何嘗非頓悟乎？**用力在平時，收功在一旦。**漸者，下學也；頓者，上達也。不可以分言，則頓之非虛，而漸之非實，當不作歧觀矣！〔註74〕

由上第一引文，可見當時「各守師說」之況，然而夏峰認爲若眞篤實於朱、王之說，又何病之有？此外，夏峰說明朱子之學亦有「豁然貫通」之說，但重點是「用力在平時」方能「收功在一旦」。因此「上達之頓」中含有「下學之漸」，故「頓」並非流於虛寂，「漸」不是必矇蔽實聞，不可分斷爲兩層來看。因此，他編《理學宗傳》，是兼採程朱、陸王的學說而不偏廢；有云：

然僕所輯《宗傳》謂尊朱而不敢遺陸、王，謂專尊陸、王而不敢遺紫陽，蓋陸、王乃紫陽之益友忠臣，有相成而無相悖……。言陽明之言者，豈遂爲陽明？須行陽明之行，心陽明之心，始成其爲陽明。言紫陽之言者，豈遂爲紫陽？須行紫陽之行，心紫陽之心，始成其爲紫陽。我輩今日要眞實爲紫陽，爲陽明，非求之紫陽、陽明，各從自心自性上打起全副精神，隨各人之時勢身分，做得滿足無遺憾，方無愧紫陽與陽明。無愧二子，又何慚於天地，何慚於孔、孟乎？〔註75〕

前引文夏峰既論述「漸」、「頓」相合而有下學上達之意，故此處夏峰即主張「陸王」乃紫陽之益友忠臣，因此無衝突處。雙方後學相互攻擊，乃因各自標榜，言其言而不行其言。加上夏峰認爲雙方之言皆孔、孟之傳，如眞實踐

〔註73〕《夏峰先生集》〈寄章蓬軒〉卷二，頁62。
〔註74〕《夏峰先生集》〈寄章蓬軒〉卷二，頁63。
〔註75〕《夏峰先生集》〈與魏蓮陸〉卷二，頁69。

履，何有愧於朱、王？乃眞實之朱、王也。

筆者認爲夏峰調和之論說明顯，且支持陽明學用意甚烈，茲再舉一例，作爲夏峰推崇陸、王思想的小結：

> 前代傳云吾丈病目，繼又云且失明，令人造悶者久之。因憶朱晦翁老來失明，閉門靜坐，掃除一切聞見，直證本來靈明，遂恍悟向來以聞見誤人不少，而自恨其盲之不蚤，乃知眞正聖人更於人所難堪處別有得力。吾丈善心道念，惟目不足，定當有如晦翁之得力，決不似是人之躁悶耳。〔註76〕

此說，則表明夏峰力言「掃聞見以復本」的立場，其中特舉朱子之例，說明朱子曾經「過於見聞之知」之痛，表達出「本來靈明處」之掌握甚爲重要。因此在某層面來說，夏峰的確贊同《定論》中對朱子思想所採取的求同方向。

孫奇逢之後，對程朱、陸王兩派之尊崇各有其人，然而所言交互攻擊者相當多，且非單純的從朱、陸內容學說論述「調和」或「不可調和」，其中更有涉及單方面欲推崇人物的捍衛。例如張烈著《王學質疑》攻擊王學，而毛奇齡著《四書改錯》批評朱子的思想；〔註77〕湯斌與陸隴其的針鋒相對等等。〔註78〕而此部分，更涉及其他問題，如設立《道學傳》是否加入陽明，尊程、朱之否必須排陸、王等爭議，而導致許多延伸的爭論，而且爭論人物甚多，不僅上述四人。

類似此種涉及政治、教育層面的其他問題，實牽涉過多人物，於本文中僅稍作提及。蓋因爭論多人內容雖曾對程朱、陸王二方各自表述，然而卻存在著意氣之爭、門戶之見、捍衛自家等複雜因素；故此方面於第二節中論述反調和者時，亦僅作一簡要述說。

2、黃宗羲的朱陸調和說與捍衛王學

清初另一調和者黃宗羲力守姚江之學，著作甚豐；又替陸、王之學辯駁，

〔註76〕《夏峰先生集》〈與趙聾者〉卷一，頁36。

〔註77〕《清代理學史‧上卷》（廣州：廣東教育出版社，2007年1月第一版一刷）頁258有云：「在學術問題上，毛氏則取尊王黜朱立場，著《四書改錯》，激烈抨擊朱熹的《四書章句集注》。張（張烈）、毛（毛奇齡）之辨的起因源於清初修《明史》過程中不同意見的討論，主要集中在所修《明史》是否設《道學傳》、明儒王陽明應歸何傳等問題上……。」此段學術上的論爭，可參照同書之258～263。

〔註78〕關於此段之論爭，亦可參考《清代理學史‧上卷》，頁264～268。

欲回復陸、王學說至一定地位，筆者再此例述說之。

（1）對王學的捍衛

筆者先從黃宗羲反駁潘用微之談論，來突顯黃宗羲對陽明學的捍衛；潘氏之說頗爲特殊，其說批判程朱爲老、陸王爲禪，黃宗羲與其辯論時，則透露出對此二方的捍衛；有云：

> 潘用微議論，某曾駁於〈姜定菴書〉。或某執成見，惡其詆毀先賢……。用微乃以欲爲立志，而言齊家治國平天下，渾然吾身之事，自不得不汲汲皇皇，憂世憂民……。至云：「陽明之學，覺無擔當天下之力。其門人多喜山林，無恓皇爲世之心，即見其學之病處……。」……。顏子當亂世，居於陋巷，一簞食，一瓢飲……。雖閉戶，可也。顏子未嘗汲汲皇皇，憂世憂民，將謂顏子未嘗立志乎？使舉一世之人，舍其時位，而皆汲汲皇皇，以治平爲事，又何異於中風狂走？〔註79〕

上述乃黃宗羲爲陽明之學、後學者辯護，雖舉顏子之例反擊稍嫌薄弱，然用意乃認爲聖賢之學並非汲汲於世，故不可以「是否經世」來批評王學。另方面，黃宗羲又替陽明的內部理論辯說：

> 陽明先生「無善無惡心之體。」亦猶《中庸》：「上天之載，無聲無臭。」恐人以形象求之，非謂并其體而無之也……。用微云：「陽明之知，當體本空者也，是佛氏眞空之知慧，可謂癡人前說不得夢矣。」又云：「陽明之學，與程、朱主敬窮理之學不同。」夫致良知，非主敬窮理，何以致之？〔註80〕

上文乃替陽明之「無善無惡」之說解釋，宗羲以《中庸》之「上天之載，無聲無臭」對境地的形述語，來說明陽明對心之體狀態的形述亦可；認爲陽明不以善、惡等詞語強加形述、求之的這種形述是可行的，因此黃宗羲不接受潘用微批評陽明的「無善無惡」是「佛學」的「空」義。最重要者，黃宗羲認爲陽明的「致知」之說，一定有著主敬窮理成分，否則如何談此「致知」？故必有程、朱成分之內涵。

黃宗羲之說，筆者認爲有其合理處，蓋因「致知」於陽明，必有「誠意」等內含，亦不可廢聞見，此部分已於第一章中曾經詳述；陽明側重「致良知」

〔註79〕《清儒學案》〈南雷學案・與友人論學書〉卷二，頁73～74。
〔註80〕《清儒學案》〈南雷學案・與友人論學書〉卷二，頁76。

而批評朱子太過注重見聞之知,雖然過於嚴格,但仍有其一定的對峙想法。是否過之或誤解等,則應理解陽明所談論之全部方可批評之。

也由於陸、王之學於清初受到相當多的批評,在黃宗羲即欲說明陸、王學說的合理性。此外,宗羲認為程朱、陸王雙方的學說不應割裂,且舉出程朱後學者亦有批評朱子,或贊同陸王論述等現象;有云:

> 今以場屋時文之學,處諸儒於堂下,據聚訟成言、門戶意見而考其優劣,其能無失乎?姑以四款言之。其一以程、朱一派為正統是矣。薛敬軒、曹月川、吳康齋、⋯⋯、羅整庵、魏莊渠、顧涇陽、高景逸、馮少墟十餘人,諸公何以見其滴骨程、朱也?如整庵之論理氣,專攻朱子之「理氣乃學之主腦」,則非其派下明矣。莊渠言:「象山天資高,論學甚正。凡所指示,坦然如由大道而行。昔疑其近於禪學,此某之陋也。」若使朱、陸果有異同,則莊渠亦非朱派。唐仁卿以從祀議陽明,涇陽謂之曰:「夫言學致知,文成恐人認識為知,走入支離,故就中間點出一良字。孟子言良知,文成恐人將此知作光景玩弄,走入玄虛,故就上面點出一致字,其意最為精密。」若使陽明之學可疑,則涇陽皆可疑矣!程、朱格物為學之要,景逸謂:「繇知反求諸身,是真能格物者也。」此即楊中立所說:「反身而誠,則天下之物無不在我。」朱子九條中甚辨其非,頗與陽明之格物相近,而差排程、朱之下乎?〔註81〕

上述,黃宗羲認為不應將陸王之學排除於正統之外,以四要點來陳述反駁之意。其一則上述之文,引用多位程、朱等「正統學者」之列,而其中卻有認同陸、王之說者,亦有反駁朱子理氣論者。筆者認為,此段較有力道之言語,乃顧涇陽論述「格物」時,所稱讚陽明「致良知」的說法,〔註82〕以及以高

〔註81〕《清儒學案》〈南雷學案・移史館論不宜立理學傳書〉卷二,頁100。上述,所提高景逸之說,見於《高子遺書》卷一,頁331。魏莊渠之說,可見於《明儒學案》〈崇仁學案三〉卷三,頁62。顧涇陽之說,見於《小心齋箚記》卷四,(臺北:廣文書局,民國64年版),頁83~84。楊中立之說見於《宋元學案》〈龜山學案〉卷二十五,頁37。而「朱子九條」乃朱子引程子之十條論格物,可見於《四書或問》〈大學或問上〉,頁20~22。

〔註82〕顧憲成對陽明的「格物」之說頗為讚賞,但對陽明的「無善無惡」之說則無法苟同;黃宗羲此處僅引用顧涇陽對「格物」的稱讚。《小心齋箚記》卷四,頁84即說:「⋯⋯其意最為精密。至于如鬼如蜮,正良知之賊也,奈何歸罪于良知,獨其揭『無善無惡』四字為性宗,愚不能釋然耳。」

景逸論「格物」反求諸身的德性意涵論述，加上朱子《大學或問》中的「九條」說來配合，可有效的將陽明的「格物」與朱子的「格物」拉近。

上述乃黃宗羲的其中一方向說明，第二方向重點在於反對當時對「儒林」的定位態度；有云：

> 其二言：「白沙、陽明、甘泉宗旨皆不合程、朱。」……古來史法列儒林、文苑、忠義、循吏、卓行諸門，原以處一節之士，而道盛德備者，無所俟此。故儒如董仲舒而不入儒林，忠如文天祥而不入忠義。既於儒林中，推其道盛德備者，而揭之爲道學，則與前例異矣！今顧、高諸先生則入之，於陽明、蕺山則曰：「功名既盛，宜入名卿列傳。」高、顧功名豈不甚乎？朱子之功名豈不及王、劉二先生乎？〔註83〕

黃宗羲認爲並不需要特別設立「道學傳」，以傳統之「儒林」即可。另方面，以「儒林」中的「道盛德備」而特舉「道學」，顧憲成、高攀龍亦入，爲何陽明等人不得而入反而入於「名卿列傳」？觀其文義，筆者認爲黃宗羲反對以設立「道學傳」的方式間接貶低非程、朱學的學者。

而在第三要點時，黃宗羲不忘提出陸、王學對學術上的貢獻；有云：

> 其三言：「浙東學派，最多流弊；有明學術，白沙開其端，至姚江而始大明。」蓋從前習熟先儒之成說，未嘗反身理會，推見至隱；此亦一述朱，彼亦一述朱。高景逸云：「薛文清、呂涇野《語錄》中，皆無甚透悟。」亦爲是也。逮及先師蕺山，學術流弊，救正殆盡。向無姚江，則學脈中絕；向無蕺山，則流弊充塞……。今忘其衣被之功，徒訾其流弊之失，無迺刻乎？〔註84〕

上述重點在於宗羲認定陽明、蕺山之學，對於學術流弊亦有著救正之效；而支持程、朱的學者們，只是「述朱」而未有切身理會。最後，黃宗羲又提出：

> 其四言：「學術流弊，宜歸一是，意不欲稍有異同也。」然據《宋史》所載道學即如邵堯夫，程子曰：「堯夫猶空中樓閣……。」是則堯夫之學，未嘗盡同於程子也。又言：「陽明之後，流弊甚多：程、朱門人，必不至此。」按朱子云：「游、揚、謝三君子，初皆學禪，後來餘禪猶在，故學之者多流於禪。」……。是程子高第弟子，已不能無流弊……。如以弟子追疑其師，則田常作亂之宰予，殺妻求將之

〔註83〕《清儒學案》〈南雷學案・移史館論不宜立理學傳書〉卷二，頁101。
〔註84〕《清儒學案》〈南雷學案・移史館論不宜立理學傳書〉卷二，頁101～102。

吳起，皆足爲孔、曾累矣……。夫《十七史》以來，止有「儒林」……；
未嘗加以「道學」之名也……。周、程諸子，道德雖盛，以視孔子，
則猶然在弟子之列，入之「儒林」正爲允當。今無故而出之爲「道
學」，在周、程未必加重，而於大一統之義乖矣！〔註85〕

上述，黃宗羲反對因考量「學術歸一」而不能有「相異」，進而排斥陸、王之
學。宗羲所舉之例，頗具說服力；例如邵雍之學與程、朱差異甚大，亦入宋
史所載之「道學」。另外，以陽明後學之流弊來排斥王學的這種方式，更令黃
宗羲無法接受。因爲程、朱之後學者，亦有流弊現象；若以弟子、後學之言
行而「追疑其師」，那麼連孔子、曾子都可牽連，因此是錯誤的做法。總括來
說，黃宗羲認爲不需要設立這種排他性強烈的「道學」，而以「儒林」即可。

（2）對朱陸異同的論斷

　　黃宗羲針對「朱陸異同」議題，於《宋元學案》〈象山學案〉中有精要的
提點，其引朱、陸兩人之書信等談論以主張「同」，並簡要論述二人之論學要
旨；其云：

宗羲案：先生之學，以尊德性爲宗，謂：「先立乎其大，而後天之所
以與我者，不爲小者所奪。夫苟本體不明，而徒致功于外索，是無
源之水也」。同時紫陽之學，則以道問學爲主，謂：「格物窮理，乃
吾人入聖之階梯。夫苟信心自是，而惟從事于覃思，是師心之用也」。
〔註86〕

上述，黃宗羲認爲象山以「尊德性」爲立說主旨，乃得自孟子「先立乎其大」
之說，來鞏固本心之存立。而朱子乃嚴守爲學次第，以《大學》之格物窮理
路線以求成聖，故相對於象山，朱子不以簡潔立心之法作爲自信成聖之路。
若提及朱、陸二人之「異」，黃宗羲則以明顯的論辯「太極」來說；有云：

兩家之意見既不同，逮後論《太極圖說》，先生之兄梭山謂：「不當
加無極二字于太極之前，此明背孔子，且并非周子之言」。紫陽謂：
「孔子不言無極，而周子言之。蓋實有見太極之眞體，不言者不爲
少，言之者不爲多」。先生爲梭山反復致辯，而朱、陸之異遂顯。繼
先生與兄復齋會紫陽于鵝湖，復齋倡詩，有「留情傳注翻榛塞，著
意精微轉陸沈」之句，先生和詩，亦云「易簡工夫終久大，支離事

〔註85〕《清儒學案》〈南雷學案・移史館論不宜立理學傳書〉卷二，頁102。
〔註86〕《宋元學案》〈象山學案〉卷五十八，頁6。

業竟浮沈」。紫陽以為譏己，不懌，而朱、陸之異益甚。（梓材案：鵝湖之會在淳熙二年，鹿洞之講在八年，已在其後。太極之辯在十五年，又在其後；梨洲說未免倒置。）于是宗朱者詆陸為狂禪，宗陸者以朱為俗學，兩家之學各成門戶，幾如冰炭矣。〔註87〕

上述，黃宗羲認為象山因梭山之故，舊案重提「無極太極」之論辯，導致朱、陸二人之爭論日顯，加上後來的鵝湖之會、以「立本」與「支離工夫」的對峙論爭，導致更嚴重的朱陸衝突。但其中年代上，黃宗羲疏忽朱、陸論爭「無極太極」乃於鵝湖之會後，此為一明顯錯誤也。

　　但總括來說，黃宗羲欲調和朱、陸二人，故刻意列舉雙方晚年的一些談論來說明「同」的可能；其云：

雖然，二先生之不苟同，正將以求夫至當之歸，以明其道于天下後世，非有嫌隙于其間也……。況考二先生之生平自治，先生之尊德性，何嘗不加功于學古篤行，紫陽之道問學，何嘗不致力于反身修德，特以示學者之入門，各有先後，曰「此其所以異耳」。然至晚年，二先生亦俱自悔其偏重。〔註88〕

上述黃宗羲認為朱、陸二人有所「異」，但兩人並非有所嫌隙，更何況象山尊德性亦不忘「學古篤行」，而朱子道問學亦不廢「反身修德」。且至晚年，兩人更各自悔悟自身之偏，故黃宗羲引書八文來述說朱、陸二人晚年頗有「同」的可能，其云：

稽先生之祭東萊文，有曰：「此年以來，觀省加細。追維曩昔，麤心浮氣，徒致參辰，豈足酬義！」蓋自述其過于鵝湖之會也。〈與諸弟子書〉嘗云：「道外無事，事外無道。」而紫陽之親與先生書則自云：「邇來日用工夫頗覺有力，無復向來支離之病。」其別〈與呂子約書〉云：「孟子言，學問之道，惟在求其放心。而程子亦言心要在腔子裏。今一向耽著文字，令此心全體都奔在冊子上，更不知有己，便是箇無知覺、不識痛養之人，雖讀得書，亦何益于我事邪！」〈與何叔京書〉云：「但因其良心發見之微，猛省提撕，使此心不昧，則是做工夫底本領。本領既立，自然下學而上達矣！若不見于良心發見處，渺渺茫茫，恐無下手處也。」又謂：「多識前言往行，固君子

〔註87〕《宋元學案》〈象山學案〉卷五十八，頁6。
〔註88〕《宋元學案》〈象山學案〉卷五十八，頁6。

所急，近因反求，未得箇安穩處。卻始知此，未免支離。」〈與吳伯
豐書〉自謂：「欠卻涵養本原工夫。」〈與周叔謹書〉：「某近日亦覺
向來說話有太支離處，反身以求，正坐自己用功亦未切耳。因此減
去文字工夫，覺得閒中氣象甚適。每勸學者亦且看孟子道性善、求
放心兩章，著實體察，收拾此心為要。」又〈答呂子約〉云：「覺得
此心存亡，只在反掌之閒，向來誠是太涉支離。若無本以自立，則
事事皆病耳，豈可一向汨溺于故紙堆中，使精神昏蔽，而可謂之學！」
又書：「年來覺得日前為學不得要領，自身做主不起，反為文字奪卻
精神，不為小病。每一念之，惕然自懼，且為朋友憂之。若只如此
支離，漫無統紀，展轉迷惑，無出頭處。」〔註89〕

上述，黃宗羲引書多封，第一封乃象山回憶往昔「粗心浮氣」而多意氣之爭，
頗有悔悟之感。而第二封乃象山欲說「道」、「事」不相離，故似側重人倫日
用之深意也。〔註90〕而引朱子六書，乃朱子言「去支離」、「不耽著文字而求
放心」、「重良心發垷處」、「涵養本原」等涵義，此調和方式與陽明之調和方
向頗同，而黃宗羲後又作結云：

觀此可見二先生之虛懷從善，始雖有意見之參差，終歸于一致而無
閒，更何煩有餘論之紛紛乎……。二先生同植綱常，同扶名教，同
宗孔、孟；即使意見終于不合，亦不過仁者見仁，知者見知……。
奈何獨不睹二先生之全書，從未究二先生之本末，糠秕眯目，強附
高門，淺不自量，妄相詆毀！〔註91〕

上述，黃宗羲總結朱、陸二人之「同」，乃同於孔、孟而歸於一致，即使有意
見之分歧，但都是見仁見智的問題。至於後學者各自標榜、爭論，是因為看

〔註89〕《宋元學案》〈象山學案〉卷五十八，頁7。
〔註90〕此書見於《陸象山全集》〈答陳正己〉卷十二，頁103。黃宗羲引此書，恐未
　　　　安。因此書乃象山訓誡陳正己若不審視「心」之苟病，則危害大矣；故仍以
　　　　立心為主。若專注於學思問辯之功，則於〈與趙詠道二〉一書中反可清楚看
　　　　出陸子論學的另一精要處，頁102有云：「為學有講明，有踐履。《大學》致
　　　　知、格物，《中庸》博學、審問、慎思、明辨，《孟子》『始條理者，智之事』，
　　　　此講明也。《大學》修身、正心，《中庸》篤行之，《孟子》『終條理者，聖之
　　　　事』，此踐履也……。自《大學》言之，固先乎講明矣。自《中庸》言之，『學
　　　　之弗能，問之弗知，思之弗得，辯之弗明，則亦何所行哉？』未嘗學問思辯，
　　　　而曰吾唯篤行之而已，是冥行者也……。」
〔註91〕《宋元學案》〈象山學案〉卷五十八，頁7～8。

不清楚二先生之學的全貌，故夏峰認爲是限於門戶之見而相互詆毀。

3、李紱調和朱陸的《朱子晚年全論》

若類似《定論》與《道一編》以書信作爲直接證據來調和朱陸者，則有李紱（1675～1750，字巨來，號穆堂）之《朱子晚年全論》。此書雖類似陽明之《定論》，然所舉之例更加豐富，且附有自身之評述。另方面，李紱並未一味的「強說同」，他認爲朱、陸二人之學至晚年傾向於同，但朱子論陸子，或陸子論朱子，則於晚年時「冰炭不相入」，有云：

> 朱子與陸子之學，早年異同參半，中年異者少同者多，至晚年則符節之相合也。朱子論陸子之學，陸子論朱子之學，早年疑信參半，中年疑者少信者多，至晚年則冰炭之不相入也。陸子之學，自始至終確守孔子義利之辨與孟子求放心之旨，而朱子早徘徊於佛老，中鑽研於章句，晚始求之一心。故早年中年猶有異同，而晚年乃符節相合。夫早年中年所學有異同，因而所論有疑信，宜矣。至於晚年所學者符節相合，而所論者冰炭不相入，何耶？蓋早年兩先生未相見，故學有異同而論有疑信；中年屢相見，故所學漸同而論亦漸合……。兩先生不及再相見，始起爭於無極不急之辨。繼附益以門人各守師說，趨一偏而甚之……。〔註92〕

上述，筆者總括其簡要；李紱認爲朱子與陸子之學乃「早異晚同」，而朱子與陸子相互的論說則屬「晚異」。李紱認爲從理論來說，朱、陸是「晚同」的，但二人之互相論述時，中年有疑信，但晚年因爲不相見卻爭論「無極太極」，則有「冰炭不相入」之狀況；故此時期之「互論」則以「異」稱之。另方面，李紱又點出朱、陸後人又各守師說，更加墮於一偏，故二方衝突更甚矣。

另外，李紱有明確交代他所謂的「早、中、晚」分界與取材範圍，則爲：

> 朱子年歲，陳建輩妄指早晚，參差無定。如〈何叔京書〉在三十九歲尚以爲早年。〈答項平父書〉在五十四歲，尚以爲中年之類。今按朱子得年七十一歲，定以三十歲以前爲早年，以三十一至五十歲爲中年，以五十一歲至七十一歲爲晚年；此書所錄皆在五十一歲後。
> 〔註93〕
> 〈答呂伯恭〉……。南軒之卒，在淳熙七年，時朱子五十一歲。故

〔註92〕《朱子晚年全論・自序》，頁292。
〔註93〕《朱子晚年全論・凡例》，頁296。

所編《晚年全論》以此書爲始。〔註94〕

朱子自著之書，自解經、傳、注而外，詩文、正、續、別三集，共
一百一十二卷。其《語類》一百四十卷，則皆門人所記。此書所錄，
止於《文集》，不及《語類》……。人之意，它人能道者何哉？故余
此書亦昉和靖之意，專錄《文集》，不取《語類》……。然則不兼采
《語類》，固謹尊朱子之教，且亦取其出於朱子親筆，確然復可疑，
異於門人記錄，有得而有失也。〔註95〕

從上所述，李紱乃論述朱陸異同學者中，較仔細交代細節方面的少數人物。「年
代」定位，從他的分界上說「朱子晚年」是五十一歲之後是無問題的。取材
上來說，雖不取《語類》，但用意是專取朱子親筆之作，欲避免門人對朱子紀
錄的誤解或爭議可能；以下即簡述李紱《朱子晚年全論》之要旨與特色。

（1）調和朱陸

李紱於《朱子晚年全論》中，一開始即以朱子五十一歲之後的書信爲舉
證材料，就時間上來說屬晚年；就取材上來說，乃朱子親筆書信，故說服力
較佳。其調和內容筆者簡要區分幾方面如下。

A、鵝湖之爭後的朱陸關係

李紱首先欲調和朱、陸鵝湖之會後來的緊張關係；有云：

欽夫之逝，忽忽半載……。但子靜似猶有些舊來意思，聞其門人説
子壽言其雖已轉步，而未曾移身，然其勢久亦必自轉。**回思鵝湖講
論時，是甚氣勢？今何止什去七八耶？**〔註96〕

上引文「欽夫之逝」透露出時間點，此乃朱子五十一歲時；〔註97〕上文可見
李紱欲透露朱子對之前「鵝湖之會」的爭鋒之勢頗有趨緩之意；此外又云：

子靜到此數日，所作〈子壽埋銘〉已見之，敍述發明，此極有功……。
子靜近日講論比舊亦不同，但終有未盡合處，幸其卻好商量，亦彼
此有益也。〔註98〕

〔註94〕《朱子晚年全論》卷一，頁311。
〔註95〕《朱子晚年全論・凡例》，頁296。
〔註96〕《朱子晚年全論》卷一，頁312～313。此書同見《朱子文集》〈答呂伯恭三十
三〉卷三十四，頁1370～1372。
〔註97〕欽夫卒於淳熙七年2月（1180年），時朱子五十一歲。可參見束景南：《朱熹
年譜長編》，頁648。
〔註98〕《朱子晚年全論》卷一，頁314。此書同見《朱子文集》〈答呂伯恭四十三〉

上述「子靜到此數日」，並得到朱子所寫其兄之墓誌銘，〔註99〕內容透露出朱子對子靜之立論相當推舉；雖未盡合，但已有和緩之味。舉凡此類，李紱所舉甚多，而此方面乃李紱強調朱、陸二人於鵝湖論爭之後，相互尊重態度漸趨明顯。

B、思想方面的融通

李紱除了敘述朱、陸兩人之間的態度於晚年漸趨合緩之外，至於朱、陸之間的「思想方面」是否有調和的可能，李紱亦舉出實例說明：

> 老兄歸來無事……。且省雜看，向裏做些工夫爲善。熹病雖日衰，然此意卻似看得轉見分明親切。歲前看《通書》，極力說個「幾」字，未有警發人處。近則公私邪正，遠則廢興存亡，只於此處看破便幹轉了，此是日用第一親切功夫，精粗隱顯，一時穿透。堯舜所謂「惟精惟一」，孔子所謂「克己復禮」，便是此事……。〔註100〕

上述，李紱則舉出朱子「向裏作工夫」的事實；朱子認爲若掌握此要訣，則堯舜、孔子之說，皆是此等事業，頗有收攝工夫趨向易簡。另方面，李紱舉出朱子對象山之說，曾有親自承認兼採處；引云：

> 熹衰病日侵……。所幸邇來日用工夫頗覺有力，無復向來支離之病，甚恨未得從容面論……。〔註101〕

此段朱子之書乃作於淳熙十三年（1186），朱子五十七歲時書於象山之信。〔註102〕此時朱子頗有收攝工夫於本，無以往「支離之病」之宣稱，並欲以陸子面論。對於「本」或「收放心」方面的側重，於朱子晚年曾多次述說此面向；因此李紱再舉例云：

〔註99〕 卷三十四，頁 1382～1383。

〔註99〕 子靜訪朱子，得朱熹所寫之〈子壽埋銘〉，而朱熹邀象山請講，象山以「君子小人喻義利」爲題論說，故文中有言：「敘述發明，此即有功。」此段考據可見束景南：《朱熹年譜長編》，頁 688。而《朱子語類》〈訓門人七〉卷一百一十九，頁 2873 有云：「這是他來南康，某請他說書，他卻說這義利分明，是說的好……！說得來痛快，至有流涕者！」

〔註100〕 《朱子晚年全論》卷一，頁 326。此書同見《朱子文集》〈答劉子澄十五〉卷三十五，頁 1425。文中「只於此處看破便幹轉了」依《朱子文集》改「千轉」爲「幹轉」。

〔註101〕 《朱子晚年全論》卷一，頁 329。此書同見《朱子文集》〈答陸子靜二〉卷三十六，頁 1437。

〔註102〕 此書之年代可見於《陸象山全集》〈年譜〉卷三十六，頁 328 所云，紀錄於淳熙十三年（1186 年），朱子五十九歲，象山四十八歲時朱子來信。

> 熹衰病……。但精力益衰，目力全短，看文字不得。瞑目閉坐，卻得
> 收拾放心，覺得日前外面走作不少，頗恨盲廢之不早也……。〔註103〕

此書朱子作於晚年「盲廢」之時，其中因「看字不得」而「瞑目閉坐」、反守
本心時卻有所得，因此朱子又言「日前外面走作不少」，展現某種悔悟之感。

類似此「重本」、「論心」、「去支離」等方向之例，李紱引文甚多，舉例
達百書以上，茲不一一列之；筆者再以三例作為李紱調和朱陸「思想方面」
的小結：

> 所喻為學之意甚善，但覺如此私下創立條目太多，指擬安排之心太
> 重，亦是大病。子約自有此病，賢者從來亦未免此，今又相合，打
> 成一片……。聖賢教人自有成法，其間又自有至簡約極明白處，但
> 於本原親切提撕、直便向前著實進步，自可平行直達……。何必如
> 此迂曲繚繞，百種安排，反令此心不虗，轉見昏滯耶？〔註104〕

此書乃朱子答劉季章第五書，而答劉季章第二書曾云：「熹桂林之行，辭免未
報……。」〔註105〕桂林即靜江府，朱子於紹熙三年辭免，時年八十三；〔註106〕
第四書云：「衰病愈甚，左目已盲……。」〔註107〕皆為晚年通書之事證，故第
五書必為晚年。

朱子此書頗類似筆者於第二章時曾論述朱子教誨呂子約不可拘泥於書
冊、以博學多聞為喜。而朱子答劉季章亦有此意，更說聖人教法有「至簡約
極明白處」，而此需從本原上做起自可達成。另外，朱子又曾云：

> 詳來示，知日用工夫精進如此，尤以為善。若知此心此理端的在我，
> 則參前倚衡，自有不容捨者，亦不待求而得，不待操而存矣！格物
> 致知亦是因其所已知者，推之以及其所未知：只是一本，元無兩樣
> 工夫也。〔註108〕

〔註103〕《朱子晚年全論》卷二，頁369。此書同見《朱子文集》〈答潘叔度五〉卷四
十六，頁2087。

〔註104〕《朱子晚年全論》卷四，頁420～421。此書同見《朱子文集》〈答劉季章五〉
卷五十三，頁2491。

〔註105〕《朱子文集》〈答劉季章二〉卷五十三，頁2490。

〔註106〕此段考據詳見束景南：《朱熹年譜長編》，頁1083。而朱子辭免之文可見於《朱
子文集》〈辭免知靜江府狀一〉卷二十三，頁850～851。以及〈辭免知靜江
府狀二〉卷二十三，頁851～852。

〔註107〕《朱子文集》〈答劉季章四〉卷五十三，頁2490。

〔註108〕《朱子晚年全論》卷六，頁492。此書同見《朱子文集》〈答陳才卿〉卷五十

　　讀書探道，亦頗有新功否耶？歲月易得，義理難明，但於日用之間隨時隨處提斯此心，勿令放逸，而於其中隨事觀理，講求思索，沈潛反復，庶於聖賢之教，漸有默相契處……。〔註109〕

上述二引文，可知朱子以「心」最爲工夫根本；有操存義涵之心、猛提斯而勿令放逸之心，這些涵義皆與陸子之說相近，而此類文句乃李紱認爲朱陸「晚同」的重要證據。

　　（2）承認朱、陸互論的爭議

　　筆者認爲，李紱對於「朱陸異同」採取的論述態度，相對於動輒全然反對，或是立說「同」而刻意忽略「異」的兩方學者來說，是較客觀的論述模式。雖然《朱子晚年全論》被夏炘批評：「此書不過爲《學蔀通辨》報仇，無他意也。」〔註110〕但詳細觀看其內涵，可得知李紱之說於此「朱陸異同爭論史」中眾多學者中，立論最爲可取的；以下即簡述李紱論「朱陸相異」的內涵。

　　A、無極太極的論爭

　　對李紱來說，朱、陸的思想中，皆行聖學之路，兩方之說至晚年漸趨於同，且有互相兼採之事實；這是就「思想」方面來談。但論及「朱陸互論」時，則承認朱、陸論爭「無極太極」，兩人衝突極爲明顯，故之前有筆者有引李紱言：「朱子論陸子之學，陸子論朱子之學……，至晚年則冰炭之不相入也。」而此時期的「冰炭之甚」，乃屬朱子與陸子互相論辯的階段。

　　就一調和者來說，李紱不但承認此時期「朱陸相異」更說其「冰炭不相入」，可見他並無「刻意忽略」「異」的層面。然而這是朱、陸二人論爭「無極太極」所導致的激烈爭論，對李紱來說屬「朱陸互論」之相異，並非兩人思想本身相異。他認爲此時期的論辯，並非涉及如何成聖、如何實踐、作工夫，乃「辨其辭」而引起的不必要爭論：

　　朱、陸兩先生辨無極、太極數書，余嘗謂兩先生可以無辨。蓋非辨其理，乃辨其辭耳。〔註111〕

　　九，頁2904。

〔註109〕《朱子晚年全論》卷六，頁506～507。此書同見《朱子文集》〈答度周卿〉卷六十，頁2964。

〔註110〕夏炘：《述朱質疑》〈與詹小澗茂才論《朱子晚年全論》書〉卷十，《景紫堂全書3》（臺北：藝文出版社，民國58年版），頁2。

〔註111〕《朱子晚年全論》卷一，頁344。

李紱在評論中，基本上還是較贊成象山之說，〔註112〕但仍認爲兩人仍有共識處，對於此時期的辯論，僅是「異同之發端」而已，但卻因後人的附和而嚴重化：

> 此異同之端，所以日滋，而附和者愈轉而愈失，幾於不可合并，豈
> 不惜哉！〔註113〕

上述，李紱之說略顯簡略，但對李紱而言「朱子與陸子之學」與「朱子與陸子互論」有著差異，而且不是涉及兩人學說本身或成聖賢之路的論辯。另方面，在《朱子晚年全論》中，亦多舉出「無極太極」爭辯之後，朱子思想亦有著象山成分。因此，「朱陸互論而相異」與「朱陸之學晚同」兩者內容，對李紱來說並不是在聖學上的衝突點，也非矛盾，而道出兩人有關「同異」的眞實原貌。

B、曹表立文的衝突

除了承認朱陸互論「無極太極」之差異外，李紱認爲朱陸之間的「異」並非直接涉及兩人談論「爲學」等問題；他認爲，朱、陸到了晚年，朱子許多談論與陸了往往相容，至於「相異」或「爭論」，則發生在非關聖學的論點上；而「曹表立文」又是另一個例子。

筆者認爲，李紱此說亦有某種程度的偏頗，因爲朱子晚年與門人問答時，亦有說陸子近於禪、批評陸子許多的談論有問題，〔註114〕雖然李紱以「朱陸互論相異」、「朱陸之學晚同」作爲區隔，但朱子論陸子之所以「異」，是否都不涉及兩人的「爲學」或「爲學根本」則有待商榷。再者，朱子晚年之說並非全面向象山靠攏，而是兼採之味較濃，朱子對自己本來的學爲次第論說還

〔註112〕李紱認爲此論辯中，皆有朱、陸二人不得不承認的「理」。《朱子晚年全論》
　　　　卷一，頁344：「如謂『太極之上，別有無極』，雖朱子不能以爲是。如謂『太
　　　　極無形而有理』，即陸子未嘗以爲非，是兩先生所見之理固皆同也。」文後，
　　　　李紱較贊成陸子之說：如「陰陽」是形而上……等立論。但總括來說，李紱
　　　　認爲這種差異雖是事實，但由於後人附和者多，令此層面相異更趨嚴重，且
　　　　擴大到「朱陸相異」這種論述。
〔註113〕《朱子晚年全論》卷一，頁345。
〔註114〕例如《朱子語類》〈陸氏〉卷一百二十四，頁2971：「陸子靜不著言語，其學
　　　　正似告子……。」此語乃潘植所錄，對查於《朱子語類》〈朱子語錄姓氏〉，
　　　　頁17得知於癸丑所聞，換算得於1193年，乃朱子六十四歲時的論說；屬晚
　　　　年。同上，頁2978：「陸子靜之學，自是胸中無奈許多禪何……。」此語乃
　　　　輔廣所錄，對查於《朱子語類》〈朱子語錄姓氏〉，頁13得知於甲寅以後所聞，
　　　　即1194以後，朱子六十五歲之後的論說；屬晚年。《朱子語類》記載朱子晚
　　　　年對象山之批評甚多，兹不一一列舉。

是有一定的堅持。另方面，李紱不採取《語類》作爲材料論述，而僅以朱子親寫之書信作爲證據，此方面李紱雖然避免了一些問題，卻也造成取材不夠完備的疑慮。

以「曹表立文」來說，也是朱、陸二人晚年的衝突事實之一，就李紱的分類來說，亦屬「朱陸互論」的「異」。曹立之原乃陸子之徒，且深得陸子稱讚；有云：

> 先生云：「今之人易爲利害所動，只爲利害之心重，且如應舉……，人往往得之則喜，失之則悲。惟曹立之、萬正淳、鄭學古庶幾可不爲利害所動。故學者須當有所立，免得臨時爲利害所動……。」〔註115〕

上述，象山稱讚曹立之不爲利害所動，而朱熹亦曾稱讚曹立之；有云：

> 子壽相見，其說如何？子靜近得書，其徒曹立之者來訪，氣象儘佳，亦似知其師說之誤……。卻說「人須是讀書講論」，然則自覺其前說之誤矣！但不肯翻然說破今是昨非之意，依舊遮前掩後，巧爲詞說，只此氣象卻似不佳耳。立之寫得伊川先生少年與人書三四幅來，規模氣象合下便如此大了，絕非人所能僞作。〔註116〕

上述朱子對象山學「稱讚」雖有，但頗有諷刺陸學錯誤之味。朱子認爲曹立之不肯說其師陸子之誤，故又說其「遮前掩後」、「巧爲詞說」。另方面曹立之對朱子之學相當佩服，而此時期的朱子便儼然成爲立之轉投之師；曹立之於淳熙十年二月十五日卒，朱子爲其作表，〔註117〕有云：

> 淳熙乙未歲，予送呂伯恭至信之鵝湖，而江西陸子壽及弟子靜，與劉子澄諸人皆來……。子壽昆弟，於學者少所稱許，間獨爲予道餘干曹立之之爲人，且曰：「立之多得君所爲書，其欲一見君與張敬夫也。」後五年，予守南康，立之果來……。〔註118〕

朱子敍述自鵝湖之會時，曹立之爲子壽兄弟所稱許，且透露曹立之欲見朱子與張南軒；而五年後朱子駐守南康，曹立之即前來拜會。接著，朱子敍述曹立之之生平與從師，以及他的思想方向：

> 立之名建，其先自金陵來……。立之幼穎悟，日誦數千言……。閩張

〔註115〕《陸象山全集》〈語錄〉卷三十五，頁283。
〔註116〕《朱子文集》〈答呂伯恭二十八〉卷三十四，頁1359。
〔註117〕此段考據詳見束景南：《朱熹年譜長編》，頁760～761。
〔註118〕《朱子文集》〈曹立之墓表〉卷九十，頁4398。

> 敬夫講道湖湘，欲往見而不能致……。既又聞陸氏兄弟，獨以心之所
> 得者爲學，其説有非文字言語之所及者，則又往受其學，久而若有得
> 焉。子壽蓋深許之，而立之未敢以自足也，則又寓書以講於張氏，敬
> 夫發書亦喜曰：「是眞可與共學矣！」然敬夫尋沒，立之敬不得見。
> 後至南康，乃盡得其遺文，以考其爲學始終之致……。〔註119〕

此處，朱子簡要描述曹立之傾慕敬夫之學，因不得時又聞陸學，故於陸學門
下。之後於南康遇見朱子，而得欽夫遺文，至此貴於學也。朱子作此表本無
問題，然此表文中亦表達出否定陸學的涵義；有云：

> 蓋其書有曰：「學必貴於知道，而道非一聞可悟，一超可入也。循下
> 學之則，加窮理之工，由淺而深，由近而遠，則庶乎其可矣。今必
> 先期於一悟，而遂至於棄百事以趨之，則吾恐未悟之間，狼狽已
> 堪……。」此其晚歲用力之標的程度也……。予於立之相得雖晚，
> 而知之深，望之厚……。〔註120〕

朱了引曹立之之書，說明立之不欲「易簡工夫」而主張下學上達、窮理等由
淺而深的循序工夫，其中更表達「期於一悟」之害處。此種說法自然引起陸
學方面不滿，象山亦曾寄書於朱子云：

> 立之墓表亦好，但敍其履歷亦有未得實處，某往時與立之一書，其
> 間敍述立之平生甚詳，自謂眞實錄，未知尊兄曾及見否？〔註121〕

上述陸子認爲朱子論述立之履歷有所失誤，此乃因曹表立文所產生的爭議
點。朱子作曹表時，先以立之不得欽夫之學遂求象山，後又透過立之之言表
達陸學的缺失，並以立之「轉陸爲朱」之態度，令陸學門人多爲不滿。〔註122〕
而李紱承認此時期雙方的衝突狀態，其引朱子〈答諸葛誠之〉評云：

> 示喻競辯之端，三復惘然。**愚意比來深欲勸同志者，兼取兩家之長，
> 不可輕相詆訾，就有未合，亦且置勿論**，而姑勉力於吾之所急。不
> 謂乃以**曹表之故**，反有所激，如來喻之云也，不敏之故，深以自咎。
> 然吾人所學，喫著力處正在天理、人欲二者相去之間耳，如今所論，

〔註119〕《朱子文集》〈曹立之墓表〉卷九十，頁 4398～4399。
〔註120〕《朱子文集》〈曹立之墓表〉卷九十，頁 4399～4400。
〔註121〕《陸象山全集》〈與朱元晦〉卷七，頁 61。
〔註122〕《朱子文集・續集》〈答劉晦伯〉卷四上，頁 4972 有云：「立之墓文已爲作矣，
　　　　而爲陸學者以爲病已，頗不能平。鄙意則初無適莫，但據實直書耳……。」
　　　　於此可見「陸學者」的不滿現象。

則彼之因激而起者，於二者之間果何處也？**子靜平日所以自任，正欲身率學者一於天理，而不以一毫人欲雜於其間，恐決不至如賢者之所疑也**……。而向來講論之際，見諸賢往往皆有立我自是之意，厲色忿詞，如對仇敵，無復長少之節，禮遜之容，蓋常竊笑，以爲正使眞是仇敵，亦何至此！〔註123〕

上述乃發生於曹表立文之後，朱子對門人之勸語，認爲雙方不應相互詆毀；而李紱評論云：

誠之二書，蓋欲調停其間，朱子之論，若盡如此書之平心和氣，則亦終無不合之理也。其後因無極之辨，乃遂憤激，竟成仇敵……。

〔註124〕

筆者認爲，朱子亦發覺曹表立文之後的現象，自身也希望可平緩兩方之勢，如上文〈答諸葛誠之〉中曾說：「兼取兩家之長，不可輕相詆訾，就有未合，亦且置勿論。」此外，亦稱讚陸子：「正欲身率學者一於天理，而不以一毫人欲雜於其間。」因此不希望學者視對手敵仇，故朱子自身亦有勸戒門人之意。而李紱認爲「曹表立文」事件之後已令朱、陸二人有些許矛盾，但後來則發生朱、陸論爭無極太極，則導致更多衝突，雙方門人之見亦多，故導致如此嚴重的對峙局面。〔註125〕

C、朱子論陸子

李紱於〈序〉中曾言：「朱子論陸子之學，陸子論朱子之學，早年疑信參半，中年疑者少信者多，至晚年則冰炭之不相入也。」〔註126〕而〈序〉文後又言：「其時事出處講解經義與牽率應酬之作概不採入，而晚年論學之書片紙

〔註123〕《朱子文集》〈答諸葛誠之一〉卷五十四，頁2548。

〔註124〕《朱子晚年全論》卷四，頁437。

〔註125〕《朱子晚年全論》卷八，頁567～568評論「曹表立文」有云：「朱、陸異同之釁，〈立之墓表〉亦其一事。然皆門人之見耳，兩先生未嘗異也……。此表作於淳熙十年，朱子年五十四歲。是時，未辯無極，意亦和平。故〈與諸葛誠之書〉謂『釁何由起』，而深怪門人之競辨者，所謂聞流言而不信也。」筆者觀朱子〈答諸葛誠之〉共二書，所指「釁何由起」應出於《朱子文集》〈答諸葛誠之二〉卷五十四，頁2549所云之「隙從何生」之語。其文曰：「所喻子靜『不至深諱』者，不知所諱何事？又云『銷融其隙』者，不知隙從何生？愚意講論義理，只是大家商量，尋箇是處，初無彼此之間，不容更似世俗遮掩回護，愛惜人情，纔有異同，便成嫌隙也……。」

〔註126〕《朱子晚年全論》〈自序〉，頁292。

不遺，**即詆陸子者亦皆備載……。**」〔註127〕由此可見，關於朱子晚年批評陸子之說亦採入，甚至有所謂「詆陸子」之言者，李紱均詳加收入，例如：

> 足下求官得官，今所從宦又去親庭不遠，足以往來奉養，君親之義，爲不薄矣。今乃無故幡然自謂：「棄一官如棄涕唾。」何始慮之不審，而乃爲此傲睨之詞耶？此鄙拙之所未喻也。荊門之訃，聞之慘怛，故舊凋落，自爲可傷，**不計平日議論之同異也。**來喻又謂：「恨不及見其與熹論辨有所底止。」此尤可笑，蓋老拙之學，雖極淺近，然其求之甚艱，而察之甚審，**視世之道聽塗說於佛老之餘，而遽自謂有得者，蓋嘗笑其陋而譏其僭，豈今垂老，而肯以其千金易人之弊帚者哉！**又況賢者之燭理似未甚精，其立心似未甚定，竊意且當虛心擇善，求至當之歸，以自善其身，自此之外，蓋不惟有所不暇，而亦非所當預也。向有安仁吳生書來，狂僭無禮，嘗以數字答之，今謾錄去，試一觀之，或不爲無補也……。〔註128〕

此書乃作於陸子去世（1192年，象山得年五十四，時朱子六十三歲）之後，其中「荊門之訃」即可得知此。文中趙然道欲知朱子對象山之看法及其結果，朱子雖回答「不計平日議論之異同」，卻也道出象山似佛老，而言：「視世之道聽塗說於佛老之餘，而遽自謂有得者，蓋嘗笑其陋而譏其僭」。可見，朱子對象山之批評仍在，且發生於晚年。

李紱所舉之例甚多，於此筆者再引李紱所舉之一例作爲小結：

> 熹衰病……。**如陸氏之學，則在近年一種浮淺頗僻議論中，**固自卓然，非其儔匹，其徒傳習，亦有能修其身、能治其家，以施之政事之間者。但其宗旨本自禪學中來，不可揜諱……。**南康《語》、《孟》**是後來所定本，然比讀之，尚有合改定處，未及下手。義理無窮，玩之愈久，愈覺有說不到處……。**毀板**事近復差緩，未知何謂？〔註129〕

上述可知，朱子評論陸氏之後學有著禪學傾向，其中朱子談及「毀板」乃指稱慶元二年（1196年，朱子六十七歲）發爭之「慶元黨禁」，故爲朱子六十七

〔註127〕《朱子晚年全論》〈自序〉，頁293。
〔註128〕《朱子晚年全論》卷五，頁459。此書同見《朱子文集》〈答趙然道〉卷五十五，頁2651～2652。
〔註129〕《朱子晚年全論》卷七，頁531～532。此書同見《朱子文集》〈答孫敬甫四〉卷六十三，頁3154～3156。

歲之後之談論，屬晚年。〔註130〕

　　李紱並未遮掩朱、陸晚年相爭之實，所引甚多，然李紱以「朱子論陸子，陸子論朱子」這種「朱陸互論」的架構下談「異」，故不會與他所宣稱的「朱陸晚年之學漸趨於同」產生明顯矛盾。但筆者認爲，李紱此說亦有可反省處；朱、陸晚年雖有兼融對方之理論，但「理論方面」的細部上差異，卻也造成「朱陸互論」的事實，並非僅是單純的「互論」下的「相異」。因此朱、陸的「同」雖有，但無法與「異」作出切割，或僅以「朱陸互論之異」來作爲分割，應作進一步說明「朱陸互論」時的內容是否涉及兩人的思想及其思想根源。

（3）反駁對手的批評

　　李紱論述較爲全面，且反省之前學者談論此議題時所曾犯下的錯誤，除了詳細定位「年代」，亦區分「朱陸異同」與「朱陸互論」之差別；另方面，針對之前的反調和學者，他提出其中的錯誤：

> 陳清瀾《學蔀通辨》、孫北海《考正晚年定論》則攻陸以尊朱。其實陳、孫二氏名爲尊朱，而不知所以尊之者。其爲書，止取相詆之辭……，凡朱子晚年所以爲學自得於心，與所以人必求諸心者，盈千萬言，皆棄不取。以全體大用無不兼該之朱子，文致周內，必歸於口耳章句之末而後止，是皆朱子之罪人也。余嘗爲《學蔀通辨》辨，以駁陳氏矣。孫氏亦同，無庸再辨。又有程瞳者，作《閑闢錄》尤爲鄙陋，至謂鵝湖會講，語無可考。蓋《陸子語錄》亦未嘗見者，自鄶無譏……。〔註131〕

李紱認爲，陳建的《學蔀通辨》取材偏頗，凡朱子立論關於「心」者，皆不採錄，而僅採錄朱子與陸子差異較大的談論作引。而孫承澤（孫北海）的《考正晚年定論》亦是如此，立場鮮明。另外，李紱認爲陳、孫二氏，是將朱子限定在某個定位上，事實上是貶低了朱子。最後提及程瞳的《閑闢錄》，所引之材料頗有爭議，且立論偏激，不值得評論。〔註132〕

〔註130〕此段考據詳見束景南：《朱熹年譜長編》，頁 1253。

〔註131〕《朱子晚年全論・凡例》，頁 297。

〔註132〕陳建《學蔀通辨》、孫承澤《考正晚年定論》、程瞳《閑闢錄》三書，乃反對朱陸調和者的作品，其簡要內容筆者於下節敘述，則可對照李紱之說是否公正。

第二節　反調和者對「朱陸異同」的談論內容

一、明代時期的反調和者勾勒

　　《定論》中，陽明雖求調和於朱陸之意見，而其立場又有所謂「先得於我心之同然」之論說，乃言「朱子同於己」，即所謂「朱、王可同」之立場述說。但「朱陸異同」與「朱王異同」問題於陽明之後已被融合一起談論，難以切割分辨。〔註133〕若進入其中討論脈絡中，可發現後學者不論「調和」或反對「調和」者，多不刻意區分「朱陸」或「朱王」，進而以「陸王」為同一脈絡相對朱子之學討論之，而單就論述「朱陸」二人進而贊同或批評陽明「同」或是傾向「調和」的說法。〔註134〕於此，筆者於探討有關「調和與反調和者」時，以不刻意區分陽明與象山兩人學說之同異點作討論，而順著此學術史脈絡討論。

（一）程瞳《閑闢錄》的反調和先導

　　筆者於第一節最後論述調和者李紱，其《朱子晚年全論》亦引「朱陸互論」而承認「朱陸晚年」為「異」的內容，則於程瞳（字啟曠，號莪山，生卒年不詳）之《閑闢錄》中亦可見此「朱陸互論」之全貌。程瞳所引，以朱子論議陸子之說為非等內容為主，更引《朱子語類》門人之記錄，取材亦多。然其所引用者，雖有些許評論卻無完整的年代考據。〔註135〕

　　程瞳所著之《閑闢錄》，從自序中可知作於正德乙亥四月（1515年），〔註136〕

〔註133〕《朱子晚年定論》以「朱子與陸子趨向同」的方式來說「朱子同於己」，則間接表示己身所重視之學與象山同，又朱子晚同於象山，因此說「同於己」。無怪乎後人多不以「朱子與陽明」兩人的述說比較為重點，而以《朱子晚年定論》中所談論的「朱陸問題」作討論對象。

〔註134〕例如，陳建對《朱子晚年定論》所談之「朱陸晚同」之觀點提出駁斥：《學蔀通辨・總序》，頁110云：「近世學者所以儒佛混淆，而朱、陸莫辨者，以異說重為之蔀障……。前編明朱、陸早同晚異之實；後編明象山陽儒陰釋之實……。」先不論陳建將「陸子」批判為「陽儒陰釋」之是非。筆者於此欲指出，陳氏將陽明《朱子晚年定論》「先得於我心之同然」之「朱王」同異問題，定位為「朱陸」二人的問題，依此發揮，駁斥陽明之說。

〔註135〕筆者觀《閑闢錄》中，並無刻意闡述「朱陸異同」的「早晚」，故其引述多不附註年代。然而，程瞳亦針對「調和者」所說之「早晚」之年代議題加以反駁；例如，調和者多說朱子於「晚年」傾向於「尊德性」，而程瞳則引朱子早年之說而有「尊德性」意涵的談論來反駁。

〔註136〕詳見，程瞳：《閑闢錄》《四庫全書存目叢書》，子部，儒家類，第七冊，（臺

與陽明著《定論》約同時而略早，乃「反調和」之先驅。筆者觀《閑闢錄》內涵，頗推崇朱子而批判陸子之空虛與呂、陳之卑陋。〔註137〕此外，其材料引用朱、陸等人之書信，列舉二人之矛盾處。而卷末更列舉多位宋史以下多家談論「朱陸」者，若其有調和傾向則批評之，若有批評陸學者則贊同之，其語氣激烈，門戶之見頗深；然所談之內容亦非全然無理，筆者簡述如下。

1、朱陸相異的事實舉證

朱子批評陸子之學的內容甚多，程瞳舉例亦相當全面，茲以簡述如下：

> 子靜舊日規模終在，其論爲學之病，多説：「如此即只是意見；如此即只是議論：如此即只是定本。」熹因與説：「既是思索，即不容無意見；既是講學，即不容無議論；統論爲學規模，亦豈容無定本？但隨人材質病痛而救藥之，即不可有定本耳。」渠卻云：「正爲多是邪意見、閑議論，故爲學者之病。」熹云：「如此即是**自家呵叱亦過分了**。須著『邪』字『閑』字，方始分明，不教人作禪會耳。又教人須先立定本，卻就上面整頓，方始説得無定本底道理。**今如此一概揮斥，其不爲禪學者幾希矣**。」渠雖唯唯，然終亦未窮竟也。來喻「十分是當之説」豈所敢當？功夫未到，則乃是全不曾下功夫，不但「未到」而已也。子靜之病，恐未必是看人不看理，自是**渠合下有些禪的意思，又是主張太過**，須説：「我不是禪，而諸生錯會了。」故其流至此……。〔註138〕

上述〈答呂伯恭四十四〉書中，涉及年代者程瞳未引，觀朱子此書前段有：「熹一出兩年……。<u>自去年秋冬歸災傷之後</u>，不能求去，以及今春，遂有<u>江西之命</u>，又俟代者，至閏月二十七日方得合符而歸……。」〔註139〕而此「災傷」乃指淳熙七年（1180年，朱子五十一歲）之南康大旱，〔註140〕而「江西之命」

南：莊嚴文化事業，1995年9月初版一刷），頁202。

〔註137〕《閑闢錄・序》，頁1云：「昔我新安夫子，倡明聖學於天下時，則有若陸氏兄弟、浙之呂陳，亦各以其學並馳爭騖而號於世。陸則過高而淪於空虛，浙則外馳而溺於卑陋。夫子懼其誣民，而充仁義也，乃斥空虛者爲異端、爲禪學、爲佛老；卑陋者爲俗學、爲功利、爲管商。辭而闢之，以閑聖道而正人心焉。」

〔註138〕《閑闢錄》卷四，頁223～224。此書同見《朱子文集》〈答呂伯恭四十四〉卷三十四，頁1384。

〔註139〕《朱子文集》〈答呂伯恭四十四〉卷三十四，頁1383。

〔註140〕詳見束景南：《朱熹年譜長編》，頁673～674。

請辭待次，則發生於淳熙八年三月（1181 年，朱子五十二歲），〔註 141〕皆朱子晚年時期。

　　上述引文中，可見朱子批評象山嚴禁「意見」、「閑論」等，並說象山「一概揮斥」，而只在立本處上面整頓，則而易導致入禪。另方面，程瞳更引用《語類》所記述朱子對象山死後之譏諷：

　　象山死，先生率門人往寺中哭之。既罷，良久，曰：「可惜死了告子。」
　　（此說得之文卿。泳。）〔註 142〕

程瞳評論曰：

　　瞳惟「哭之」者，故舊之私情。曰：「可惜死了告子」者，斯文之公議仁之至義之盡也……。或曰：「既哭之，又譏之，大賢固如此乎？殆記者之誤也。」曰：「以〈答趙然道〉書徵之，可見其非記者之誤也。」〔註 143〕

此處，程瞳認為朱子「哭之」又「評陸子為告子」，乃兩種不同的情況使然。「哭之」是因為私人情感，批評象山為「告子」則屬思想層面的切實論述。但有人認為這是門人紀錄的錯誤，朱子應該不至於如此「哭之」又「譏之」。

　　朱子此言論的紀錄者，為「泳」；對查〈朱子語錄姓氏〉中，可為湯泳或胡泳。湯泳乃紀錄乙卯年所聞（1195 年），〔註 144〕而胡泳則紀錄戊午所聞（1198 年），〔註 145〕皆在陸子卒（1192 年）之後。此外，此紀錄又註明「此說得之文卿」，非紀錄者親聞也，故頗可疑。但程瞳認為無誤，更引朱子〈答趙然道書〉作為旁證；有云：

　　荊門之訃，聞之慘怛，故舊凋落，自為可傷，**不計平日議論之同異也**。來喻又謂：「恨不及見其與熹論辨有所底止。」此尤可笑。蓋老拙之學，雖極淺近，然其求之甚艱，而察之甚審，視世之道聽塗說於佛老之餘，而**遽自謂有得者，蓋嘗笑其陋而譏其僭**，豈今垂老，而肯以其千金易人之弊帚者哉！〔註 146〕

〔註 141〕詳見束景南：《朱熹年譜長編》，頁 693～694。
〔註 142〕《閑闢錄‧序》卷九，頁 276。此語同見《朱子語類》〈陸氏〉卷一百二十四，頁 2979。
〔註 143〕《閑闢錄‧序》卷九，頁 276。
〔註 144〕《朱子語類》〈朱子語類姓氏〉，頁 15。
〔註 145〕《朱子語類》〈朱子語類姓氏〉，頁 17。
〔註 146〕《閑闢錄》卷九，頁 276～277。此書同見《朱子文集》〈答趙然道〉卷五十五，頁 2651～2652。

此書乃朱子晚年時期對陸子批評之語，文中，朱子雖反對趙然道有著挑撥之意而不正面回答，反而說「不計平日議論之同異」。而後話風一轉，則表明陸子似佛、老一般，自謂有得，乃鄙陋之學也，故不待辯。程瞳認爲朱子之批評甚確，因此續云：

> 瞳按：朱子此書自任之重……。後世乃謂朱子之學晚歲有取於子靜，子靜之學爲非禪，甚者以爲學同而並稱，《性理大全》亦以朱、陸並隸諸儒爲一類，殆未考邪？〔註147〕

由此可見，程瞳認爲陸學與朱子學不同，且後學所見不清。後世說朱子晚年有取於象山，將朱、陸同歸爲儒學甚至並稱，程瞳認爲這是探究不清楚所導致。

陸子卒，朱子對象山之學仍受批評至此，程瞳所舉朱子之親書雖具說服力，但也只能印證朱子曾經批評象山之立場，並無法證明門人紀錄絕對無誤，筆者亦無法下定論。除此之外，程瞳引用朱子評論陸子學說爲非的例子甚多，筆者再舉例如下：

> 子壽兄弟氣象甚好，其病卻是盡廢講學而專務踐履，卻於踐履之中要人提斯省察、悟得本心；此爲病之大者。要其操持謹質，表裡不二，實有以過人者。惜乎其<u>自信太過，規模窄狹</u>，不復取人之善，<u>將流於異學而不自知耳</u>。〔註148〕

> 瞳按：朱子此書與陸氏鵝湖會後所報南軒者，鵝湖講論雖無可玫，而陸氏之學據此書則可玫也。〔註149〕

程瞳以鵝湖之會後，朱子書南軒之語作爲朱子批評象山「自信太過」、「規模窄狹」等，而朱子批評之「盡廢講學而專務踐履」是否公正，則有待商議。但程瞳對朱子之言全然接受，認爲陸子之學由此朱子之言即可認得大要，且無任何疑慮；筆者觀程瞳所舉之例與評論皆如此類，不再一一贅述。

2、對調和者的反駁與批評

早於陽明與程敏政之朱陸調和者論朱子晚年漸傾向陸子，常以談論朱子傾向「尊德性」，程瞳刻意引用朱子中年時即談論「尊德性」作爲反駁；有云：

〔註147〕《閑闢錄》卷九，頁277。
〔註148〕《閑闢錄》卷一，頁212。此書同見《朱子文集》〈答張欽夫十八〉卷三十一，頁1197。
〔註149〕《閑闢錄》卷一，頁212～213。

　　大抵子思以來，教人之法惟以尊德性、道問學兩事爲用力之要。今
　　子靜所說專是尊德性事，而熹平日所論，卻是道問學上多了。所以
　　爲彼學者，多持守可觀，而看得義理全不仔細，又別說一種杜撰道
　　理，遮蓋不肯放下。而熹自覺雖於義理上不敢亂說，卻於緊要爲己
　　爲人上，多不得力。**今當反身用力，去短集長，庶幾不墮一邊耳。**
〔註150〕

此書乃調和者時常引爲朱子晚年同於象山之證據，程瞳雖然無法否定此事
實，但他認爲朱子並非得於象山方重視「尊德性」，他說：

　　朱子〈答成允夫〉書曰：「講學近見延平先生，始略窺門户。此事以
　　涵養本原爲先，講論經旨，特以輔此而已……。」在紹興壬午以前，
　　〈答張南軒書〉曰：「累日潛玩，其於實體，似益精明……。覺得如
　　水到船浮，解維正柁，而沿洄上下，惟意所適。」又曰：「乃知浩浩
　　大化之中，一家自有一箇安宅……，所謂『體用一源，顯微無間』
　　者，乃在於此。」乃在乾道己丑。以是推知，則**朱子之尊德性授受**
　　於師講，明於友久矣，豈俟至此而始集子靜哉？〔註151〕

上述，可知程瞳認爲朱子之「尊德性」談論並非得於象山，乃得於李延平、
明於張南軒。筆者認爲此說正確，除程瞳說朱子之「尊德性」除了得於李延
平等人之外，《中庸》之教法朱子早已得知，因此調和者若說「尊德性」全得
於象山，亦是過度，然而程瞳卻因此延伸批評象山；有云：

　　其曰：「子靜專是尊德性事……爲彼學者，多持守可觀而看得義理全
　　不仔細，又別說一種杜撰道理遮蓋，不肯放下。」即前書。此心固
　　是聖賢本領，然學未講、理未明，亦有認錯人欲作天理者也。……。
　　諸書證之，則**子靜之所尊者，無所受於天之正理，邪人私欲而已矣！**
　　其曰：「爲己爲人多不得力，去短集長者。」**謙己晦人之詞，又以警**

〔註150〕《閑闢錄》卷四，頁226。此書同見《朱子文集》〈答項平父二〉卷五十四，
　　　　頁2550。
〔註151〕《閑闢錄》卷四，頁226～227。其中〈答成允夫書〉同見於《朱子文集·別
　　　　集》〈答程欽國〉卷三，頁5146～5147，且有程瞳所引有些許漏字，内文即：
　　　　「講學近見延平先生，始略窺門户，而疾病乘之，未知終得從事於斯否耳。
　　　　大概此事，以涵養本原爲先，講論經旨，特以輔此而已……。」而〈答張南
　　　　軒書〉二書皆亦有跳取文字，然不違其義；同見於《朱子文集》〈答張欽夫四〉
　　　　卷三十二，頁1243。而後「又曰」一書同見於《朱子文集》〈答張欽夫三〉
　　　　卷三十二，頁1242。

　　平父不見察耳，亦豈如後世之論哉？〔註152〕

上述程瞳有兩方面之主張，一是朱子的「尊德性」來自於自身謙己誨人，以告誡項平父，故說「去短集長」，不是得於象山。另一是象山的「尊德性」並非天理之正，而是邪人私欲；此說可見程瞳對朱子之崇敬、對象山之敵視。程瞳在此部分替朱子申辯許多，且引述多篇書信，而後作一小結云：

　　瞳於是書，所以附之者，非特取證**朱子尊德性於早年也**，蓋以袪世俗論朱學之繆云。〔註153〕

於此，程瞳認爲他是替朱子說清楚「尊德性」之學說歷程，並且排除一般大眾對朱子「尊德性得於象山」之誤解。

　　上述之種種，乃程瞳針對調和者的反擊，從朱子得知、重視「尊德性」的時間點來加以反駁後人之誤。另方面，程瞳認爲吳澄將《朱子語類》視爲門人妄自摘錄而不足信之，表達反對。而此部分程瞳批評的形式是先列舉調和者之言，而後批評：

　　朱子之教人也，必先之以讀書講學；陸子之教人也，必先使之眞知實踐。讀書講學者，因以爲眞知實踐之地；眞知實踐者，亦必自讀書講學而入。**二師之教爲一也，而二家庸劣之門人，各立標榜，互相詆訾，至于今學者猶惑焉**。嗚呼！甚矣！道之無傳，而人之易惑難曉也。〔註154〕

　　愚按：世稱能嗣朱子之學者，草廬也。而於朱、陸之間，以是處之，況其下者乎？然夷考之：**各立標榜、互相詆訾者，二師也。乃歸咎於門人，使學者斥《語錄》爲不足信，至於今猶惑焉**，草廬安能辭其鹵莽失言之責哉？〔註155〕

上述，程瞳先舉吳澄之說，而反對「朱陸二師爲一」的這種論述，且認爲吳澄把二家之詆訾推給其門人，並因此說《語類》之記載不足信之，這些說法頗爲魯莽草率。筆者認爲，朱、陸二人之教法有其相異處，而所同者亦有；然是否將此「異」歸咎門人，則是吳澄所需證明之事，而不可因爲要調和朱、陸，即將所有的「異」的起因推給朱、陸二家門人。而程瞳亦有偏激處；朱、

〔註152〕《閑闢錄》卷四，頁227。
〔註153〕《閑闢錄》卷四，頁229。
〔註154〕《閑闢錄》卷十，頁289。此書同見於吳澄：《吳文正集（上）》〈送陳洪範序〉卷二十七，頁290。
〔註155〕《閑闢錄》卷十，頁289～290。

陸二人雖各有相互批評之實，但其教法是否「僅有」「各力標榜」、「互相詆訾」這些現象，則需要一一反駁調和者所舉的諸多例子方可論述。

同樣的，程瞳面對其他調和者如虞集，其爲吳澄寫〈行狀〉之內容亦被程瞳批評：

> 蓋先生嘗爲學者言：「朱子道問學工夫多，陸子靜却以尊德性爲主。問學不本於德性，則其弊偏於言語訓釋之末，果如陸子靜所言矣。今學者當以尊德性爲本，庶幾得之。」議者遂以先生爲陸學，非許氏尊信朱子之義。然爲之辭耳，初亦莫知朱、陸之爲何如也。〔註156〕

> 愚惟議者固莫知朱子師門傳授，龜山門下相傳指訣之所在；吾恐吳、虞亦莫知朱、陸之爲何如也。〔註157〕

上述第一引文乃虞集所寫之〈草廬行狀〉，其中贊成吳澄調和朱、陸，進而反對其他學者誤解吳澄爲「陸學」，而且不像許氏（許衡）那樣遵奉朱子。因此虞集認爲，批評吳澄「不知朱、陸」，其實才是「不知朱、陸」。而第二引文中，乃程瞳認爲虞集對吳澄的肯定解讀才是真的「不知朱、陸」。程瞳認爲朱子之「尊德性」方面得知於李侗，且上溯於龜山門下相傳指訣，〔註158〕若知道此學脈淵源，朱子何需傾向陸子方知「尊德性」？故己身之解說才是真正了解朱、陸二學。

總括來說，筆者認爲程瞳所言亦有其合理處，其重要者乃程瞳道出「朱子與陸子有相異於晚年」，以及提醒「朱子之尊德性非於晚年得於象山，中年時即得於龜山、延平一脈」。但其缺失處亦有；程瞳用詞激烈而有其偏頗處，尤其是對陸學的敵視、視陸學爲禪學，以及對調和者的批評相當強烈，認爲朱、陸絕不可能調和。筆者觀程瞳的態度，即使面對於朱、陸二人晚年有「同」的事實時，亦不採取「調和」，而認爲是朱子可兼顧二方之學，而陸子始終不如朱子。

（二）陳建「朱陸早同晚異」立論與儒佛之辨的批評模式

陳建（1497～1567，字廷肇，號清瀾）著《學蔀通辨》，不但預設立場，

〔註156〕《閑闢錄》卷十，頁290。此書同見於吳澄：《吳文正集（下）》〈附錄·行狀〉，頁940。同見於虞集：《虞集全集》〈故翰林學士、資善大夫、知制誥同修國史臨川先生吳公行狀〉，頁862。

〔註157〕《閑闢錄》卷十，頁290。

〔註158〕《朱子文集》〈答何叔京二〉卷四十，頁1699有云：「李先生教人，大抵令於靜中體認大本未發時氣象分明，即處事應物自然中節，此乃龜山門下相傳指訣……。」

且強烈批評《定論》與《道一編》。〔註159〕該書反對陽明之說，更批判陸象山之思想與其他調和者。

《學蔀通辨》乃首部針對《道一編》、《定論》所作的反對性專著，且以攻陽明之《定論》與象山之學爲主，內容還包括對《道一編》、《定論》考據方面的批評，以及對其他調和者的批判，並提出朱陸「早同晚異」。

然而陳建的「早同」亦非調和之涵義，其「早同」乃指朱子早年出入佛老、喜談玄心之下與象山「同」。也就是說，「早同」是朱子的歧途，是指稱此時期朱、陸均「同於禪學」的。由此看出陳建立論強勢；甚者，舉凡陽明、程敏政等作專著調和朱陸者，以及其他如元代調和者均批評之。此外，更批評陸學爲禪，調和者亦爲禪；其論說頗多，筆者簡要敘述如下。

1、批評調和者的立論內容有失誤

陳建針對調和者的反駁，則以陽明《定論》、程敏政《道一編》爲主，《學蔀通辨》雖然亦曾批判其他調和者，除了指出調和者取材有問題且「顛倒早晚」之外，更延伸批評陽明亦是「禪」學。

（1）年代定位與取材問題

陳建指出《定論》、《道一編》中「朱陸晚同」之說乃顛倒早晚，提出多項證據；其敘述則爲：

> 戊子，孝宗乾道四年，朱子三十九歲。〈答何叔京書〉云：「熹奉親遺日如昔，向來妄論持敬之說，亦不自記其云何。但因其良心發見之微，猛省提撕，使心不昧，則是做工夫底本領……。若不察於良心發見處，即渺渺茫茫，恐無下手處也……。〔註160〕

上述乃朱子「中和舊說」時期之談論，其中有「良心發現之微」、「猛省提撕」等語，頗類似象山、陽明之教；陳建引之而批評云：

〔註159〕陳建之立論強勢，用語激烈，且預設立場；如〈學蔀通辨提綱〉，頁 113～114 有云：「朱子有朱子之定論，象山有象山之定論，不可強同。『專務虛靜，完養精神』此象山之定論也。『主敬涵養以立其本，讀書窮理以致其知，身體力行以踐其實，三者交修並盡。』此朱子之定論也……。或專言涵養，或專言窮理，或只言力行，則朱子因人之教，因病之藥也。惑者乃單指涵養者爲定論，以附合于象山，其誣朱子甚矣，故不得不辨。」於此，可發現陳建已預設朱、陸二人學說「必定異」而「不可強同」，一切相似或有「同」者，僅是「因人之教」。

〔註160〕《學蔀通辨‧前編》卷上，頁 118。此書同見《朱子文集》〈答何叔京十一〉卷四十，頁 1721～1722。亦用於《道一編》卷四，頁 66～67 與《定論》，頁 137。後二著作依此書爲「晚同」之證據，考據上失誤明顯。

> 朱子此書,《道一編》指爲晚合象山,王陽明採爲朱子「晚年定論」。
> 據年譜……**朱子年猶未四十**,學方日新爲已……。得爲「晚年定論」
> 耶?其**顛倒誣誑**,莫斯爲甚。〔註161〕

此乃考調和者據方面的問題,陽明將「中和舊說」時期的談論視爲「晚年」,
故失誤明顯;此外,陳建又舉例云:

> 朱子又〈答何叔京〉書云:「**今年不謂饑歉至此**……。熹近日因事方
> 有省發處。如『鳶飛魚躍』,明道以爲與『心有事焉勿正』之意同者,
> 今乃曉然無疑。日用之間,觀此流行之體,出無間斷處,有下功夫
> 處,**乃知日前自誑誑人之罪,蓋不可勝贖也**。此與守書冊泥言語,
> 全無交涉,幸于日用間察之,知此則知仁矣。」〔註162〕

> 右〈答何叔京〉二書,學專說心,而謂與書冊言語無交涉,正與象
> 山所見不約而合。此朱子早年未定之言,而篁墩、陽明矯取以彌縫
> 陸學……。〔註163〕

上述所謂「又」第二書〈答何叔京〉〔註164〕乃《學蔀通辨》列舉之書信,其
書信內容亦見於《定論》;陽明《定論》引用之意,乃側重其中「不拘泥於言
語書冊」等傾向,指出朱子重視日用之工夫下手處,若配合筆者所列第一書
〈答何叔京〉論述,頗有立本源之傾向。但此二書乃朱子中年時期之談論,《定
論》卻引之而作爲「晚年定論」,疏漏明顯。此外,於《定論》中最嚴重且明
顯的年代定位失誤則是:

> 知其**晚歲**固已大悟舊說之非,**痛悔極艾**,至以「自誑誑人,不可勝
> 贖。」世之所傳《集註》、《或問》之類,乃其**中年未定**之說……。
> 〔註165〕

上述陽明所稱之「自誑誑人,不可勝贖。」取自〈答何叔京第十三〉,乃朱子
三十九歲中年時期之述說。而《集註》、《或問》之作,據束景南先生之考証,

〔註161〕《學蔀通辨・前編》卷上,頁118。
〔註162〕《學蔀通辨・前編》卷上,頁118。此書同見《朱子文集》〈答何叔京十三〉
　　　　卷四十,頁1725～1726。《道一編》未引,而見於《定論》,頁129。
〔註163〕《學蔀通辨・前編》卷上,頁118。
〔註164〕此〈答何叔京十三〉所記之「饑歉」乃指「崇安大饑」,發生於乾道四年(公
　　　　元1168年),朱子此時三十九歲,離「中和新說」僅差距一年,屬中年時期。
　　　　此段考據詳見束景南:《朱熹年譜長編》,頁392～394。
〔註165〕《朱子晚年定論》,頁128。

與陳建之說同，成於淳熙四年（1177 年，朱子四十八歲）無誤。〔註166〕因此，陽明認爲的「晚年悔悟」竟以三十九歲之談論作引言，而以四十八歲之著作爲「中年未定」。此年代顛倒問題，自無法自圓其說，陳建對此之批評甚確。

　　另外，陳建亦針對《道一編》年代定位疏漏處批評；有云：

> 朱陸辨「無極」歲，載二家年譜并同。《道一編》乃爲此在二家未會面之前，而答《朱子年譜》置鵝湖會之後，爲失其次。于是以辨無極諸書，列於鵝湖三詩前，定爲首卷，謂以著其異同之始，早年未定之論。篁墩一何誣之甚也！〔註167〕

此乃《道一編》年代定位上的嚴重錯誤之處；朱、陸論爭「無極太極」，筆者於第二章曾詳述其年代，乃淳熙十五年（1188 年）至十六年（1189 年），朱子五十九與六十歲兩年間之事，屬晚年時期。而《道一編》居然說：「取無極七書，鵝湖三詩……，用著其異同之始，所謂早年未定之論也。」〔註168〕

　　《道一編》、《定論》除了上述的年代問題錯誤之外，《定論》又出現「取材錯誤」的問題，陳建因此強烈批評之。此乃陽明引用朱子〈答黃直卿〉之「立本」與「定本」之問題。〔註169〕但陽明針對此類問題，曾回答這是爲了「委屈調停以明此學爲重」，〔註170〕明白表示「年代定位」方面有所失誤，但對於此「增字」與「本」歧義的失誤卻無回應。此失誤嚴重且難以令人接受，故《學蔀通辨》有云：

> 按〈答黃直卿書〉云：「爲學直是先要立本……。」詳此書，蓋論教人之事，說教人定本，文義甚明。陽明何得矯假，以爲悔《集註》諸書之證也哉！又按：《朱子正文集》亦載此書，但此句止云：「此是向來差誤」無「定本」二字，其非爲著述尤明。〔註171〕

陳建認爲「本」與書冊無關，乃指涉「立本」之意。的確，筆者亦認爲從〈答黃直卿〉一書中可見朱子乃談論「爲學之本」，與之後朱子討論《集註》、《或問》「舊本」之說乃兩方向之事，不可混淆之。

〔註166〕《朱熹年譜長編》，頁 585。
〔註167〕《學蔀通辨·前編》卷下，頁 139。
〔註168〕《道一編·序》，頁 9。
〔註169〕此段敘述，詳見本文頁 68～70。
〔註170〕《王陽明全集》〈語錄二〉卷二，頁 78：「其爲《朱子晚年定論》，蓋亦不得已而然。中間年歲早晚誠有所未考，雖不必盡出於晚年，固多出於晚年者矣。然大意在委曲調停以明此學爲重……。」
〔註171〕《學蔀通辨·前編》卷中，頁 126～127。

於此可見陽明對朱子之取材上有著嚴重問題，而此類問題陽明無法辯駁，亦無直接回應，乃《定論》中最失漏之處。

（2）陽明為禪學

陳建指出《道一編》、《定論》的失誤處之後，更批評調和者如陽明，亦是禪學。此種模式，將陽明之學說禪學化，大大打擊陽明談論的正當性，並與上述陳建所指出的「年代定位」與「取材」等問題結合，試圖於「朱陸異同」問題中，將陸、王貶低，遑論「朱陸可調和」了。

陳建認為，儒者皆心學，但陽明、象山談論心學時分別以「精神」、「知覺」言「心」：

> 儒、佛不同，樞要只此。愚嘗究而論之，聖賢之學，心學也。禪學、
> 陸學亦皆自謂心學也。殊不知心之名同，而所以言心則異也……。
> 是故孔孟皆以義理言心，至禪學則以知覺言心……。孔子曰：「其心
> 三月不違仁。」孟子曰：「仁義禮智根于心。」曰：「豈無仁義之心。」……
> 禪學出，而後精神知覺之說興……。陸象山曰：「收拾精神，萬物皆
> 備。」……王陽明曰：「心之良知是謂聖。」皆是以精神、知覺言心
> 也……。〔註172〕

上述，就批評陽明的內容來說，可謂粗劣。陽明以「良知」言心，陳建將以「知覺」解釋，可謂誤解。陽明談論良知實以孟子本心意義為主，而補以良知可為體用的個人思路，絕非僅是「知覺」而已。此外，陳建對禪學之總評，以「知覺言心」言之亦顯簡略。

陳建有著捍衛儒家以闢佛之觀感，實無可厚非；程、朱等學者，亦曾闢佛，但陳建依薄弱證據，則指象山、陽明皆是佛學；有云：

> 愚謂達摩之說，不獨當時之人拱手歸降，不能出他圈套。由唐及宋
> 以來，皆拱手歸降不能出他圈套。象山、陽明一派，尤拱手歸降不
> 能出他圈套。〔註173〕

上述陳建的指控強烈，而他的證據則是：

> 《傳習錄》云：「吾心之良知，即所謂天理也……。致吾心之良知者，
> 致知也；事事物物皆得其理者，格物也。」……。陽明乃以此議朱
> 子，寧不汗顏？原其失由于本來面目之說為良知，援儒入佛，所以

〔註172〕《學蔀通辨・終編》卷上，頁252。
〔註173〕《學蔀通辨・續編》卷下，頁248。

致此。〔註174〕

陽明〈答人書〉云：「夫學貴得之心，求之于心而非也，雖其言之于
孔子，不敢以爲事；求之于心而是也，雖其言之出于庸人，不敢以
爲非也。」愚惟求心一言，正陽明學術病根……。其陷于師心自用、
猖狂自恣甚矣！夫自古聖賢，皆主義理，不任心……。惟釋氏乃不
說義理，而只說心……。嗚呼！此儒釋之所以分，而陽明之所以爲
陽明與！〔註175〕

第一引文，則論說陽明以「本來面目」說良知天理乃援儒入佛。第二引文中，
陽明以「心」言學，而刻意用孔子爲對象作爲加強語意的效果。但陳建認爲
這是陽明狂妄自大的表現，認爲陽明「任心」而不談義理，根本與釋氏之說
相同，故陳建作這種結論式的證據作爲批評陽明學說的依據。

2、陸學爲禪故不可與朱子同

筆者觀陳建反對「朱陸同」的最重要策略，即是把象山之學定位爲禪學，
故一開始論說此「朱陸異同」議題時，則先有其預設，他說：

朱子有朱子之定論，象山有象山之定論，不可強同。「專務虛靜，完
養精神」，此象山之定論也。「主敬涵養以立其本，讀書窮理以致其
知，身體力行以踐其實，三者交修並盡」，此朱子之定論也……。乃
或專言涵養，或專言窮理，或只言力行，則朱子因人之教，因病之
藥也。惑者乃單指涵養者爲定論，以附合于象山，其誣朱子甚矣，
故不得不辨。〔註176〕

陳建對於朱子的「定論」無錯誤，但以「專務虛靜」、「完養精神」的禪學化
意義來作爲象山的「定論」，則屬嚴重指控。另方面陳建認爲，若朱子有談論
所謂「涵養」，亦非朱子之定論，而是因材施教；此外又說朱子與象山同則「誣
朱子甚矣」，即可知朱子在陳建眼中絕非同於象山的禪學，因此不得不辨。至
於視象山爲禪學的證據，陳建則云：

佛之爲言覺也，禪之爲言靜也，而靜而後至于覺也。其實只是「作
弄精神」，一言而盡異學之綱要矣。〔註177〕

〔註174〕《學蔀通辨·續編》卷下，頁 245。
〔註175〕《學蔀通辨·續編》卷下，頁 244。
〔註176〕《學蔀通辨》〈學蔀通辨提綱〉，頁 113～114。
〔註177〕《學蔀通辨》〈續編〉卷上，頁 201。

> 陸子「宇宙」字義之悟，正禪家「頓悟」之機。然其言引而不發，
> 學者卒然難于識破，必合〈後編〉所載「**作弄精神**」一路觀之，然
> 後其禪昭然矣。〔註178〕

陳建認爲，象山言「靜」、言「覺」，其實都是佛學的「作弄精神」，而此乃異學之綱要，而象山皆符合之，故象山爲禪學。第二引文中，陳建則以象山曾說「宇宙即吾心」等語，將此說法等同於禪學的「頓悟」。但這樣的連結是否正確，陳建則指出他認爲的證據；又云：

> 陸子曰：「精神全要在內，不要在外，若在外，一生無事處。」〔註179〕

> 象山講學，專管歸完養精神一路，其爲禪學無所逃矣。〔註180〕

> 無事安坐，瞑目操存，此禪學下手工夫也，即象山「自立靜坐，收
> 拾精神」也，即達摩「面壁靜坐默照」之教……。〔註181〕

此即爲陳建所認定的證據，因象山論「精神」而且「完養精神」，又有「自立靜坐，收拾精神」的禪學下手工夫，故象山必爲禪。而此部分筆者先依照陳建批評的脈絡下敘述，至於陳建對陸、王學說是否有誤解，筆者則於第四章重新衡定陸、王學與禪學的關係時，自可作一定程度的釐清。

　　除了批評象山爲「禪學」之外，陳建更補足象山的缺失，亦即象山之學「異於聖學」；有云：

> **夫陸子之所以異于朱子者，非徒異于朱子已也，以其異于聖賢**
> **也**……。陸子之所以異于聖賢者，非徒異于聖賢己也，以其溺于禪
> 佛而專務養神一路也……。嗚呼，養神一路，象山禪學之實也；異
> 于聖賢，異于朱子之實也……。〔註182〕

上述，仍是用「精神」等「養神」模式指控象山，認爲象山不但與朱子相異，而且異於聖賢。在陳建舉出他所認爲的鐵証之後，即云：

> 近世學者辨陸學最難：其以象山爲孔、孟之學者，固是疏略輕信，
> 被他嚇倒。其以爲偏於尊德性，亦尚被他遮掩……。何謂辨陸之要？
> **養神一路**是也……。自朱子沒後，無人根究到此，常謂象山在當時

〔註178〕《學蔀通辨》〈前編〉卷上，頁 116。
〔註179〕《學蔀通辨·後編》卷上，頁 153。象山語見：《陸象山全集》〈語錄〉卷三
　　　　十五，頁 306。
〔註180〕《學蔀通辨·後編》卷上，頁 154。
〔註181〕《學蔀通辨·後編》卷上，頁 156。
〔註182〕《學蔀通辨·後編敘》卷上，頁 151。

> 不合遇一朱子，在後世不合遇一陳某，次第將禪部相將發盡了，陸
> 學自此難乎遮掩矣。〔註183〕

此說，陳建認爲象山以「尊德性」作爲遮掩禪學的立論，他認爲「養神一路」是辨陸學爲禪學的要點，且文後認爲象山不幸遇到朱子與陳建自己，故難逃陽儒陰釋的揭露。

3、朱子早年出入佛老，故「早同晚異」

陳建既定位陸子爲「禪學」，故他說朱子的「早同於陸學」乃屬「同於禪學的內容」；有云：

> 此卷所載，著朱子早年常出入禪學，與象山未會而同，至中年始覺
> 其非，而返之正也。〔註184〕

上述乃《學蔀通辨・前編》的首要目的，陳建欲指出朱子早年的「禪學」成分；有云：

> 癸酉，紹興二十三年，朱子二十四歲。年譜云：「初朱子學靡常師，
> 出入於經傳，氾濫於佛、老。自云初見延平，說得無限道理，曾去
> 學禪……。」《朱子語類》云：「佛學舊嘗參究，後頗疑其不是，即
> 見李先生之言，初亦信未及，亦且背一壁放，且理會學問看如何，
> 後年歲間漸見其非。」〔註185〕

上述《朱子語類》出於〈釋氏〉之篇，爲朱子晚年自我之論。〔註186〕陳建以朱子的話道出朱子早年曾溺禪學，後得李延平先生之教，至晚年始覺釋氏之非。接著他又補充說：

> 朱子早年之學，大略如此……。戊寅，紹興二十八年，朱子二十九
> 歲作〈存齋記〉云：「人之所以位天地之中，而爲萬物之靈者，心而
> 已矣。然心之體，不可以見聞得，不可以思慮求……。心之爲體，

〔註183〕《學蔀通辨・後編》卷中，頁184。

〔註184〕《學蔀通辨・前編》卷上，頁116。

〔註185〕《學蔀通辨・前編》卷上，頁116～117。

〔註186〕語出《朱子語類》〈釋氏〉卷一百二十六，頁3040：「今之闢佛者，皆以義利辨之，此是第二義。正如唐人檄高麗之不能守鴨綠之險，高麗遂守之。今之闢佛者類是。佛以空爲見。其見已錯，所以都錯，義、利又何足以爲辨！舊嘗參究後，頗疑其不是。及見李先生之言，初亦信未及，亦且背一壁放，且理會學問看如何。後年歲間漸見其非。」此書爲包揚所記錄，對查〈朱子語類姓氏〉爲癸卯、甲辰、乙巳所聞，即1183～1184年所紀錄，爲朱子五十四至五十六歲之談論，屬晚年。

必將瞭然有見乎參倚之間，而無一息之不存矣。」〔註187〕

上述明顯道出朱子早年以求「心」爲主；連結之前引文，陳建即評論云：

朱子初年之學，亦只說一個心，專說求心、見心，全與禪陸合。〔註188〕

上述之評論，言朱子「專求心」尚可，然馬上連結此與「禪陸」合，可知陳建的立場明顯。也因爲此種立場，連朱子中年的「中和舊說」，陳建亦指爲專求心的「陸學」；有云：

戊子，朱子三十九歲，〈答何叔京〉云：「向來妄論持敬之說，亦不自記其云何……。**若不察於良心發見處，即渺渺茫茫，恐無下手處也**……。」〔註189〕

今年不謂饑欠，至此夏初……。此理甚明，何疑之有？若使道可以多聞博觀而得，則世之知道者爲不少矣……。此與守書冊泥言語，全無交涉，予幸於日用間察之，知此則知仁矣！〔註190〕

上述，乃朱子「中和舊說」時期之談論，而陳建批評云：

右〈答何叔京〉二書，學專說心，而謂書冊言語無交涉，正與象山所見不約而合：此朱子早年未定之言……。〔註191〕

陳建見朱子談「心」者，一蓋以陸學成分來概括，而陸學又等同於禪學，故馬上說這是「早年未定」之言；此有兩方面的缺失。

一方面是，朱子「中和舊說」雖非晚年定論但卻是「中年」時期（丙戌年，朱子三十七歲），且此「中和舊說」的內容與「早年出入佛老」的內容大不相同，但筆者觀陳建之意，頗有混爲一談的現象。此外，朱子與張南軒論辯之後，「中和新說」於三年之後即得（己丑年，朱子四十歲），對朱子來說事實上是多了「未發處」的「涵養工夫」，有別於朱子之前無法體驗有「未發工夫」的狀況，而不是否定「良心發現處」的這種「中和舊說」之內容。陳建看到朱子談論「心」則說是「陸」是「禪」，那麼三年之後的「中和新說」側重涵養未發，何不見陳建批評之？

〔註187〕《學蔀通辨·前編》卷上，頁117。
〔註188〕《學蔀通辨·前編》卷上，頁117。
〔註189〕《學蔀通辨·前編》卷上，頁117。此書同見《朱子文集》〈答何叔京十一〉卷四十，頁1721～1722。
〔註190〕《學蔀通辨·前編》卷上，頁118。此書同見《朱子文集》〈答何叔京十三〉卷四十，頁1725～1726。
〔註191〕《學蔀通辨·前編》卷上，頁118。

另一方面是，朱子此時期之乃「中年」之說，爲三十九歲與四十歲時有此轉折，且悟得已發未發處工夫皆具，後以「敬」貫徹上下。〔註192〕「中和新說」只是補足以往對「未發」工夫的闕漏，而不是否定之前的所有體驗。因此，朱子言「良心發現處」等等，於「中和新說」之後亦未曾否定之。也就是說，朱子承認此「心」之重要，但陳建依此認爲「皆是談心」、「爲陸學」、「爲早年」，故其說立說頗有問題。

由上述可知，陳建應是先認定朱、陸的「早同」是同於禪。加上陳建無仔細了解朱子中年論「心」並非「禪學」，因此有關朱子「論心」者，皆以「陸禪」歸結，而導致將「中和舊說」的談論亦歸爲佛學、定爲「早年」。

「早同」陳建如上諸說，而其論述「晚異」即以朱、陸兩人之論辯或衝突，以及論學時的著重處不同來說兩人「晚異」。例如陳建以「無極太極」的論辨爲晚年嚴重之爭論，以及朱子闢佛、朱子批評象山之學等內容，而此些談論筆者不再重複敘述。〔註193〕

（三）馮柯針對陸、王與《定論》的三路線批評模式

馮柯（1523～1601，字子新，號貞白）作《求是編》，其中以三路線反對「朱陸調和」；一是針對陽明之學批評；二是對象山之學批評；三是針對《定論》此書。其駁斥陽明《定論》之說，認爲陽明承襲程敏政之作法，但考據各自有誤；曾云：

> 夫謂之晚年，必其果出於晚年而後可也。然以今考之，此書之意本出
> 於程篁墩《道一編》，而**去取互有得失，年歲互有異同**……。〔註194〕

〔註192〕朱子有得於欽夫之言，雖兩人曾論辯是否先涵養後省察等問題，但朱子即以「敬」來作爲貫通上下、動靜之工夫；於《朱子文集》〈答張欽夫十八〉卷三十二，頁1273～1274有云：「未發之前是敬也，固已主乎存養之實；已發之際是敬也，又常行於省察之間。方其存也，思慮未萌而知覺不昧，是則靜中之動，〈復〉之所以『見天地之心也』；及其察也，事務紛糾而品節不差，是則動中之靜，〈艮〉之所以『不獲其身、不見其人』也……。蓋主於身而無動靜語默之間者，心也，仁則心之道，而敬則心之貞也。此徹上徹下之道，聖學之本統。」而有關朱子中晚年的思想衡定，詳細內容筆者於第四章詳述。

〔註193〕反對調和者論述雖各有特色，但針對朱陸相異的論述點有許多同樣論述內容，如朱陸對「無極太極」的論辯即是。前節論述調和者時，筆者已說明李紱有關「晚異」的述說，此節談論程瞳之《閑闢錄》時亦有提及，故不再贅述。

〔註194〕馮柯：《求是編》《貞白五書五》卷四，《叢書集成續編》，集部，第一七零冊，（上海：上海書店，1994年版），頁642。以下簡稱《求是編》，省略《貞白五書五》。

上述馮柯認爲陽明《定論》乃承襲程敏政之《道一編》，並說明兩人對「晚年」之定位取材有其差異；而年代問題則批評如：

> 則其《集註》、《或問》之類，固其所終身者也。固其既悔之後，而三復刪定者也。**烏得以意義浩博，議論參差，而遂指爲中年未定之說哉**？〔註195〕

上述，則表示馮柯立場在於批評《定論》對於年代上定位錯誤，且說明《集註》、《或問》等書，因意義廣大而議論多雜，故朱子自中年始至晚年再三更改刪定，但朱子晚年時期仍重視此類內涵，故不可以爲「中年未定」。

《求是編》雖然並不是直接針對「朱陸異同」而作，其針對性乃陽明之〈傳習錄〉，舉凡〈傳習錄〉之談論種種，《求是編》便從中嚴厲批評，且可謂到達極端的地步，包括關於陽明對《定論》之談法。另方面，馮柯作《求是編》尚有另一種考量，此爲儒佛之辨。《求是編》批評陽明排佛不夠撤底，若涉及「朱陸異同」時，馮柯則將陸、王視爲禪學來加以辯駁；至於馮柯作此書原本用意，則有云：

> 陽明王氏致良知之學盛行，凡講學者莫不倚爲說，然亦非能眞知其是與非也……。陽明固自謂得孟氏之傳者，其於闢邪衛正之方，宜知之審矣。其言乃曰：「佛氏之教與孔子閒相出入，而措之日用，往往缺漏無歸。」又曰：「二氏之學，其妙與聖人只有毫釐之間。而頑空虛靜，要之不可以治國平天下。」……。既佛氏之學與孔子相出入，與聖人只毫釐，而豈有措之日用，缺漏無歸，不可以治天下者乎？觀其缺漏無歸，則**知其教與孔子相出入者固大相遠者也**……。
> 〔註196〕

> 然則儒釋之辨，不於其用於其體，不於其麤於其精；而世恆昧昧焉。此《求是編》不得已而作也。道無半和，眞妄當究其指；歸心有極，則是非必剖其疑似。〔註197〕

由上可知，馮柯對陽明之說有其不認同處，且涉及儒佛之辨來談論。至於「朱陸異同」之議題，筆者觀馮柯之批評方式有兩路線，一是針對《定論》本身，另一是針對陽明與陸子學說本身。針對《定論》則多舉年代定位與陽明對朱

〔註195〕《求是編》卷四，頁642。
〔註196〕《求是編》〈求是編自敘〉，頁589。
〔註197〕《求是編》〈求是編自敘〉，頁590。

子解讀之問題；針對陽明學說時，則批評陽明誤解朱子與孟子的理論，試說如下。

1、對陽明學說的嚴厲批評

筆者認為《求是編》對陽明〈傳習錄〉找尋所有批評的可能，故有著相當成分的偏頗，如：

> 知是心之本體，心自然會知。見父自然知孝，見兄自然知弟，見孺子入井自然知惻隱，此便是良知，不假外求。若良知之發，更無私意障礙，即所謂「充其惻隱之心，而仁不可勝用矣。」然在常人不能無私意障礙，所以須用致知格物之功，勝私復理，即心之良知更無障礙，得以充塞流行，便是致其知，知致則意誠。〔註198〕

上述乃陽明對「良知」之解釋，並以孟子四端之說為依歸，其中內容應無問題，而馮柯批評云：

> 孟子曰：「人之所不學而能者，其良能也；所不慮而知者，其良知也。孩提之童，無不知愛其親也；及其長也，無不知敬其兄也。」**前節是兩下說見知、能，不可混作一箇，後節是一滾說知能，不可分做兩箇；此孟子說知行本旨也。**陽明說見父自然知孝……，此便是良知不假外求，分明出於孟子；然而不說良能，以良知之中兼得良能，則亦**只是得他後節意思而已**。故其致良知之說，雖覺新奇，終不免危殆而不安也……。〔註199〕

上述馮柯認為孟子有區分「良知」與「良能」之不同處，當孟子說「不學而能」與「不慮而知」時，是單論「能」與「知」；當孟子說「愛其親」、「敬其兄」時，則是「知能」兩者「兼含」之述說，此方是孟子本意。但陽明把「自然之孝」這種兼含「良能」、「良知」，都用單一的「良知」來說；亦即，馮柯認為陽明隨意地「兼含」孟子的意思，沒有區分「良知」與「良能」。〔註200〕筆者認為，馮柯之批評可謂嚴厲、刻意刁難，又說陽明如此說會導致「危殆不安」。不僅如此，馮柯延伸批評云：

〔註198〕《求是編》卷一，頁598。此書同見《王陽明全集》〈語錄一〉卷一，頁6。
〔註199〕《求是編》卷一，頁598～599。
〔註200〕馮柯針對陽明論說「良知」頗為反感，其批評不僅於此；《求是編》卷四，頁659亦云：「良知之說，出自孟子；孟子言：『人之所不學而能者，良能也；不慮而知者，良知也。』分明以『知』、『能』對說，陽明遺其『良能』而獨舉『良知』，已失孟子之意矣。」

下文「若良知之發，更無私意障礙。」即所謂「充其惻隱之心，而仁
不可勝用。」勝私復理，即心之良知更無障礙，得以充塞流行，便是
致其知之說，其病根皆自此中發來；然其理愈悖，而其詞愈戾矣！蓋
良知者，知也；惻隱之心，仁也；致知格物，求知之方也……。譬之
水陸兩路，相似水路用舟楫，陸路用車馬。有人於此，本欲從水路，
乃釋舟楫之用，而驅車策馬於波濤流蕩之間，以求其濟，其勢必有不
行矣！且曰：「此便是舟楫也。」不亦欺己欺人之甚乎？〔註201〕

上述，馮柯認爲「致知格物」乃「求知」，不可解釋爲「致良知」，並且以「水」、
「陸」二路來作爲譬喻，批評「仁」與「致知格物」各有其效用，斷不可混
爲一談。筆者認爲馮柯之批判並非全然無理，但其立場過於偏頗，認爲陽明
不可以自有想法。但「良」與「知」於儒者實踐中實無法切割，故陽明總是
「兼著說」應無問題。此外，陽明「良知」之說自有系統，可爲「體」爲「用」，
德性根源可從良知本體上說，而善惡之判斷、爲善去惡可從良知發用上說，
而此時應已預設有「知識」的內容，否則如何實踐？此種「良知」的論說方
式在陽明的思維架構下並無問題，馮柯何必批評爲「欺己欺人」？

　　筆者觀《求是編》之批評內容多屬此種嚴厲風格，其中偏頗處不難察覺。
因此，當陽明論述有關「無善無惡」之時，馮柯自然更加言詞批判；有云：

侃去花間草，因曰：「天地間何善難培，惡難去？」先生曰：「未培
未去爾。」少間，曰：「此等看善惡，皆從軀殼起念，便會錯。」侃
未達。曰：「天地生意，花草一般，何曾有善惡之分？子欲觀花，則
以花爲善，以草爲惡；如欲用草時，復以草爲善矣。此等善惡，皆
由汝心好惡所生，故知是錯。」〔註202〕

而馮柯有云：

善雖難培也，用力培之，何善不滋？惡雖難去也，用力去之，何惡
不盡？**故未培未去一言，已足以答侃矣。**至於少間所論，**則佛氏邪
淫之旨，非儒者之言也**……。陽明徒見觀花，則以花爲善草爲惡，
而時乎用草，復以草爲善；因謂此等善惡皆從軀殼起念，皆由汝心
好惡所生而知其錯，則是物之善惡在我而不在物，而爲佛氏無善無
惡之說矣！嗚呼，無善無惡故無錯，有善有惡便會錯？既以爲無，

〔註201〕《求是編》卷一，頁599。
〔註202〕《求是編》卷三，頁626。此書同見《王陽明全集》〈語錄一〉卷一，頁29。

而又指其錯，何其自相背也！〔註203〕

馮柯認爲陽明後半段之說乃佛家「邪淫」之語，他認爲陽明述說觀花時，則以花爲善，草爲惡，將善惡推導於吾心，非物有善惡，是一大錯誤；進而認爲陽明之說乃佛氏之「無善無惡」。另方面，馮柯認爲既然「物」沒有「一定的善惡」而說「無善無惡」，那爲何「說該物有善惡」時，會是一種錯誤？這是自相矛盾。

馮柯此批評可說是不理解陽明的理論層次；「無善無惡」是說「沒有一定的善惡」於「物」上，端看當時之情境來說，端看心境而定。例如，吃佳餚對飢餓者來說，是善、是好的；但對於已經撐飽滿溢的人，則非善，甚至有害；端看情況而定。又例如，日曬與下雨；當農作需要陽光，則善，但若需要及時雨，則反而是下雨是善，日曬是惡；端看當時情境而定。同理；觀花時，欲賞花，故草則有礙；欲求草時，則花爲礙。此道理不難理解，陽明依此脈絡來說「對物之善惡」端看汝心與當時之狀況，因此物本身「沒有一定善惡」方說「何嘗有善惡之分」。陽明在這樣的思維之下，延伸說「以軀殼起念」的這種外在判斷善惡，是錯誤的、非絕對的，故方有「無善無惡」之相關論述。

總括來說，筆者發現馮柯對陽明學說的批判多屬偏見或不理解陽明的理論內涵，而對《定論》的批評則較有部分說服力；下段即述。

2、批評《定論》的失誤處

馮柯反調和的第二路線，即反對陽明《定論》所說的「朱子晚年之悔悟」發生於「晚年」，其云：

> 朱子之窮理反躬，銖積寸累，正顏子仰鑽瞻忽，博約竭才之事。及其豁然貫通之後，乃恍然自失，以爲向來誠是大涉支離，覺得閒中氣象甚適，此其悔悟；正與顏子喟然之歎相似，**未必出於晚年也**。
> 使以朱子之悔爲晚年，則顏子之歎亦爲晚年乎？〔註204〕

上述，馮柯認爲朱子反省以往「支離」之病，是朱子自身學爲的貫通，這種悔悟極爲自然，故不必然發生於晚年；後舉顏回「喟然之歎」作爲對照，實無法有大證據力，只是隨意類比而已。但馮柯的意思，總認爲朱子之「悔悟」並非於晚年，故又批評說：

> 陽明不達於此，遂取朱子平日與人問答手札中，厭煩就約絕學捐書

〔註203〕《求是編》卷三，頁626～627。
〔註204〕《求是編》卷四，頁641。

> 之語，爲晚年定論之書。夫謂之晚年，必其果出於晚年而後可也。
>
> 然以今考此書之意，本出於程篁墩《道一編》，而去取互有得失，年
>
> 歲互有異同，固有不可得而盡信之者……。〔註205〕

上述，馮柯認爲陽明不能夠理解朱子之「悔悟」並非發生於晚年，因此刻意引用朱子的書信作爲證據，來說「朱子晚年定論」，但認爲陽明考據方面頗有問題。不單如此，他舉出《定論》與《道一編》的考據亦有不同之處，故《定論》之取材與立論不可盡信。

　　除了批評《定論》與《道一編》考據上的失誤之外，更批評陽明顛倒早晚，硬是將《集註》、《或問》視爲「中年未定」：

> 《論語》孔門傳道之書也。聞多見之說，與夫一以貫之之說；好古
>
> 敏求之說，與夫予欲無言之說；間見錯出，各有發明。而《集註》、
>
> 《或問》無非明此而已。若《集註》、《或問》而謂之「中年未定之
>
> 說」，則如《論語》者，亦將議其孰爲「中年而未定者」乎、孰爲「晚
>
> 年而定者」乎？〔註206〕

上述，可知馮柯察覺到朱子承認以往太涉支離，故面對《集註》、《或問》等涉及支節工夫者，容易被稱作是「中年未定」的思想。但馮柯進一步解釋說，面對多種情況，有時候需以「多聞多見」作爲教導，有時則需「一以貫之」來陳述，故各有發明。並舉出《論語》中時常有這種現象，有時強調立本，有時說支節工夫；若說「支節」即是「中年未定」，那麼觀《論語》時是否也要去區分孔子亦有所謂的「中年未定」、「晚年定論」呢？

　　上述是馮柯針對《定論》所說的主要質疑點，並從中說明朱子並非「支離」，而是如《論語》之內容，因狀況而各有發明而已。

3、對象山學的批評

　　若回到「朱陸異同」的內涵來說，馮柯在上述第二條路線已替朱子之學申辯並非「支離」；之後，馮柯批評象山學乃「義外」的「告子之學」，此即筆者所說的第三路線；其云：

> 然朱、陸是非，則當今道術所係要，亦不可不論也。象山斥朱子之
>
> 支離，余固以明其不然矣。朱子斥象山以禪學，則其說之然否，尚
>
> 未有以決之者也。以今考之象山之學，全是告子；何也？觀其論告

〔註205〕《求是編》卷四，頁642。
〔註206〕《求是編》卷四，頁642。

子，曰：「告子『不得於言，勿求於心。』是外面硬把捉的，要之，亦是孔門別派；將來也會成，只是終不自然。」又曰：「告子硬把捉直到不動心處，豈非難事，只是依舊不是。」雖說他「終不自然」、「依舊不是」，然味其語意，直是十分稱許尊信他，<u>只為當初孟子斥其義外說壞了他，故為是半許之詞，以為別派爾</u>……。〔註207〕

上述，馮柯認為朱、陸之是非不可不論，而象山是否為「禪」？即便朱子曾經如此批評象山，但馮柯語帶保留，認為無法確定象山是「禪」，於是他查閱象山之學，進而宣稱象山之說全是「告子之學」。觀馮柯上述引象山之談論，筆者認為象山的確沒有完全否定那種「把捉」的強制以至「不動心」的告子式談論，但另方面象山也承認如此做「不自然」、「依舊不是」，頂多只能說是「孔門別派」，故仍象山仍依歸於孟子之說為要，並非馮柯所言之「只為當初孟子斥其義外說壞了他，故為是半許之詞，以為別派爾」。而馮柯所引之象山談論，其全文應為：

> 告子硬把捉，直到不動心處，豈非難事？只是依舊不是。某平日與兄說話，從天而下，從肝肺中流出，<u>是自家有底物事，何常硬把捉</u>？……。告子之意：「不得於言，勿求於心。」是外面硬把捉的；要之，亦是孔門別派，將來也會成，只是終不自然。<u>孟子出於子思，則是涵養成就者，故曰：「是集義所生者」</u>。〔註208〕

上述象山肯定孟子直接從「涵養」而「集義」而不動心，而告子卻是刻意強制，故兩者差別甚大，而特別稱許了孟子，故並不是以告子之說為是。至於「孔門別派」只是「要之」來說，勉強說是「別派」乃因為告子「將來也會成」，但象山又說「終不自然」，故貶義非淺。加上象山曾言：「告子不動心，是操持堅執做；孟子不動心，是明道之力。」〔註209〕此更說出告子與孟子之差距，且表達應以孟子之說為是。於此可了解象山並非如馮柯所說對告子「十分稱許尊信告子」，但馮柯仍認為象山之學全是告子：

> 說別派，便見還有正派在，看來孔門真亦有此派……。他又恐人說他是告子、是別派，故又謂：「讀書講求義理，正是告子義外工夫。」夫讀書窮理，此孟子知言之事，正與告子相反，何緣是告子工夫？

〔註207〕《求是編》卷四，頁652。
〔註208〕《陸象山全集》〈語錄〉卷三十五，頁287～288。
〔註209〕《陸象山全集》〈語錄〉卷三十五，頁271。

只爲要見得自家不是告子，故硬以此言推卻。他及見朱子指其不讀
書、不求義理，只靜坐澄心，卻是告子義外。便又說：「某何嘗不教
人讀書？只是比他人讀得別些子。」正如告子論性一般，「杞柳之說」
不勝，遂變爲「湍水之說」；「湍水之說」不勝，又言「生之謂性」。
只是把言語支吾躲閃將去，終不肯反求其理於心……。故象山之學
全是告子，當時亦有人譏其「專欲管歸一路」者，他答以：「吾亦只
有此一路。」看來象山之一路，正是孔門之別派。派爲別派，路是
徑路；別派非正派，徑路非大路。使朱子直以此斥之，吾知象山雖
執拗，亦將心服口呿，而不敢復辯矣。〔註210〕

上述，馮柯認爲象山學乃「告子」之「義外」，因爲象山說：「讀書講求義理，
是告子的義外。」但馮柯認爲，讀書窮理正是孟子所要說的「知言」，〔註211〕
怎麼會是告子工夫？另外，馮柯又認爲象山因朱子批評他「不讀書」、「不求
義理」，才有教導門人讀書。而這種現象，馮柯認爲象山跟告子頗爲相似，因
爲告子也是跟孟子論辯失敗，而又不斷的言及其他，因此都是：「把言語支吾
躲閃將去，終不肯反求其理於心。」而這樣的指控，加上馮柯所提象山之「專
欲管歸一路」，故作「象山爲告子」此結論。最後，馮柯總結有關「把捉此心」
的學說，即佛氏、告子、象山之學一起談論；有云：

告子之學即原憲之學，佛氏之學即告子之學，象山之學即佛氏之學：
皆硬是把捉此心，以求到不動之地。但佛氏說得較闊大又較驚怪爾，
其實只是一般。象山說到內無所累、外無所累，自然自在，纔有一
些子意便沉重了……。但當初原只是告子之學，不曾學禪，所以雖
流入禪家境界，亦認做不動心的效驗，而不肯服也……。〔註212〕

上述，除象山學即告子之學之外，「原憲之學」亦被馮柯列入，〔註213〕甚至與

〔註210〕《求是編》卷四，頁652～653。其中象山「讀書」之說，可見於《陸象山全
　　　　集》〈語錄〉卷三十五，頁289：「人謂某不教人讀書，如敏求前日來問某下
　　　　手處，某教他讀〈旅獒〉、〈太甲〉、告子『牛山之木』以下，何嘗不讀書來？
　　　　只是比他人讀得別些子。」
〔註211〕《四書集註》〈孟子‧公孫丑上〉卷三，頁231：「我知言，我善養吾浩然之
　　　　氣。」又，頁232～233：「詖辭知其所蔽，淫辭知其所陷，邪辭知其所離，
　　　　遁辭知其所窮。生於其心，害於其政：發於其政，害於其事。聖人復起，必
　　　　從吾言矣。」
〔註212〕《求是編》卷四，頁654。
〔註213〕《四書集註》〈論語集註‧憲問〉卷七，頁149有云：「『克、伐、怨、欲，不

佛氏之學相即,在「把捉此心」的層面下說象山「即佛氏之學」。筆者觀馮柯的主張,他認爲象山根本上是告子之學、頗類似禪學,但其實都是以「把捉此心」的層面來說的。即便馮柯並沒有直接主張象山爲「禪」,但仍在「操作不動心」的這個層面上說;而後他作總結云:

> 象山嘗言:「自立自重,不可隨人腳跟、學人言語。」且如原憲、告子、佛氏、象山;皆是各立一家主意……。〔註214〕

上述乃馮柯對象山學說的總結,認爲象山自立一家主意,因此「朱陸異同」在他的論述模式下勢必無法有「同」之可能。

明代反對朱陸調和者,如上列舉數位,應可代表此時期的反對者所欲攻擊的方向。至明末,亦有顧憲成(1550~1612,字叔時,號涇陽)批評王學末流流弊之現象,〔註215〕雖曾稱讚陽明的「良知」等教法,但批評其學中的「無善無惡」所產生的混雜現象,〔註216〕但其說亦非特殊,故不贅述之,以

行焉,可以爲「仁」矣?』子曰:『可以爲難矣,仁則吾不知也。』」此處則述說,原憲以「克制」、「把捉」而不爲「好勝」、「自矜」、「怨恨」、「貪欲」,是否可爲「仁」。而孔子說如此做相當困難,但未必是「仁」。而此種「克制」而避惡之方式,馮柯亦列入「把捉此心」之學,而與象山、告子、佛氏併列舉之。

〔註214〕《求是編》卷四,頁654。象山之語見於《陸象山全集》〈語錄〉卷三十五,頁301。

〔註215〕顧憲成:《涇皋藏稿》〈簡伍容菴學憲·又〉卷四《文淵閣四庫全書》集部,(臺北:臺灣商務印書館,民國75年初版)頁45:「方今無善無惡之說盈天下,其流毒甚酷,弟不揣僭有推敲正爲高明所笑;丈乃謬有取焉,竊以自信文成自是豪傑,異時尚當從丈面證,今未敢漫爾相復也……。」又,《涇皋藏稿》〈朱子二大辨續說〉卷十二,頁157云:「夫儒釋、王霸,非可區區形跡間較也。釋學遺情絕累,以清淨寂滅爲極,則得無善無惡之精者也:是予向所云最玄處也,究也超其性於空矣。儒則實霸學,挾智弄術以縱橫顚倒爲妙用,得無善無惡之機者也:是予向所云最巧處也,究也戕其性於僞矣……。是故性善之說與無善無惡之說分,即儒釋王霸亦隨而分,從其分而辨之也易。性善之說與無善無惡之說合,即儒釋王霸亦隨而合,從其合而辨之也難。端緒甚微,干涉甚巨,吾始以爲告子之偏執不如陽明之融通,而今而知陽明之融通又不如孟子之斬截,足以折異論、撤羣疑,使人曉然於毫髮千里之別也。」

〔註216〕《涇皋藏稿》〈心學宗序〉卷六,頁86云:「無聲無臭見以善爲精,而爲之模寫之辭也,眞空也。無善無惡,見以善爲粗,而爲之破除之辭也,影空也。夫豈可以強而附會哉?是故始也,認子作賊;卒也認賊作子,名曰心學,實心學之蠹耳,何者失其宗也……。蓋昔王文成之揭良知,自信易簡直截,可俟百世,委爲不誣。而天泉證道,又獨標無善無惡爲第一諦焉,予竊惟良即善也,善所本有,還其本有:惡所本無,還其本無,是曰自然。夷善爲惡,絀有爲無,不免費安排矣……。」此處顧氏談論「無善無惡」並不是對「心」

下即帶入清代時期。

二、清代時期的反調和者勾勒

　　至清代，反對陸、王之學以及反對「朱陸調和」者不減反增，甚至牽扯政治、史學編纂層面的考量，此時期欲主程、朱之學爲正統者較多。此期間有孫承澤（1593～1676，字耳北，號北海）作《考正晚年定論》針對陽明之說反駁，取朱子晚年「異於象山」、「批評象山」的一些談論以說明朱陸相異、陽明詆誣朱子。〔註 217〕孫承澤著此書相當晚，於康熙十二年，其八十一歲時所撰，〔註 218〕其取材自淳熙元年甲午（1174 年）朱子四十五歲時，至慶元六年庚申（1200 年）朱子七十一歲之間的談論。所舉之例皆是朱子異於陸子、陽明的思想內容，亦取材朱子批評陸學之言。〔註 219〕另外，顧炎武（1613～1682，字寧人，號亭林）於其《日知錄》〈朱子晚年定論〉中，贊同陳建《學蔀通辨》之說，並列舉調和者多人加以批評之，且批評陽明的《定論》乃舞文弄墨之作。〔註 220〕而党成（1615～1693，字憲公，號冰壑）有〈辨朱陸異

　　做出較佳的形述，反而是種「影空」之見，而莫如「無聲無臭」形述之精，而造成失其宗旨。後又言陽明之「良知」雖揭露直截，但於天泉證道所談之「無善無惡」，乃屬多餘之作。

〔註 217〕孫承澤：《考正晚年定論・序》《四庫全書存目叢書補編》，第九十五冊，（濟南市：齊魯書社，2001 年），頁 1：「考正者，改正其謬也。或曰：『陽明一生牴悟朱子，晚作《定論》，悔而尊朱子也。』余曰：『否。』否此陽明深詆朱子也……。陽明獨於文集中摘三十條以爲定論，又不言晚年始於何年；但取偶然謙抑之辭，或隨問而答之語，及早年與人之筆徵，涉頓悟而不事問學與陸子靜合者，俱坐晚年，以爲晚而自悔，始爲定論……。」

〔註 218〕《考正晚年定論・序》，頁 2。

〔註 219〕孫承澤所舉之例，皆在朱子四十五歲之後，且談論皆異於陸學，或是批評陸學的內容。此方面並非難以舉例；明代許多反調和的學者亦舉之甚詳，故筆者不再贅述之。

〔註 220〕顧炎武著，黃汝成集釋：《日知錄集釋・朱子晚年定論》卷十八，（上海，上海古籍出版社，2006 年 12 月第一版一刷），頁頁 1061～1063 云：「王文成所輯《朱子晚年定論》，今之學者多信之。不知當時羅文莊已嘗與之書而辯之矣……。東莞陳建作《學蔀通辯》，取《朱子年譜》、《行狀》、《文集》、《語類》，及與陸氏兄弟往來書札，逐年編輯，而爲之辯曰：『朱陸早同晚異之實……。』」同上，頁 1065 又云：「宛平孫承澤謂：『朱子一生，效法孔子。進學必在致知，涵養必在主敬，德性在是，問學在是。如謬以朱子爲支離、爲晚悔，則是吾夫子所謂好古敏求、多聞多見、博文約禮，皆早年之支離，必如無言、無知、無能爲晚年自悔之定論也。』以此觀之，則《晚年定論》之刻，眞爲陽明舞文之書矣。」

同〉一文，則偏向尊崇朱子之說爲正，認爲象山之說猶近理，而至陽明則大亂矣。〔註221〕至於較爲全面尊程、朱而攻陸、王，且作專著反對者，筆者列舉多位人物敘述如下文。

（一）陸隴其的尊朱排王路線

陸隴其（1630～1692，字稼書）作〈學術辨〉，以程、朱之學爲正統，批評陽明爲禪學。另外，又作《問學錄》批評《道一編》、《朱子晚年定論》等，以捍衛紫陽之學；說明如下。

1、〈學術辨〉對陽明學說的批評

陸隴其於〈學術辨〉中，欲表達孔、孟乃正統儒者之學，而後尊程、朱亦爲正統，另方面提及「異學者」以「尊孔孟」、「尊程朱」爲表面，其實質內容則爲非；其云：

> 自唐以後，異端曲學，知儒者之尊孔、孟也。於是皆託於孔、孟，以自行其說……。程、朱出而崇正闢邪，然後孔、孟之道復明而天下尊之。自宋以來，異端曲學，知儒者之尊程、朱也，於是又託於

〔註221〕《清儒學案》〈婁山學案〉卷二十八，頁 1092 記載党成之〈辨朱陸異同〉有云：「本心、物理原非二道，朱子之意，謂夫物理之即我心也……。陸氏之學，亦謂本心之理無不具也，乃專事本心而脫略典籍，遂使本心不充，而學流於曲：此二家之大略也。今人類有兩可其說，以爲陸是尊德性，而朱是道問學者：此言殊未然。蓋朱子之道問學，而實尊德性者也；陸氏則錮其德性矣，尚何尊之可云乎？此是則彼非……。若粗論其同，二家皆爲君子，皆欲持世教，皆欲崇天德，皆欲無私欲，其秉心似無大異者。而實究其學宗，則博文約禮者，孔、顏之家法，屢見於《論語》，朱子得乎其正矣！陸氏乃言『《六經》皆我注腳』……；蓋倚『吾心即宇宙，宇宙即吾心』之見而偏焉者也。」由此可知，党成對「朱陸異同」議題，大略上認爲兩人有其同，但在細部上作出兩人爲學宗旨的差異性，並認爲朱子爲是。此外，若論及陽明則批評較甚；《清儒學案》〈婁山學案〉卷二十八，頁 1093 記載党成之〈答師清寰書〉有云：「象山議論猶其近理者，至陽明則其大亂眞者也……。不尊德性，不可謂道問學；不道問學，不可謂尊德性。若曰用力居多，此學便屬偏曲；〈項平父書〉雖出朱子，亦陽明《定論》中所剿括者，何可據以爲的實也？……。今存養主敬許多話頭，皆聖賢精旨所在，人苟虛其心，平其氣，去其好惡之念，忘其先主之言，只於《四書》、《五經》、《性理大全》中將此等話頭一一領會，而不敢誣爲我心註腳，此道正義，可指日而了然矣。倘不屑務此，而醉心於《傳習》、《定論》諸書……，皆不肯解作讀書；《大學》格物，只解爲『爲善去惡』，令人一見，即爲所惑……。」上述，可見党成較贊同朱子爲學之路，而反對只針對「本」而捨棄諸經；另方面，更勸勉學者不應只醉心於《傳習錄》、《定論》等書冊，而應該在經典上求知、實踐領會。

程、朱以自行其説……。〔註222〕

上述，陸隴其表達尊程、朱的立場，並說明有所謂「異學」假借孔孟、程朱之學而自行其說，而此弊端日趨嚴重，其說乃針對陽明而來；有云：

> 其弊在宋、元之際即有之，而莫甚於明之中葉。**自陽明王氏倡爲良知之説，以禪之實而託儒之名**，且輯《朱子晚年定論》一書，以明己之學與朱子未嘗異。龍溪、心齋、近溪、海門之徒，從而衍之。王氏之學徧天下，幾以爲聖人復起。而古先聖賢下學上達之遺法，滅裂無餘，學術壞而風俗隨之……。〔註223〕

陸隴其認爲異學假借孔、孟，託於程、朱這種學術弊端在宋、元時期就存在，然而最嚴重的時候即是陽明的「良知」學說。他認爲陽明以「禪之實」託於儒學，又編《朱子晚年定論》來說自己同於朱子，而後學闡揚，王學遂徧天下；但陸隴其認爲聖學之「下學上達」路線已被毀滅，學術因此敗壞。另方面他更將陽明視爲「禪」而敗壞學風，其根據是：

> 陽明以禪之實而託於儒，其流害固不可勝言矣！然其所以爲禪者如之何？曰：「明乎心性之辨，則知禪矣。」……。若夫禪者，則以知覺爲性，而以知覺之發動者爲心；故彼之所謂性，則吾之所謂心也；彼之所謂心，則吾之所謂意也……。既已知覺爲性，則其所欲保養而勿失者，惟是而已。一切人倫庶物之理，皆足以爲我之障，而惟恐其或累，宜其盡舉而棄之也。陽明言「性無善無惡」，蓋亦指知覺爲性也。其所謂良知、所謂天理、所謂至善，莫非指此而已。故其言曰：「佛氏本來面目，即我門所謂良知。」又曰：「良知即天理。」又曰：「無善無惡乃所謂至善。」雖其縱橫變幻，不可究詰，而其大旨亦可睹矣！〔註224〕

上述，陸隴其認爲「辨心性」則可知陽明爲禪；他以「知覺爲性」批評陽明，認爲陽明所說的「性」僅屬知覺層面，而所說的「心」只是意識層面，非吾

〔註222〕陸隴其：《陸稼書先生文集》〈學術辨上〉卷一，（北京：中華書局，1985 年新一版），頁 10。

〔註223〕《陸稼書先生文集》〈學術辨上〉卷一，頁 11。

〔註224〕《陸稼書先生文集》〈學術辨中〉卷一，頁 12。文中陽明之：「佛氏本來面目，即我門所謂良知。」見於《王陽明全集》〈語錄二〉卷二，頁 67。而「無善無惡乃所謂至善。」見於《王陽明全集》〈語錄一〉卷一，頁 29。而陸隴其所引是否斷章取義，及其解讀是否正確，筆者則於第四章衡定陽明思想核心時即可間接澄清之。

儒所謂「心性」也，而依此認爲與禪學論「性」同。此外，又批評陽明以「無善無惡」說以「本來面目」說「良知」的方式，後又說「良知即天理」、「無善無惡是謂至善」這些內容都是語辭縱橫變幻，沒有實質儒家本意。而這種批評可謂簡略，且以文字表面意義來批評陽明禪學化，故有其失誤處。然而，對於陽明是否眞是「禪」等相關問題，筆者於第四章衡定陽明學說核心時則可辯駁其中得失，於此順著陸隴其的批判模式敘述之。

陸隴其既然認爲陽明是「禪」，竟又有如此影響力，他推究原因，有云：

> 天下學者，所以樂趨於陽明而不可過者有二。一則爲其學者可以縱肆自適，非若程、朱之履繩蹈矩，不可假借也。一則其學者專以知覺爲主，謂人身有生死，而知覺無生死，故其視天下一切皆幻，而惟此爲眞，故不賢者既樂其縱肆，而賢者又思求其無生死者，此所以群趨而不能舍。嗚呼！縱肆之不可，易明也；至於無生死之說，則眞禪家之妄耳……。〔註225〕

此處，陸隴其道出陽明學之所以「惑人」之兩原因；一是陽明學者可以放縱自我而無程、朱之守矩；另一是以「知覺」妙悟無生死，而使賢者樂於此道。筆者認爲，先不論禪家「無生死」談論是如何說，就以這兩個原因來天下學者喜好王學實顯粗略，亦過度簡化。

若談論及當時批評王學末流而返歸程、朱者，陸隴其雖提及顧憲成、高攀龍的救正，卻也不甚滿意顧、高的論述內涵；有云：

> 於是涇陽、景逸起而救之，痛言王氏之弊，使天下學者復尋程、朱之遺規，向之邪說詖行，爲之稍變。然至於本源之際，所謂陽尊而陰篡之者，猶未能盡絕之也……。今之說者猶曰：「陽明與程、朱同師孔、孟，同言仁義，雖意見稍異，然皆聖人之徒也，何必力排而深拒之乎？」夫使其自外於孔、孟，自外於仁義，則天下之人皆知其非，又奚待吾之辨？惟其似孔、孟而非孔、孟，似仁義而非仁義，所謂失之毫釐，差以千里，此其所不容不辨耳。或又曰：「陽明之流弊非陽明之過也，學陽明之過耳。程、朱之學，豈獨無流弊乎？今之學程、朱者，未必皆如敬軒、敬齋、月川之絲毫無疵也。其流入於偏執固滯，以至僨事者亦有矣，則亦將歸罪於程、朱乎？」是又不然，夫天下有立教之弊，有末學之弊。末學之弊如清源而濁流也，

> 立教之弊如濁流亦濁也……。若夫陽明之所以爲教,則其源流先已
> 病矣,是豈可徒咎末學哉?〔註226〕

上述,陸隴其提及東林學派之顧憲成、高攀龍對王學末流的批評,但認爲此
末流邪說只是稍微改善,其根本還是沒有杜絕。此外,陸隴其反對調和者的
述說,認爲陽明之學與程、朱之學雖各有流弊,但陽明之學在「立教」基礎
上已經錯誤,故不僅僅是「末流之弊」而已;非如程、朱之學是「清源」而
末學是「濁流」。此處,陸隴其認爲王學流弊不可以僅歸咎在後學上,而是一
開始的陽明立教即是「濁流」。

另方面,陸隴其對於陽明學的負面影響擴大,甚至將顧憲成、高攀龍批
評的不夠深入、反對的不夠徹底也認爲是王學的影響;其云:

> 涇陽、景逸深懲其弊,知夫知覺之非性,**而無善無惡不可以言性**,
> 其所以排擊陽明者,亦可謂得其本矣。然其學也,專以靜坐爲主,
> 則其所重,仍在知覺,雖云事物之理乃吾性所固有,而亦當窮究,
> 然既偏重於靜,則窮之未必能盡其精微……。是故以理爲外而欲以
> 心籠罩之者,陽明之學也;以理爲內,而欲以心籠罩之者,高、顧
> 之學也。**陽明之病,在認心爲性,高、顧之病,在惡動求靜**……。
> 由是觀之,**則高、顧之學,雖箴砭陽明,多切中其病,至於本源之
> 地仍不能出其範圍。**豈非陽明之說浸淫於人心,雖有大賢,不免猶
> 蹈其弊乎?〔註227〕

上述,陸隴其之說對顧、高未能公平;顧憲成最難接受的是陽明的「無善無
惡」之說,但對於陽明的「良知」說則未曾反對,高攀龍亦非全部批評王學。
然而陸隴其認爲這是顧、高喜好「靜坐」之病,並說明是陽明學影響學者太
深的緣故。而關於顧、高對陽明學的批評此筆者雖無法無詳述之,但筆者認
爲顧、高之學並非如陸隴其批評的「偏於靜坐」,〔註228〕此外,陽明之學是否

〔註226〕《陸稼書先生文集》〈學術辨上〉卷一,頁11～12。
〔註227〕《陸稼書先生文集》〈學術辨中〉卷一,頁13。
〔註228〕顧憲成雖有言「靜坐」,但乃承襲自程、朱之教,而欲體驗未發。《明儒學案》
〈東林學案一〉卷五十八,頁1380云:「程子每見人靜坐,便嘆其善學。羅
豫章教李延平於靜中看喜怒哀樂氣象。至朱子又曰:『只理會得道理明透,自
然是靜,不可去討靜坐。』三言皆有至理,須參合之使得。」從文義可見,
涇陽並非妄自靜坐,亦不討靜坐,重點在於靜中可體認之理。陸隴其之批評
頗爲過度,且無證據顯示顧氏之靜坐乃陽明學所影響,更無法明確說明其靜
坐是虛寂意義的靜坐。而高攀龍亦非偏頗於靜;《高子遺書》〈與周季純一〉

全為「禪」，對後學的影響為何，陸隴其表達他的主觀認知而忽略細節。且因顧、高曾言「靜坐」，竟馬上連結是陽明思想的流弊影響，完全忽略顧、高談靜坐乃依承程、朱；此乃陸隴其不去體驗「靜坐」的合理性，故筆者認為陸氏之批評過度而有失公允。

2、《問學錄》對《定論》與「朱陸異同」的看法

關於「朱陸異同」議題，陸隴其則於《問學錄》中舉出前人意見作為對「朱陸異同」的立場表明。然筆者觀其立場，亦是尊程朱而排陸王，故一開始即批評《道一編》、《定論》，之後引用多人之見解作為證據；有云：

> 誠篁墩之《道一編》、王陽明之《朱子晚年定論》，其意旨欲以朱合陸，此皆所謂援儒入墨，**較之顯背紫陽者，其失尤甚**……。〔註229〕

上述陸氏舉出《道一編》、《定論》之失，又引陳建之言作為旁證；有云：

> 清瀾曰：「……篁墩《道一編》，欲彌縫陸學，乃取二家之論，早晚一切顛倒變亂之，遂牽合二家，以為早異晚同，矯誣朱子以為早年誤疑象山，而晚年始悔悟而與象山合……。愚聞閱焉，不勝憤慨！因效法家翻案法，著為《學蔀通辨》，編年考訂，以究極二家早晚同異是非之歸……。」〔註230〕

上述，陸隴其表達出贊同陳建《學蔀通辨》之述說；筆者於前文談及明代反調和者時已詳述陳建之談論，且其立論屬較偏激者，然而陸隴其卻贊同之，可見陸氏亦採取此種立場來面對「朱陸異同」問題。此外，陸氏亦不忘取他人之言來批評陽明後學者；有云：

> 高景逸論陽明曰：「姚江天挺豪傑妙悟良知，**一洗支離，其功甚偉**，豈可不謂孔子之學？然而**非孔子之教**也。今其弊昭昭矣，始也掃見聞以明心耳，究且任心而廢學，於是乎詩書禮樂輕而士鮮實悟……。」則亦反其本而已矣，反其本者，文行忠信也。〔註231〕

卷八下，頁533有云：「學不在多言，只變化氣質、涵養性情，一切五常百行皆以此為本然。非見道，不能每日偷閒靜坐、猛奮體認。若靜中復頹闒，則動中氣濁，道體不顯也。」於此可見，景逸雖言靜坐，但若不涵養本源復性，則靜坐亦是枉然。

〔註229〕《陸稼書先生問學錄》卷一，《四庫全書存目叢書》，子部，儒家類，第二十二冊，（臺南：莊嚴文化事業，1995年9月初版一刷），頁9。

〔註230〕《陸稼書先生問學錄》卷一，頁9。

〔註231〕《陸稼書先生問學錄》卷四，頁9～10。此書同見《高子遺書》〈崇文會語序〉卷九上，頁23。

高攀龍之談論筆者亦於前文「調和者」中論及，其論說雖批評陽明，但非針對陽明學本身的「良知」，而是「無善無惡」的談論，並主要集中在批評王學末流流弊，且景逸對於王學仍有一定的認同。而陸隴其引景逸之言，頂多可用來說明王學流弊之現象，應無法有效直接抨擊陽明。而針對「朱陸異同」或談論王學流弊者，陸隴其多引用於《問學錄》中；又引如：

> 敬齋又與羅一峰書曰：「吳草廬初年甚聰明，晚年做得無意思；其論朱、陸之學，以朱子道問學，陸子尊德性；說的不是。愚以爲尊德性工夫亦莫如朱子平日操存涵養，無非尊德性之事。但其存心窮理之功未嘗偏廢，非若陸子之專本而遺末。其後陸子陷於禪學，將德性都空了，謂之能尊德性，可乎？」此數語，斷盡朱、陸之同異。

〔註232〕

上述乃胡敬齋（胡居仁）與羅一峰（羅倫）之書，陸隴其表達贊同之意，亦即承認象山乃「禪學」而非尊德性，朱子平日涵養亦有尊德性，且不廢存心窮理之事；而陸隴其認爲此種論斷是明顯的「朱陸異同」的判斷標準。

筆者觀陸隴其於《問學錄》中類似引前學者之談論、書信，來說明「朱陸異同」的「異」，不外乎此類形式。於《問學錄》中，亦可看出陸隴其的立場鮮明，而對於朱、陸之間非但不可調和，且以貶低陸、王爲主要攻擊路線。

（二）張烈《王學質疑》的激烈批評

張烈（1622～1685，字武成）作《王學質疑》，以朱子思想爲正統，批評象山、陽明，似陳建之強勢風格；不同者在於陳建主攻象山，而張烈主攻陽明。《王學質疑》該書前四卷類似馮柯針對陽明思想本身加以批評，卷五爲總論歸結，後又有專文論述「朱陸異同」；筆者簡要介紹如下。

1、批評陸、王學說之誤

張烈著《王學質疑》之目的，其中一重點在於批評陽明的「良知」之說，且上溯象山論心，以鞏固朱子學的正統性，其於〈自序〉中云：

> 良知不講久矣，曷爲？爲不急之辯。曰：非敢然也；學孔子者，舍朱子而莫由，而王盡翻朱子，與之爲水火。其說盛行於嘉隆，天下講學者，莫不以詆朱爲能；萬曆之世，仙佛雜霸並行，士子不復知有儒矣……。本朝釐正文體，朱註復興，講者稱周、程、張、朱而

〔註232〕《陸稼書先生問學錄》卷四，頁 10～11。此書同見《胡文敬集》卷一，頁 14。

仍與王、陸並列，亦習氣未盡也。**相沿以爲象山尊德性，朱子道問學；不知尊德性而不道問學，究失其所爲德性；道問學而不尊德性，則所謂問學者何爲？朱子果如是乎？**〔註233〕

上述，張烈一開始點出一學術現象，乃朱、王之學壁壘分明、水火不融的情境：王學盛行於嘉隆年間，詆朱學；而萬曆年間與仙、佛混雜並行。直至清，朱學復興，但仍與陸、王之學並列。但當時，張烈認爲朱子並非對手所指稱只知「道問學」，若「道問學」而不「尊德性」，如何是學者所爲？因此朱子並非如此，其原因是陸、王的詆毀所造成對朱子學的誤解，此乃文中的「相沿以爲」之事。此外，又云：

有學又爲王、陸所攝，先入爲主，必有好高矜忮之心，無復從容巽順之志，**其取朱子，取其合於王、陸者而已，非朱子眞面，即非孔子眞面也**……。若陽明，則虛浮飄蕩……，其藩籬者，皆欲揚眉努目，自標宗旨，亂儒術而壞人心莫此爲甚；此而不知辨明，是終無以見孔子之道也……。〔註234〕

張烈認爲，陸、王之說造成後學「好高矜忮」，其後學更取朱子的學說部份來合於己說，但這些「取朱子以合於陸、王」的內容不是朱子學問之全貌，亦非孔子之學。另方面說明陽明「虛浮飄蕩」、「自標宗旨」，是亂儒術的大本，故需辯明之。

筆者觀《王學質疑》一文中，張烈對陸、王學說的批評，實以陽明爲主，另外張烈更以王學後學者產生的流弊，全部歸結在王學身上，並依此解讀陽明的學說內容；筆者依序述說如下：

象山言本心，陽明言良知，其弊使人喪本心、喪良知；何也？〔註235〕

人之心，**非別有一物在窈窈冥冥中**。視聽言動，皆心所在也。善治心者，治視聽言動即治心也，治倫物政事即治心也。視聽言動、倫物政事之間講明一分，則心之本明者復一分矣；力行一分，則心之本善者復一分矣。〔註236〕

此說，張烈認爲陸子言「本心」、陽明言「良知」反使人喪失「本心」、「良知」。

〔註233〕張烈：《王學質疑》〈自序〉，（臺北：廣文書局，民國71年8月初版），頁1。
〔註234〕《王學質疑》〈自序〉，頁1。
〔註235〕《王學質疑》〈總論〉卷五，頁1。
〔註236〕《王學質疑》〈總論〉卷五，頁1。

其原因，在於陸、王形述一個「虛物」之「心」而高談之；張烈認爲，求心不待此種言說，反從日常生活、人倫事物之事情中即可明此心、復本心、復善。張烈此說頗合理，但以「虛物之心」評論陸、王遺忘人倫則顯粗略。此外，又云：

> 今詆學朱子者曰：「支離也、玩物也、義外也。」……垂則後學其誰不曰：「吾自有良知、《六經》任我驅使，讀書訓詁，可鄙也。」而穿鑿武斷、離經背道之講說，顯行於世矣……。〔註237〕
>
> 總之陽明天資雄放……。一旦有得於佛、老與象山旨合，喜其與己便也。自私所好，亦可矣，不宜以此講學獨闢宗旨。舉聖賢經書，直欲以此意強貫之，眞謂《六經》註我，隨意驅駕，何所不可；此詖淫之始也。及人多不服，則**假借孟子「良知」二字，猶嫌其僅出孟子，遂竄入《大學》致知，至於攻者益衆，又見象山之學竟爲朱子所掩，計以爲勢不兩立**……。〔註238〕

張烈指出陸、王之後學說朱子「支離」、「坑物」、「義外」等；此外，後學更標榜「良知」內存，故妄自驅使《六經》而廢書冊、穿鑿武斷、離經背道，並說明出此現象乃導源於陽明、象山，且關鍵在於陽明。張烈認爲陽明喜愛佛、老、象山之學，並含混其內容於陽明自身學說中，且強貫於聖賢之經典而隨意驅駕。另方面，更認爲陽明假借孟子的「良知」二字解讀《大學》，而獨顯自身的宗旨，後來又看到象山學說被朱子所掩蓋，因此將朱學視爲仇敵。由此可知張烈的批評，個人主觀意識過於強烈，且沒有明確的證據；例如「假借孟子」、「陽明將朱學視爲仇敵」等語皆屬個人論斷。而這些情緒語辭，其中一原因在於張烈尊朱徹底，排斥陸、王；有云：

> 朱子如泰山喬嶽，何可易搖？則以《大學》古本爲據；曰：「我非背朱，失於信孔子太過也。」巧言如此。「格」不訓「至」，則以「格其非心」爲據曰：「致良知於事物，格其不正，以復本體之正也。」牽強附會又如此至。究其何以格其不正；則曰：「去人欲存天理也。」詰其不即物窮理，恐認欲爲理；則又曰：「此志不眞切也。夫以格物爲去人欲存天理，是欲正心先誠意。欲誠意先致知，而致知又在正

〔註237〕《王學質疑》〈總論〉卷五，頁2。
〔註238〕《王學質疑》〈總論〉卷五，頁3。

心誠意矣。」說其可通乎？〔註239〕

張烈認爲陽明無法撼動朱子的學說；以古本《大學》爲例，他批評陽明將「格物」解爲「格心」是牽強附會。如何「格不正」，張烈認爲陽明所解釋的「存天理去人欲」無法交代清楚「理」與「欲」之差別；陽明又說「立志」則可明瞭「天理」、「人欲」，但是張烈認爲「格心」時不能知道「理」爲何，陽明卻又以「誠意」、「正心」來說；然後又說要「誠意」得先「致知」，「致知」又要先「正心」、「誠意」；如此一來，沒有一個基礎，而是互相循環的解釋，是說不通的。

筆者總括上述諸多引文，認爲張烈對於陽明學的反對已達刻意刁難的地步，除了認爲陽明受到佛、老之學影響之外，更因此亂儒術、標榜個人宗旨。而批評陽明對「誠意」、「正心」、「致知」等解釋內容都是不通的，順此脈絡來看，張烈自然對陽明所作之《定論》必嚴加駁斥；下即述之。

2、《定論》之非與朱陸相異

張烈認爲《定論》實爲陽明的舞文之作以欺天下人；有云：

> 則又以朱攻朱，著爲《晚年定論》，**實則以中爲晚，以晚爲中**，與當日情事迥不相涉。**鍛鍊舞文，誑詞以欺天下人。**不可欺，則又曰：「**年歲原未深考，乃委曲調停，不得已之心。**」夫大道如日中天，是則是，非則非，乃亦調停委曲乎？即此一言，心術叵測……。**夫妄稱定論，是意不誠也；不深考事實，是物不格也。此之謂物不格、知不至，故意不誠也。**〔註240〕

此處，張烈攻擊《定論》顛倒早晚，此「以中爲晚」乃批評陽明《定論》中以朱子「中年之論」而作爲「晚年定論」的事實，而「以晚爲中」則批評陽明將《集註》、《或問》等朱子晚年作品視爲「中年未定」的主張。此二方面的年代錯誤，筆者已談論多次，此爲《定論》的最嚴重錯誤之處。張烈此批評實可，但後面則加以人身攻擊，例如「鍛鍊舞文，狂詞以欺天下人……」，完全不能接受陽明因爲考據失誤而說「委曲調停」，進而又批評他「心術叵

〔註239〕《王學質疑》〈總論〉卷五，頁3～4。

〔註240〕《王學質疑》〈總論〉卷五，頁 4。文中：「年歲原未深考，乃委曲調停，不得已之心。」見於《王陽明全集》〈語錄二〉卷二，頁78：「其爲《朱子晚年定論》，蓋亦不得已而然。中間年歲早晚誠有所未考，雖不必盡出於晚年，固多出於晚年者矣。然大意在委曲調停以明此學爲重，平生於朱子之說如神明蓍龜，一旦與之背馳，心誠有所未忍，故不得以爲此。」

測」、「妄稱定論」，因此是「物不格」、「知不至」、「意不誠」。而此強烈語氣只是張烈針對《定論》的一開始批評而已，接下來張烈語辭用盡，批評《定論》與陽明的說法皆非，有云：

> 惟其占題太高，叛道已甚，騎虎不得下，不得不左支右吾，藉筆舌以塞人一時之議，而前後矛盾，蠭漏實多。既曰：「信孔子太過矣。」又曰：「孔子之言，亦不以爲是也。」既曰：「生平於朱子有罔極之恩矣。」又曰：「天下宗朱如宗楊、墨也。」如狡獪健訟之人，逢人即攀，遇事便借口無一定之舌，筆無不牽之義，以此爲講張伎倆可矣，以此爲戰國縱橫游說詭辯可矣；乃用此講學乎？然則王子之良知安在也？〔註241〕

上述張烈之批評，認爲陽明《定論》已作，故「騎虎難下」，而產生種種強辯。但張烈批評陽明說「信孔子太過」……等批評實有其過度之處，亦有斷章取義之嫌；其引陽明論說者四句，皆不按其前後文來解讀。而首二句「信孔子太過」、「孔子之言，不以爲是也」，陽明之原文爲：

> 《大學》古本乃孔門相傳舊本耳。朱子疑其有所脫誤，而改正補緝之。在某則謂其本無脫誤，悉從其舊而已矣。失在於過信孔子則有之，非故去朱子之分章而削其傳也。夫學貴得之心。求之於心而非也，雖其言之出於孔子，不敢以爲是也，而況其未及孔子者乎！求之於心而是也，雖其言之出於庸常，不敢以爲非也，而況其出於孔子乎！且舊本之傳數千載矣，今讀及文詞，既明白而可通：論其工夫，又易簡而可入，亦何所按據而斷其此段之必在於彼，彼段之必在於此，與此之如何而缺，彼之如何而補？而遂改正補緝之，無乃重於背朱而輕於叛孔已乎？〔註242〕

此乃陽明針對古本《大學》提出的看法，不接受朱子的新本《大學》，進而以孔子作一權威來說明「論心」的重要性。陽明的意思是，若某學說不是「求

〔註241〕《王學質疑》〈總論〉卷五，頁4～5。文中引陽明之語「信孔子太過矣」、「孔子之言，不以爲是也。」見於《王陽明全集》〈語錄二・答羅整庵少宰書〉卷二，頁75～76。「生平於朱子有罔極之恩矣。」見於《王陽明全集》〈外集三〉卷二十一，頁 809。「天下宗朱如宗楊、墨也。」見於《王陽明全集》〈語錄二・答羅整庵少宰書〉卷二，頁 77 之：「孟子之時，天下之尊信楊、墨，當不下於今日之崇尚朱說……。」

〔註242〕《王陽明全集》〈語錄二〉卷二，頁75～76。

之於心」的訓誡，雖然是孔子說的也不能以爲是！反之，若非孔子講的「求之於心」，但若有義理亦可遵循爲是。此乃陽明刻意突顯「求之於心」之重要性，觀語句前後，更有「況其未及孔子者」、「況其出於孔子」，因此並沒有貶低孔子之意。而前文張烈文末的批評，乃認爲陽明心態可議，一下子稱讚朱子對他有恩情，一下子又說朱子有如「楊、墨」，而其中「天下宗朱如宗楊、墨也。」若不觀陽明原文，則以爲陽明批評朱子爲「楊」、「墨」，事實上陽明是反應當時尊朱的「盛況」，並非尊朱的「內容」等於「楊、墨」；陽明有云：

> 凡某之所謂格物，其於朱子「九條」之說，**皆包羅統括於其中；但爲之有要，作用不同，正所謂毫釐之差耳**。然毫釐之差而千里之謬實起於此，不可不辨。孟子辟楊、墨至於「無父，無君」。二子亦當時之賢者，使與孟子並世而生，未必不以之爲賢。墨子「兼愛」，行仁而過耳；楊子「爲我」，行義而過耳。此其爲說，亦豈滅理亂常之甚，而足以眩天下哉？而其流之弊，孟子至比於禽獸夷狄，所謂「以學術殺天下後世」也。**今世學術之弊**，其謂之學仁而過者乎？謂之學義而過者乎？抑謂之學不仁不義而過者乎？吾不知其於洪水猛獸何如也！孟子云：「予豈好辨哉？予不得已也！」**楊、墨之道塞天下**，孟子之時，天下之尊信楊、墨，當不下於今日之崇尚朱說，而孟子獨以一人呶呶於其間，噫！可哀矣……**其爲《朱子晚年定論》，蓋亦不得已而然。中間年歲早晚誠有所未考，雖不必盡出於晚年，固多出於晚年者矣**。然大意在**委曲調停以明此學爲重**，平生於朱子之說如神明著龜，一旦與之背馳，心誠有所未忍，故不得已而爲此。〔註243〕

陽明認爲他的「格物」說，與朱子於《大學或問》中提及的「九條」說非常接近，而「爲之有要，作用不同」這是最細微的差別，而且會導致「千里之謬」，讓世人導向見聞方向而忽略最基礎的「良知」或「心」之層面。筆者認爲此部分的含意是；陽明對「格物」的自身解讀，乃從「心」上作「格」，不離「誠意」、「正心」等意義，與朱子論「格物」的偏向仍有細微差異。然而陽明談及「今世學術之弊」乃指當時朱學「流弊」，針對的是過分尊朱而執著於書冊、見聞方面的「格物」，而認爲失「求心」的「格物」會導致很嚴重的「千里之謬」，並且類比於孟子當時的「楊、墨」。事實上陽明此譬喻似有過度之處，但並非說「朱子」是「楊、墨」之學，而是說明尊朱之盛況，以及

〔註243〕《王陽明全集》〈語錄二〉卷二，頁77～78。

當時的人「尊朱學的內容」並非眞正的朱子全部而有所偏，故陽明於文後才會說出《朱子晚年定論》是「不得以而然」的做法。陽明認爲，將朱子「求心」方面點出，可讓朱學的內容並非僅限於格物窮理而偏向見聞方面，此乃爲求調停以明此學。

但筆者亦非完全贊同陽明的做法，因爲他用「楊、墨」的譬喻過度，容易導致「批朱」的意味，而且爲了委屈調停即不考慮考據方面的問題，並有所偏頗地僅舉出「朱子晚年偏向心學」的內容。但儘管如此，陽明亦非如張烈所批評的：「如狡獪健訟之人，逢人即攀，遇事便借口無一定舌，筆無不牽之義。」

張烈既然以此種態度面對陽明，因此他對於「朱陸異同」的看法，乃採取尊朱的路線而駁斥陽明的主張；有云：

> 朱陸同異，非其互爲異也，乃**陸之異於朱耳**。天下之道，不容有
> 二……。惟朱子之書，廣大精深，無所不備……。明之陽明，即宋
> 之象山也……。及**陽明出，而以致良知爲說，竊《大學》、孟子之言，**
> **以文其佛、老之實**；於宋則取象山，於明則取白沙……。〔註244〕

上述，張烈認爲「朱陸同異」這種論述，事實上只是「陸子異於朱子」而已，朱子廣大精深、得聖賢之傳，而陸子非是。另方面，張烈將陽明與陸子同等觀看，認爲陽明即宋代之陸子，且陽明實爲佛、老之學，只是假借儒家之言而已，因此「朱陸異同」對張烈來說，是「陽明與陸子」皆「異於聖學」。

既然否定陽明爲聖學傳統，張烈更將陽明後學的所有流弊加諸在陸、王身上，然後以大是大非的評論方式，來駁斥陽明；其云：

> 自陽明操戈樹幟爲天下禍首，於是魁桀點猾之士相助……。故一傳
> 而爲王畿，則直言二氏而不諱；再傳而爲李贄，則盡詆古之聖
> 賢……。不惟朱子之說不足以入之，即象山之本心、陽明之良知，
> 亦視爲浮塵土梗，邈乎其不相屬矣；高談妙悟，果何益乎？〔註245〕

上述，可知張烈以王學流弊來批評陽明學，所舉王龍溪、李卓吾等人，皆表達其強烈的不滿，甚至說出王學流弊之後，連象山、陽明的「本心」與「良知」等說法亦無法爲「後學」所得之，而僅是空談妙悟。這種現象，張烈認爲是陽明的責任；有云：

〔註244〕《王學質疑》〈附錄·朱陸同異論〉卷五，頁1～2。
〔註245〕《王學質疑》〈附錄·朱陸同異論〉卷五，頁2～3。

竊以爲陽明之禍天下，即懷山襄陵未足爲喻。陸氏之學不行於宋而
行於明，此其效然也。然則朱陸之辨大是非、大利害存焉，**又非獨
同異而已也**……。〔註246〕

此部分，張烈則回歸「朱陸異同」議題；他認爲，因爲陽明才造成學術的亂世，
而且認爲這已經不單純是「朱陸異同」的問題了，而是「是非」、「利害」的問
題。觀張烈之意，「朱陸異同」不但顯而易判，其中更有著是非對錯的評價。

　　總括來說，張烈批評陽明、象山與《定論》，雖有指出陽明《定論》上的
缺失，然而他非僅就事論事而已。他以整個對陸、王之學的否定，來加諸陸、
王學的所有談論，並包含著人身攻擊。筆者認爲，張烈尊朱雖可，然對陸、
王之學的認知並非清晰，凡陸、王之談論內容皆視爲錯誤，可謂偏激矣！

（三）熊賜履的尊程朱闢陸王路線

　　熊賜履（1635～1709，字敬修，號青岳）作《閑道錄》，述說自身對儒學
的見解，亦捍衛朱子以批陽明、象山之學說。另外，又編《學統》以尊程、
朱而排陸、王爲重要指標，並有論及《定論》之些許內涵；試說如下。〔註247〕

　　熊賜履面對朱、陸問題的態度，首先是先確立朱子的崇高地位，其云：

洙泗之說，唯朱子得其正……。自秦漢以來未有朱子；朱子乃三代
以後絕無僅有之一人。〔註248〕

晦庵似孟軻而周詳過之，象山似曾皙而狂放過之。間嘗罕譬而喻，
晦庵是字紙，象山是白紙；晦庵是有星秤，象山是無星秤，知道者
自能辨之。〔註249〕

〔註246〕《王學質疑》〈附錄・朱陸同異論〉卷五，頁3。
〔註247〕熊賜履將程、朱皆列爲《學統》之「正統」，而陸象山、王陽明均列爲「雜統」，
　　　　其尊朱排陸王之立場可見之矣。而《學統》的編輯模式是，將多人歸類爲「正
　　　　統」、「翼統」、「附統」、「雜學」、「雜統」、「異統」六類別，然其中有未公允
　　　　處。例如，以蘇東坡、象山、陽明……等多人，均列爲「雜統」，內容僅以其
　　　　他學者對東坡、象山、陽明的評論語，而非直接從當事者本人的學說來談論、
　　　　分析，因此客觀性較爲不足；而熊賜履則最後總評之。
〔註248〕熊賜履：《閑道錄》卷中，《四庫全書存目叢書》，子部，儒家類，第22冊（臺
　　　　南：莊嚴文化事業，1995年初版一刷），頁29。文中象山之詩見於《陸象山
　　　　全集》〈語錄〉卷三十五，頁299。
〔註249〕熊賜履：《閑道錄》卷中，頁28。而答曾祖道未見於《陸象山全集》，見於《宋
　　　　名臣言行錄》〈外集〉卷十五《文淵閣四庫全書》史部，傳記類，頁19：「曾
　　　　祖道曰：『頃年亦嘗見象山、晦菴。笑曰：「這好商量；公且道象山如何？」
　　　　對曰：「象山之學某曉不得，更是不敢學。」曰：「如何不敢學？」對曰：「象

上述，可知熊賜履捍衛朱學，而批評象山狂放而無實質、如白紙、如無星秤，此外，更批評象山為非儒學正統而為禪學，有云：〔註250〕

> 惟陸氏引釋亂儒，借儒文釋……。又有詩云：「仰首攀南斗，翻身倚北辰，舉頭天外望，無我這般人。」**此非分明是禪偈耶**？其答曾祖道曰：「汝目能視，耳能聽，鼻能知香臭……。如何更要存誠持敬，硬將一物去治一物作甚？」嗚呼，此何語也？非禪家所謂「作用是性」與「狗子亦有佛性」之說耶？陸之為陸，明明宗杲子韶輩……。陸氏既乘其自便之私而中其竊，而又為之改頭換面，飾以似是而非之說，使人陷溺于其中而不自覺。故聞其說，即易為入，一入即不可復出，亦其勢然也……。〔註251〕

> 象山則曰：「朱元晦誠泰山喬嶽，惜乎其未聞道也……。」夫朱子之道，乃堯、舜、禹、湯、文、武、周、孔、顏、曾、思、孟、周、程之道也，如象山之言，夫必如何而後謂之聞道耶？若曰：「汝耳自聰，汝目自明，不須防檢、不須窮索，以是聞道，恐去道益遠矣。」嗚呼！此象山之所謂道，非吾之所謂道；象山之所謂聞，非吾之所謂聞也……。〔註252〕

上述第一引文，熊賜履批評象山乃「禪學」，認為象山之詩分明是「禪學偈」、論述「本」自有而不必他求，而此為「佛性」之說法，且認為象山之言語似是而非，容易讓人陷入而不自覺。第二引文則論說象山批評朱子「未聞道」無法成立，認為象山之「聞」與「道」，乃不須防檢、不須窮索的這種模式，因此根本不是儒家的「聞」、「道」，依此象山批評朱熹「未聞道」根本不成立。

山與某言：『目能視，耳能聽，鼻能知香臭，口能知味，心能思，手足能運動，如何更要甚存誠持敬，硬要將一物去治一物，須要如此做甚？』」』

〔註250〕熊賜履將象山列為「雜統」之列，而所取材的內容全以他人對象山的論述，因此有失公正。其中內容不乏朱子對象山之批評、陳建批評象山為佛……等多人的談論；而後熊氏自身總結之。

〔註251〕熊賜履：《學統》〈雜統・陸象山〉卷四十七，《孔子文化大全》，（濟南：山東友誼書社，1990年9月第一版一刷），頁1866～1867。

〔註252〕《學統》〈正統・朱晦庵先生〉卷九，頁704。文中象山批評朱子「未聞道」見於《陸象山全集》〈語錄〉卷三十四，頁266之：「朱元晦泰山喬嶽，可惜學不見道，枉費精神……。」而「汝耳自聰……」見於《陸象山全集》〈語錄〉卷三十四，頁254之：「居象山，多告學者云：『汝耳自聰，目自明，事父自能孝，事兄自能弟。本無欠闕，不必他求，在自立而已。』」

另方面，熊賜履批評象山爲禪學之後，更批評陽明對朱子的「詆誣」，有云：

> 而陽明答羅整庵書有曰：「楊墨之道塞天下，孟子時……。」信如書
> 言，是陽明以朱子爲楊墨、爲佛老，而居然自比於孟軻、韓愈矣。
> 嗚呼！朱子而果楊墨佛老耶？陽明而果孟軻、韓愈耶？此兒童之
> 見，狂病喪心之語……。既乃知人心之不死，公論之難勝，則又變
> 爲展轉回護之計，作《晚年定論》以自解免：若曰：「朱子晚年所見
> 與我同也。」嗚呼！同不同、定不定姑置不論，就如所云，是前此
> 未嘗實見朱之所以爲朱，而遽乃呶呶焉加之詆誣，其亦何辭於非聖
> 之辜耶？〔註253〕

此處關於「楊、墨」之批評內容，筆者之前論述張烈時亦曾敘述之，故不贅述。
而熊賜履認爲陽明論說「楊、墨」乃「未嘗實見朱子」，而《定論》之作只是無
法說服他人而轉變成維護朱學以說「同於己」，而如此種種都是陽明的喧嚷詆毀
而已。若直接從思想上來談論，熊賜履認爲陽明對朱子有著誤解，批評云：

> 朱子恐人分心與理爲二，而混而一之，陽明反謂其二之。陽明欲合
> 心與理爲一，而實岐而二之，學者反謂其一之，抑未取朱、王之書
> 細讀之也。〔註254〕

上述熊賜履之批評內容，頗類似筆者之前談論調和者高攀龍，其認爲陽明刻意
誤解朱子的那種談論方式，乃「心」、「理」無法割裂的談論模式；即景逸以「格
物」爲例，認爲割裂「心」、「理」乃不可能之事。熊賜履更進一步主張朱子談
「心」、「理」是混而一之，故談論一個「理」亦談論到「心」，不像陽明那樣專
論「心」反而是割裂「心」、「理」。筆者認爲，陽明與朱子的談論中，兩人均無
並無割裂心理的問題，而只有側重面與起始點的問題；但熊賜履則進而言之：

> 心外無理，理外無心，無乎非心，即無乎非理。聖賢言心便是言理，
> 言理便是言心。有時言心不言理，言心即言理也。有時言理不言心，
> 言理即言心也。蓋心非理外之心，理非心外之理；或分說或合說，
> 或單提或并提，無非此箇物事也。世儒膠執己私，主張偏見，不肯
> 虛衷靜氣，體貼聖賢道理，玩味聖賢語意，反咲傳註之支離，詆先

〔註253〕《學統》〈正統・朱晦庵先生〉卷九，頁 704～707。文中陽明與羅欽順之書
　　　　見於《王陽明全集》〈語錄二・答羅整庵少宰書〉卷二，頁 77。此部分熊賜
　　　　履之批評與筆者之前論述張烈時相似。

〔註254〕《閑道錄》卷中，頁 31。

儒為割裂，是誠坐井觀天，而謂彼蒼之小也，亦烏足怪哉？〔註255〕
從上述可知，熊氏亦不贊成「割裂心理」的談論，認為聖賢言心即言理，同時亦提出與高攀龍類似的談論，認為聖賢言「心」、「理」有時合言，有時分言……等現象，但其實得合併著理解，因此無分割「心」、「理」之問題。熊賜履認為，那種認為有割裂「心」、「理」二者的，皆是自私而偏見所然，不但詆毀先賢之論，且是坐井觀天、扭曲聖賢之意。另方面，針對陽明的「格物」，熊賜履則批評云：

> 致知在格物，猶云盡心在窮理也。理未窮，其所謂心只是習念，非真心也。物未格，其所謂知乃是妄見，非真知也。儒者之流入釋氏，病根在此。〔註256〕

> 心即理也，盡之者，亦理。理即心也，窮之者，亦心。未窮之理即未盡之心，不可以為心也；未盡之心即未窮之理，不可以為理也。〔註257〕

上述二批評，若表面看似與陽明的主張相似，但熊賜履依此來駁斥陽明，則可看出他所重視之細微處。熊賜履認為談論「理」必含「心」，「窮理」已達方可謂「盡心」，否則僅是「習念」而已；而談論「知」必已經「格物」，否則非「真知」而僅是「妄見」；此批評頗有合理處。然而筆者反省陽明的談論，他認為孝順時的「良知之發」即「天理」，但此時「未實踐完成」，陽明卻立即點出此「發」即「理」來說「心即理」，對比於熊賜履的批評來說，陽明的說法的確有其「未完備處」，因此熊賜履認為陽明那種「心」只是剛開始學習的「念」而已，並非「理」。並於第二引文中，強調「心」必須「盡」才能說是「心即理」；而「理」必須「窮盡」才能說是「理即心」。

　　筆者認為，熊賜履基本上是反對陽明那種「良知即天理」的那種談論，認為那樣過於易簡，使得學者無法切實實踐而空談良知。再加上陽明曾論述「無善無惡」，因此熊賜履更無法認同陽明之學，認為陽明之學乃禪學、告子之言，流弊甚大，因此批評云：

> 陽明之言曰：「告子病源，從性無善無不善上見來；性無善無不善，雖如此說，亦無大差。」又曰：「無善無不善，性原是如此，悟得及

〔註255〕《閑道錄》卷中，頁31。
〔註256〕《閑道錄》卷下，頁32。
〔註257〕《閑道錄》卷下，頁35。

時，只此一句便盡。」由是觀之，是陽明未嘗以告子為諱也。其答
陸元靜書曰：「不思善、不思惡，時認本來面目。此佛氏為未識本來
面目者，設此方便。本來面目，即吾聖門所謂良知。」又曰：「隨物
而格，是致知之功，即佛氏之常惺惺，體段工夫，大略相似。」由
是觀之，陽明未嘗以佛氏為諱也……。迨天泉一證，舉世若狂，滿
街聖人，一切不礙。嗚呼！無善無惡四字，儒耶？釋耶？此不待辨
而知之者也。〔註258〕

上述，熊賜履分別以告子、佛氏之說來批評陽明之學，其「無善無惡」即表
示陽明不否定告子，而「認本來面目」、「格物即常惺惺」則表達陽明贊同佛
氏之說。依此脈絡，熊賜履認為加上陽明後期天泉證道之四句教，造成「無
善無惡」之說大為流行，流弊甚大。而此「無善無惡」之說，根本就是佛氏
之學，是人皆知的；於此謬說，熊賜履提及顧憲成與高攀龍的貢獻：

> 無善無惡之說，人人皆知其謬而闢其非，唯高景逸、顧涇陽二先生，
> 四路擎拿，針針見血，使陽明復生亦將理屈詞窮，更無張口處矣！
> 〔註259〕

上述，熊賜履再次以「無善無惡」論說此謬，而推崇東林學者的救正，如高
攀龍與顧憲成對「無善無惡」的批評。最後，筆者總括熊賜履對陽明與定論
的批評小結，其云：

> 自姚江提宗以來，學者以不檢飭為自然，以無忌憚為圓妙，以恣情
> 縱慾同流合污為神化……。若非東林諸子，廻狂瀾於橫流氾濫之中，
> 燃死灰於爐盡烟寒之後，茫茫宇宙，竟不知天理人倫為何物矣……。
> 〔註260〕

> 告子只要打破孟子善字，東坡只要打破程子敬字；迨陽明之說行，
> 善字敬字一齊破碎矣。〔註261〕

> 陽明知眾論之不我與，而己說之不足以行遠也，於是有《晚年定論》

〔註258〕《學統》〈雜統・王陽明〉卷四十九，頁 1959～1961。文中，熊賜履所引陽
明之「告子病源……」與「無善無不善……」見於《王陽明全集》〈語錄三〉
卷三，頁 107。後「不思善……」與「隨物而格……」之引文見於《王陽明
全集》〈語錄二〉卷二，頁 67。
〔註259〕《閑道錄》卷中，頁 30。
〔註260〕《閑道錄》卷下，頁 34。
〔註261〕《閑道錄》卷下，頁 31。

之作，亦其計無復之，聊以塗飾斯人之耳目而已。〔註262〕

熊賜履認為，陽明學說造成學者們肆無忌憚、空談玄妙、縱情……等流弊，且陽明的「無善無惡」是要破孟子之「善」，而立「良知」、「誠意」等是欲破程子之「敬」，最後作《定論》說「朱子同與己」也只是為了掩人耳目，以圖其學之大行。以上種種談論，筆者認為應屬熊賜履較為激烈的評語了。

　　熊賜履之後，清中後期對於「朱陸異同」的爭論仍持續不斷；例如唐鑑（1778～1861，字栗生，號鏡海）編《國朝學案小識》，以反對陸王之學的立場，遵奉朱子學為正統，並支持陸隴其對王學的批評。〔註263〕而後，夏炘（1789～1871，字心伯）著《述朱質疑》表達對朱子學的支持，批評李紱乃象山之學，認為李紱作《朱子晚年全論》只是為了反對《學蔀通辨》而作，並論述朱子學並非同於陸子；其中，夏炘談論的內容更有針對理論方面來深入談論，筆者試說如下。

（四）夏炘《述朱質疑》的朱子內部理論釐清

　　夏炘據《清儒學案》所載其學：「兼漢、宋，尤尊紫陽……。」〔註264〕筆者觀夏炘論述關於「朱陸異同」與《定論》之相關議題中，的確偏向朱子，且其中有著內部理論之釐清工作，此部分筆者認為貢獻處甚大。雖仍可看出其反對陸學之立場，然而夏炘對於之前「反調和者」之錯誤，亦舉出加以改正實屬難得；其云：

　　　《通辨》一書，顧亭林《日知錄》中極稱之，自陸清獻公力為表章，
　　　遂大顯於世。按此書最精者，在〈後編〉、〈續編〉之上中四卷，直
　　　入陸學之窔奧，而抉朱學之所以然……。惟〈前編〉之上卷，竊不
　　　滿於心……。〔註265〕

上述提及陳建、顧亭林、陸隴其（清獻）〔註266〕等反對「朱陸調和」之學者，

〔註262〕《學統》〈雜統·王陽明〉卷四十九，頁1961。
〔註263〕唐鑑：《國朝學案小識》〈學案小識敘〉，（臺北：臺灣中華書局，民國60年2
　　　　月臺二版），頁3云：「自平湖陸先生始重傳道也。有先生之辨、之力，而後
　　　　知陽明之學斷不能傅會於程朱；有先生之行、之篤，而後知程朱之學斷不能
　　　　離格致誠正而別為宗旨……。」同上，〈學案提要〉，頁3～4云：「無善無惡
　　　　之說倡，天下有心而無性矣……。為陽明之學者，推闡師說，各逞所欲，各
　　　　便所私；此立一宗旨，彼立一宗旨，愈講愈誕，愈肆愈狂……。」
〔註264〕《清儒學案》〈心伯學案〉卷一百五十五，頁6023。
〔註265〕《述朱質疑》〈與胡玖卿茂才論《學蔀通辨》及《三魚堂集·答秦定宰書》〉
　　　　卷五，《景紫堂全書2》，頁17
〔註266〕《清儒學案》〈三魚學案〉卷十，頁466記云：「乾隆元年，追諡清獻，贈內

其嘉許陳建之《學蔀通辨》中批評陸學爲禪的內容，但夏炘認爲《學蔀通辨》之〈前編〉上卷有所缺失，因此又云：

> 朱子之學凡三轉，十五六歲後，頗出入二氏，及見延平而釋然，此朱子學之第一轉也。受中和未發之旨於延平，未達而延平沒，乙酉丙戌之間，自悟中和舊說，又從張敬夫先察識後涵養之論，此朱子學之第二轉也。己丑更定中和舊說，并辨敬夫先察識之非，一以「涵養用敬，進學致知」二語爲學者指南，此朱學之第三轉也。《通辨》不能一一分別，**概謂朱子四十以前出入禪學，與象山未會而同，非大錯乎？**朱子二十九歲時，爲許順之作〈存齋記〉，以心字立論，既以孟子「存其心」一語名齋，何得抹煞心字不說？終以「必有事焉」數句爲存心之道，仍是以孟子解《孟子》，《通辨》謂與禪、陸合，是并孟子而亦禪陸矣……。答何叔京諸書，一則懲叔京博覽之病，一則申中和舊說之旨，及張敬夫先察識之論，**俱與禪、陸之學判若天淵。**自《通辨》謂朱子四十歲以前與象山未會而同，於是李臨川并有朱子晚年無一不合陸子之論……。〔註267〕

上述，夏炘提及朱子學說的三個轉變過程，此不待辨。〔註268〕然而其中論述最精要者，在於夏炘不接受《學蔀通辨》指出朱子「四十歲以前」是禪學而合於陸子的這種結論。筆者在前文中談論《學蔀通辨》之時，亦有批評陳建對朱子早年同於禪學之說缺乏確實證據，且將「中和舊說」認定爲「朱子早年同於陸禪」。夏炘雖反對「朱陸同」，但由此觀之並非全然接受之前學者的所有談論；上述引文中，夏炘所舉朱子之中、早年之〈存齋記〉與有關「中和舊說」之旨，皆非陸、禪內容，反而是正確的論心，唯其中仍視陸子爲禪學，與多數反調和者屬同樣立場。

另外，除推崇《學蔀通辨》闢陸、禪之外，夏炘亦肯定陸隴其推崇朱學的貢獻，然而其所言亦有批評陸隴其之處：

> 本朝眞能爲朱子之學者，首推陸清獻公。其〈答秦定叟書〉……，

閣學士兼禮部侍郎。」

〔註267〕《述朱質疑》〈與胡琡卿茂才論《學蔀通辨》及《三魚堂集・答秦定叟書》書〉卷五，《景紫堂全書2》，頁17～18。文中所舉之〈存齋記〉見於《朱子文集》〈存齋記〉卷七十七，頁3855～3856。

〔註268〕夏炘所舉之朱學三變，其論述亦頗得精要，關於朱子朱晚年思想的轉變與衡定，筆者於第四章中詳述。

較《通辨》爲有條理，惟以朱子四十以前出入釋、老，尚沿《通辨》之說，是其一弊也。清獻又謂：「中和舊說，雖屬己悔之見，然謂心爲已發，性爲未發，亦指至善無惡言，與無善無惡相楹莛。」精確不易。然則<u>中和舊說之不同於禪明矣！何得統謂之四十以前出入釋、老乎</u>？僕謂何止中和舊說，及十五、六至二十四、五出入二氏之時，亦不過格物致知，無所不究，二氏亦在所不遺，其實與易簡工夫判然若別，比而合之，是緇素之不分矣。清獻又謂：「朱子之學，再定於退求之句讀文義之後」竊恐未然。朱子讀書窮究之功，自少至老，終身從事，並非四十歲以後始求句讀文義之間也……。朱子之定論，在「涵養須用敬，進學在致知。」二語，齊頭竝進，闕一不可，未可謂再求之於句讀文義之間也。〔註269〕

上述，夏炘肯定陸隴其對朱學的理解與推崇，但仍不滿意其如同陳建所說的，將朱子四十歲以前之學全歸於老、釋；又舉「中和舊說」爲例，夏炘認爲此時期之朱子並非禪學。另方面夏炘更進一步說，不單只是「中和舊說」時期，連朱子早年時期，亦非僅有老、釋二學；此時期朱子之學亦有格物致知，只是還沒捨棄老、釋之說而已，並非此時期全是異學。最後，夏炘亦反對陸隴其認爲朱子「回歸文義探究」乃其最後定論；夏炘認爲，朱子對於文義探究這類努力，自少至老從未間斷，並不是四十歲以後才「再定於退求之句讀文義之後」，朱子的定論應該是「涵養須用敬，進學在致知。」這兩句話，而且缺一不可。

　　筆者觀上述夏炘之談論頗合理，對於朱子的理解並沒有因爲反對朱陸調和，而盡信前人所說。然而，夏炘對象山仍是採取敵對的態度，因此針對調和朱陸者如李紱，自然嚴加批評；有云：

臨川<u>李穆堂先生爲金谿之學</u>，《晚年全論》一書，聞之久矣……。<u>此書不過爲《學蔀通辨》報仇</u>，無他意也。朱陸之學，晚年冰炭之甚，此《通辨》之說，<u>雖百喙亦莫能翻案</u>……。所引朱子之書，凡三百五十餘條，但見書中有一「心」字、有一「涵養」字，有一「靜坐」、「收斂」等字，便謂之同於陸氏，<u>不顧上下之文理，前後之語氣</u>……。<u>朱子誨人，各因其材</u>……。乃見朱子書中有箴學者溺於記誦語，則

〔註269〕《述朱質疑》〈與胡卿茂才論《學蔀通辨》及《三魚堂集·答秦定叟書》書〉卷五，《景紫堂全書2》，頁18～19。文中之〈答秦定叟書〉，見於《三魚堂文集》〈答秦定叟書〉卷五，《文淵閣四庫全書》集部，別集類，頁22。

　　曰：「此朱子晚年悔支離之說」、「此朱子晚年咎章句訓詁之說」，<u>不</u>
<u>復顧其所答何人、所藥何病</u>。〔註270〕

上述，夏炘認爲李紱作《朱子晚年全論》只是爲了反對《學蔀通辨》而已，
並無他意。他認爲調和者往往過於盲目，舉凡有著「心」、「涵養」……等關
鍵字，都拿來說是「朱子同於陸子」，若看到朱子勸晦他人不要執著於章句記
誦，就說是朱子悔悟而去支離，而不考量朱子是否「因人施教」而說。另方
面，朱、陸二人於晚年時期言語交鋒、衝突可見，如何調和而說「晚同」？
此乃夏炘認爲調和者無法翻案之主因。此外，對於朱子「因人施教」方面，
夏炘有云：

> 朱子生伊洛之後，溯洙泗之統，平生爲學以主敬以立其本……。至
> 於朋友師弟問答諸書，或言涵養或言主一，或言持守或言提撕警覺，
> 或言博覽之非，或言記問之醜，<u>皆不過補偏就弊，因人設教而已。</u>
> 後世論朱子之學者，拾其單篇碎句，隻義孤詞，輒指而目之曰：「是
> 與易簡工夫之說合，是與識其本心之論同，是即所謂先立乎大，切
> 戒支離也……。」影響附會，儱侗不分，以是爲朱子之全論，適足
> 形一己之偏私，與朱子果何損乎？〔註271〕

上述，夏炘認爲朱子學內涵是孔、孟之傳統，其說以「敬」立本；至於若有
「涵養」、「主一」、「持守」、「提撕警覺」，以及駁斥「博覽」、「記問」等，都
是偏補救弊，因人施教而已；當然此部分是否僅是如此，則有待商榷。但夏
炘認爲，後世主張朱子合於陸子之人僅是抓取朱子的「一偏」來論說是「朱
子之全論」，只是一己之私。

　　筆者觀夏炘之談論，爲反調和者中較偏向理論方面澄清朱子學的內涵，
並提出一些反省；包含批評調和者，與反省反調和者的錯誤而提出新解。其
中對陸子仍視爲禪學，則屬夏炘個人立場；然而夏炘雖反對朱陸調和，卻是
較能理智面對朱陸問題，而且不盲從於前人的反調和諸說。

　　夏炘之後，對陸王之學的批評仍有，例如羅澤南（1807～0856，字仲嶽，
號羅山）所作之《姚江學辨》，但朱、陸問題於此清末時期，其論說與談論的
熱衷度與之前不同；張永儁先生曾說：

> 他的闢王言論引不起任何迴響。因爲此際，陸王之學久已沉寂，時

〔註270〕《述朱質疑》〈與詹小澗茂才論朱子晚年全論書〉卷十，《景紫堂全書3》，頁2。
〔註271〕《述朱質疑》〈朱子因人論學言各有當說〉卷十，《景紫堂全書3》，頁5。

　　人對朱王之辨也提不起任何興趣，相對而言，朱陸或朱王之學並行

　　不悖或和衷共補之說已漸漸升起了。〔註272〕

由上述，於清末時期對朱、陸、王問題之關切相較於之前已非可同日而喻，
此因政治方面或對學術方面的側重點已經不同，或因之前的朱、陸、王議題
的爭論已逐漸告一段落。不論原因為何，清末時期學者們對此議題的關切，
已不像以往激烈、熱衷卻是事實。

　　筆者對反調和者之勾勒至夏炘為止，乃因調和者筆者最後以李紱作為代
表，而夏炘則反對李紱之《朱子晚年全論》，故以此人作為反調和者之最終代
表人物。此段「朱陸異同爭論史」由元至清，所涉及人物眾多，且談論的內
容方向與考量點雖各有不同，然亦有其共通處。調和者與反調和者的問題總
括，於本章第三節中詳述，至於如何釐清與解決方式，筆者於第四章與第五
章敘述；於此章前兩節勾勒出「朱陸異同爭論史」之大要與其中之代表學者，
若有補充之人物，筆者則一併整理於本文附錄中。

第三節　雙方爭論之形式、問題的歸結與解決方向

　　觀朱陸異同爭論史中，調和者對某些「同」提出多項關鍵字詞，例如以
「本心」、「涵養」……等語詞來說明「朱陸同」的事實，亦舉二人皆有「不
重視書冊」、「不執於見聞」的談論，來說明二人之「同」。此外，更舉出其他
旁證，來說明朱、陸二人並非僅有相互批判而存有相互讚許之事實。

　　另方面，調和者更多引引朱、陸晚年時期之談論、書信來往與其他著作，
欲說明二人「同」的內容。然此方面亦牽扯考據與年代判斷問題，調和者在
此部分多有失誤，故反調和者多人提出重要證據反駁之。

　　而反調和者除針對調和者的明顯失誤提出反駁之外，又批評象山、陽明
學說為「禪」、或云「異學」、「告子之學」等。此外，對於許多「同」的事實，
反調和者不是忽略之，就是以「因人施教」、「非朱子全貌」來解釋，此種方
式亦未能使調和者信服。

　　筆者欲於此節中歸結爭論的學者們所「提出的問題之『問題』」，以及如
何解決這些「問題」的方向。例如，敘說陸子之「同」，為何反調和者有人說

〔註272〕張永儁：〈清代朱子學的歷史處境及其發展〉《哲學與文化》，第二十八卷第七
　　　　期，2001 年 7 月，頁 624。

是「同於禪」，調和者即說是「同於聖學」；這些「同」的內容到底如何分類釐清，「同」的範圍至何處？而「異」又是哪些方向的「異」？同樣的「詞句」為何在反調和眼中可以解讀為「禪」，而調和者認為是「儒」？而此種問題甚多，解決的線索亦得從中釐清出，故筆者以整節專論之。

一、調和者與反調和者的問題陳述與歸結

（一）雙方僅能論述「部分」之「同異」

觀整個「朱陸異同」爭論，主張「同」者並無明確說明「同」之範圍，故無細節上來處理「同」於何處。但從此爭論史觀之，元時期的調和者說「同」明顯以一個大範圍來概括，例如「同於聖學」，故朱、陸均有「尊德性」與「道問學」兩者。雖然如此，此「同」的意義僅是兩人對儒家傳統路線下的「同」，此「同」的細微度，無法解釋朱、陸為何亦時常爭鋒相論。而朱、陸之間的爭論，亦有其非直接相關於「尊德性」、「道問學」者，例如「無極太極」的爭論導致兩人於晚年時期被視為「冰炭不相入」。而上述這些「同」與「異」都是事實，只要某學者欲立論「全同」或「全異」，必告失敗。

若以本文的核心關切點《定論》為例，其內部問題可反省出一個釐清線索，就是所謂的「朱子晚年同於己」是「哪個面向」？此點陽明無說明，而僅僅列出三十餘封書信來作為證據。此部分筆者於第二章中已曾替陽明做過整理，陽明所要的「同」只是「去支離、立本原」、「涵養未發、側重良心發端處」、「承繼孟子之『本心』說法」這三個面向。這些內涵的「同」，當然不涉及朱子其他思想方面的「同」，例如朱熹的理氣論內涵、論述太極與世界生成……等內容是否也「同」於陽明的問題。

進一步說，若要說朱子思想全與陽明、象山「同」，實乃不可能之事；因此反調和者可輕易地提出「異」的面向。但是許多反調和者與陽明犯同樣的錯誤，就是以「全同全異」這種論述模式來處理「朱陸異同」，〔註273〕調和者亦可點出朱、陸二人的「同」來作為反駁；如此一來，則爭論永無止境矣！

〔註273〕筆者所謂「全同全異」則是，調和者往往以某些層面的同，例如都有側重「尊德性」、「道問學」、都曾「涵養本源」、「去支離」，來說明朱子與象山、陽明都有此種談論，而作出結論認為雙方「同」。而這樣的「同」，則沒有說明範圍，而且調和者往往以「同尊孔、孟」、都是「聖學」之傳來概括，如此並非細膩的處理方式。而反調和者亦然，同樣以某些側面的「異」來說「不可能同」，甚至出現陸、王根本非儒學的批評，而偏向「全異」來論述。

總括來說，論述「朱陸異同」欲求得實質意義，一定不能以「全同」或「全異」來概括之。這是筆者對此議題中，所提出的**第一個歸結點：「朱陸異同議題不可以『全同全異』來概括論述」**；而此前提乃筆者欲解決「朱陸異同」問題中的第一個方向。

（二）無共識的「晚年」與「定論」

「晚年」此種涉及年代定位的問題，若能有較精確的考據工作則能避免失誤；而筆者認為相當重要的是，如何定位朱子的「晚年」？是否以「年齡」作為分界？觀整個朱陸異同爭論史中，明確說明出個人如何劃分「朱子早、中、晚」是於何年者，居然鮮少見之。此現象則突顯最基本的「晚年」為何都無共識，更遑論「定論」為何了！

若以李紱為例，他以「朱子得年七十一歲，定以三十歲以前為早年，以三十一至五十歲為中年，以五十一歲至七十一歲為晚年。」〔註274〕劃分出「早、中、晚」三個時期，而取材皆以朱子五十一歲之後的論說。雖然此劃分是李紱個人的說法，然而卻無人質疑或批評這樣劃分是否得當，此代表反調和者亦承認此種以年齡為依據劃分「早、中、晚」三時期？

筆者並非立即認同李紱的劃分方式，若有一個「確切年代」來說「晚年」，較能避免雙方取材範圍差距太大的問題，但這也是欲談論出一個「『晚年』定論」的時候來說的。但回到《定論》來說，陽明所欲說的「同」之朱子思想，事實上「並非僅出現」於朱子的「晚年」而已，亦多有出於「中年」者；因此，針對《定論》所欲談的「朱子晚年」，筆者不欲以「固定年齡」來作為分界，而是以陽明所要的那種「晚年『思想』」來作為分界。

筆者的意思是，陽明所要的「同」根本不是朱子「晚年才有」的，其於「中年」之後即有，甚至早年亦曾出現過；陽明想點出「晚年出現頻率較多的朱子論述」，而且是「同於陽明自身」的內容，但硬是以「晚年」來歸結，此已經犯了一個錯誤。亦即，從陽明所要的「同」的內容來看，應該是「朱子中、晚年」的一些論述，甚至出現於早年。

「晚年較多出現，但中年亦有，早年未嘗無」的這些思想內容，陽明以「晚年」論之，此其非；但筆者仍可知道陽明的立意。但後來陽明以「定論」歸結，此乃陽明第二個錯誤。筆者的意思是，朱子「晚年思想」明顯不僅有

〔註274〕《朱子晚年全論・凡例》，頁 296。

陽明所舉的「定論」內容而已，即便朱子眞的重視這些關於「本源」、「涵養」……等「德性根源」與「工夫」的相關論述，也不能說這就是「定論」，因爲朱子從未放棄見聞、格物之學以求兩者並進之。

因此，何謂「晚年」是一個問題，何謂「定論」是另一個問題。但筆者認爲，此兩者於本文中，是同一問題！何以故？因爲「陽明要的朱子思想」即是他所要的「定論」，而這些「定論的相關思想」出現於朱子的哪個年齡，均被陽明視爲「晚年」！而這也能解釋，爲何有些調和者所取之材料會有著朱子中年時期的思想，亦稱作爲「晚年」了；如程敏政之《道一編》即是。

至於如何明確定出「晚年」的劃分，依筆者之處理路線，則不以確切的年代來劃分，但至少是朱子的「中、晚年」的這個範圍內的「思想」，且不忽視早年的一些談論。若眞以李紱那種方式來劃分，則無法兼顧朱子早、中年時期，亦曾有「晚年」的思想內涵存在，如此一來是否亦有所謂「中年定論」、「早年發端之論」？至於如何詳細處理此問題，筆者於第五章中詳加論述，於此僅點出第二個歸結點：「**確切的『晚年』定位，則無法兼顧朱子『中年』甚至『早年』曾出現的思想卻也同於『晚年』的思想內容。**」

（三）有所偏的取材與詮釋問題

調和者如程敏政所著之《道一編》與陽明所作之《定論》，其中存有年代錯置之問題；例如陽明述說《集註》、《或問》爲朱子「中年未定之說」，而程敏政以朱、陸論辯「無極太極」爲「早年之語」；此類內容於前文已探究過，此不贅述之。此外，其取材內容亦有問題，陽明曾經「增字」於其論說中，而爲羅欽順、陳建等人所批評。而反調和者中，如陳建曾引文闕漏，〔註275〕

〔註275〕陳建引此文，亦曾出現有取材有斷章取義之嫌疑，且亦有文句闕漏之問題。例如以陳建，《學蔀通辨・續編》卷下，頁 244 引陽明之文：「陽明〈答人書〉云：『夫學貴得之心，求之于心而非也，雖其言之出于孔子，不敢以爲是也；求之于心而是也，雖其言之出于庸常，不敢以爲非也。』愚惟求心一言，正陽明學術病根……。雖孔子之言不敢以爲是者也，其陷于師心自用、猖狂自恣甚矣！夫自古聖賢，皆主義理，不任心……。惟釋氏乃不說義理，而只說心……。嗚呼！此儒釋之所以分，而陽明之所以爲陽明與！」即《王陽明全集》〈答羅整庵少宰書〉，頁 75～78。而上述「雖其言之出于庸常」依照《王文成全書》改「庸人」爲「庸常」。〈答羅整庵少宰書〉，頁 75～76 陽明言：「《大學》古本乃孔門相傳舊本耳。朱子疑其有所脫誤，而改正補緝之。在某則謂其本無脫誤，悉從其舊而已矣。失在於過信孔子則有之，非故去朱子之分章而削其傳也。夫學貴得之心。求之於心而非也，雖其言之出於孔子，不敢以爲是也，而況其未及孔子者乎！求之於心而是

年代定位亦有問題，例如陳建將朱子四十歲時期的談論視爲「早年」。針對此方面之問題與延伸問題筆者不再贅述，至於其解決方向，筆者試說明如下。

首先是取材的偏頗性問題；從整個爭論史中，可看出調和者取材偏向「同」，而反調和者取材偏向「異」，此不待辯。然而爲何調和者明知有「異」而不談，而反調和者明知有「同」卻不承認？此亦涉及「學派問題」與「詮釋問題」。

而此「詮釋問題」內涵相當複雜；例如，同樣「論心」，反調和者可攻擊象山是「禪」，而朱子不是「禪」。此種現象，則須再深入探究並檢閱整個朱子與陸子之學；另外，陽明談論「良知」、「誠意」、「正心」時，亦多被反調和者視爲空談或是「陽儒陰釋」等。而這些不單僅是「詮釋問題」，內部更有著學派問題，亦即「爲何陽明與象山容易讓他者視爲禪學」等問題。

從本章第二節可看出，許多反調和者以先設定陸、王爲「禪」或是「異學」、「告子之學」來論說他們的思想內容，而此種現象頗多；欲澄清之則必須再次衡定整個陸、王之學的內涵。但筆者的策略是，不須要論說陸、王思想的全部內容，而只要將有爭議的相關談論加以解釋清楚，將這些內容釐清後以確定不違儒家思想爲本位即可；例如象山的「涵養精神」、陽明的「無善無惡」……等說法。

此外，取材中發生斷章取義與「喜好關鍵字詞」等問題，反調和者批評調和者若是看到某些關鍵字詞如：「立本」、「涵養」……等，不顧上下文義皆說是朱子「同」於陸子。反之，調和者亦不能接受反調和者取材偏向「異」的部分，且以關鍵字詞如：「精神」、「悟」等，不視上下文義及大肆攻擊陸、王爲禪。

筆者反省上述之現象，則設想是否先有「某種詮釋方向」才去「選擇性的取材」，還是「同等的取材」再來「偏頗詮釋」？筆者認爲，此無法明確說清，亦無法證明他人的心態，但「取材」與「詮釋」在雙方的爭論現象中，是無法分割來談的。因此筆者不處理「取材問題在先」還是「詮釋問題在先」，

也，雖其言之出於庸常，不敢以爲非也，而況其出於孔子乎！且舊本之傳數千載矣，今讀其文詞，既明白而可通：論其工夫，又易簡而可入，亦何所按據而斷其此段之必在於彼，彼段之必在於此，與此之如何而缺，彼之如何而補？而遂改正補緝之，無乃重於背朱而輕於叛孔已乎？」陳建之引脫誤「而況其未及孔子者乎」、「而況其出於孔子者乎」二句。陽明上述談論古本《大學》，反對朱子改正補緝，從文中得知應是遵奉孔子之意涵較濃，然陳建卻刻意只引用前段之文且闕漏關鍵二句，來說明陽明「求心」之誤，更誣陷陽明不尊重孔子，偏頗甚多。

而是用一個方向來一次解決這兩個問題；**此即是第三個歸結點：「從雙方的取材中，找尋出爭議的要點，重新回到朱、陸、王的思想上作釐清。」**如此，「詮釋」與「取材」是否偏頗，在夠過此釐清自可有一標準來判斷了。

（四）門派與政治問題

門派與政治問題中，與上述的「詮釋問題」與「取材」亦頗有關聯，但又不是必然的連結；筆者的意思是，學派、門戶之見，必會影響「詮釋」與「取材」，但「詮釋」與「取材」的爭議不一定來自學派、門戶之見所造成的；或許有人真的單純誤解誤讀朱、陸，或是取材時並沒有要刻意忽略。因此筆者將「門派」與「詮釋、取材」兩問題分開來述說；而上一個歸結點，則是「詮釋」與「取材」連結來談，而此處，則單純從明顯的學派門戶之見與政治問題來反省「朱陸異同」。

若涉及門戶之見者，例如陳建、馮柯，將陸學結論式的歸結為禪學，而後批評陸、王之種種；此乃門戶之見影響「詮釋」，但又可以單純從門戶之見這一點來加以駁斥即可。若涉及政治問題者，例如張烈與黃宗羲等人，皆有著政治考量，以及關於編纂《明史》是否設立〈道學傳〉的額外爭論。

但筆者認為，不論是門派或是政治問題，解決問題的根源仍在於「能夠正確詮釋」朱、陸、王的思想內容。至於筆者的解決方向，則是**第四個歸結點：「釐清『詮釋』與『取材』問題之後，則同時能釐清何人何時的談論是涉及門戶、政治問題所產生的論述。」**

上述，可看出**筆者第四個歸結點，是延續第三個歸結點的處理方式，只是面對不同層面的問題而已。**亦即，在對朱、陸、王三人思想作相當程度的釐清工作之後，是否「取材偏頗」、「詮釋偏頗」、「門戶之見導致」、「政治因素考量」等，均可同時獲得解決。

二、解決問題的方向

總觀筆者有上述四個歸結點。**第一個歸結點：「朱陸異同議題不可以『全同全異』來概括論述」**。**第二個歸結點：「確切的『晚年』定位，則無法兼顧朱子『中年』甚至『早年』曾出現的思想卻也同於『晚年』的思想內容。」****第三個歸結點：「從雙方的取材中，找尋出爭議的要點，重新回到朱、陸、王的思想上作釐清。」**第四個歸結點：「釐清『詮釋』與『取材』問題之後，則

同時能釐清何人何時的談論，是涉及門戶、政治問題所產生的論述。」而這四者僅是解決問題的線索與方向而已，至於本文所要處理的解決問題方式，試述如下。

（一）「同」之年代、範圍的釐清

此即上述第一與第二個歸結點所帶出的解決方向；「朱陸異同」若欲獲得釐清，則「同」的年代必須說明清楚。依筆者處理方式，則不說「晚同」或「早同」，而單純說「同」即可，不刻意加上年代來區隔。而此方式，乃筆者認為不說「早年」或「中年」或「晚年」之「同」或「異」，自可排除取材的年代問題。在整理、釐清「這些同的內容」之後，再來統括此「同」的內容，是否「多出現」於朱子的哪個時期，而不以單一時期來強而概括之。

至於論述「同」的範圍，自然取「可求同」的內涵來說，筆者不可能取朱子的理氣論、太極之詮釋……等內涵，來說這些思想「同」於陸、王；筆者欲處理的是，朱、陸、王哪些論述事實上是「同」的，即使他們使用的語辭不同、或是重視程度有著差異；另方面分析朱、陸、王哪些論述是「非異」的，儘管朱、陸二人曾經相互批評，但其中是否真的是「異」？筆者欲釐清之。

而筆者沒有論述到的思想層面，當然是所謂的「異」或是「不必求同」的相關內容；此「異」本身又分為兩種，一種是「有著衝突的異」，另一種是「不衝突的異」。例如，陽明對《大學》的解讀與朱子相異，但是否一定是「衝突」？此可深入探究之。又例如，朱子對於理氣論系統有自身的創造、架構，而陽明較不關切此類議題，而雙方於此方面的「側重」自然有「異」，但是否就是一種衝突？是否可以「不必求同」？

因此筆者的意思是，本文所要處理的「同」其中一面向是那種「看似有著爭議」卻是「同」如何釐清為「同」；而那些「不必求同」或本來就「異」的內容，則繼續維持雙方的「相異」。而後，再總括論述此種「相異」是否會造成身為儒者的「衝突」；若無，則此種「異」亦不必求「同」了，亦不於本文中談論之。

（二）朱、陸、王思想的再次定位

上述的解決方式已經擬定之後，則需要回歸朱、陸、王三人思想的衡定。而此部分，自然順著第一個解決方式，僅談論有關「可求同」的內容來敘述，並釐清陸、王容易被批評為「禪佛」、「告子」之學的內容，以論述朱、陸、

王三人的切實思想大要。

關於朱子思想的內容探究與定位，筆者欲說明朱子與陸、王「同」的思維，陳述朱子中、晚年的思想轉折，是否真的有向陸、王偏靠的趨向，並檢閱朱子早年思想，是否已有此類思想的雛型。

而陸、王思想的衡定，則專注在被反調和者視爲「非儒」方面之思想的釐清工作，其中包含象山容易被視爲「禪」、「異學」、「告子之學」的談論內容、陽明易被解釋爲「禪」的內容。

（三）重新尋找「同」的內涵

從調和者的處理內容來看，最常使用的方式是朱、陸皆是「聖學」、皆有「尊德性」、「道問學」之面向等說法。而這些談論明顯不夠細膩，無法解釋清楚象山、陽明自身立其宗旨爲何與朱子有著差距，也無法解釋兩人對經典之詮釋、見聞的側重、實踐內容……等內容爲何與朱子「相異」。

因此筆者欲找尋一個身爲儒者所必備的共同點，而此共同點自然不是一個大前提如「性善」、「仁」這種語辭，而是關於「性善」、「仁」等含義的更細部內容。在尋找此「點」之前，筆者自必先論證儒者最核心的價值何在；若此「點」有即是「儒」，而這就是儒者的「同」。當然此部分得多作說明，筆者則於第四章導出此線索，第五章欲專章談論出一個「同」皆適用於朱、陸、王三人，並認爲若有此「同」，其他層面的「異」自然可略爲擱置了。